GERALDO CHACON

LITERATURA PORTUGUESA E BRASILEIRA

VOLUME 4

Editora Flâmula Ltda.
Rua Antônio Pestana, 375
06756-010 - Taboão da Serra - SP
Telefax (0xx11) 4787-1192

www.editoraflamula.com.br

e-mail:chacon@editoraflamula.com.br

Capa: Zepa
Revisão: Eva Celia Barbosa e Daniela Luna
Diagramação: Chacon
Fotolito de capa: Binho's
Filmes: Editora Flâmula Ltda.

ISBN 85-86124-19-2

PEDIDOS:

Livrarias: Catavento Tel.(0xx11) 289-0811 - Fax.: (0xx11) 251-3756

Consumidores: (0xx11) 4787-1192

2001

A FLÂMULA E OS VESTIBULARES

A **Editora Flâmula** foi fundada por **Geraldo Chacon**, professor de Literatura, formado pela USP, e que há 25 anos prepara jovens para os exames vestibulares, tendo lecionado em diversos e importantes colégios e cursinhos como: Anglo, Intergraus, Stockler, CPV, Pré-Médico, Colégio Bandeirantes, Colégio Rio Branco e Liceu Eduardo Prado.

A Editora procura atender à necessidade de jovens que se preparam para os exames vestibulares. Sua primeira coleção, intitulada LITERATURA PORTUGUESA E BRASILEIRA - Análise e Resumo de Obras, apresenta análise e resumo minucioso de **34** das principais obras literárias, geralmente solicitadas nos vestibulares. Os livros desta coleção, mais o livro SÍNTESE DA LITERATURA PORTUGUESA E BRASILEIRA, oferecem uma visão panorâmica de toda a nossa literatura.

Literatura Portuguesa e Brasileira, volume **1**

Auto da Barca do Inferno, Lira dos Vinte Anos, Memórias de um Sargento de Milícias, A Cidade e as Serras, Dom Casmurro, Contos Novos, São Bernardo, Campo Geral, Morte e Vida Severina, Memorial do Convento.

Literatura Portuguesa e Brasileira, volume **2**

Lírica de Gregório de Matos, Senhora, O Primo Basílio, O Mulato, O Cortiço, Missal, Broquéis, Triste Fim de Policarpo Quaresma, Mensagem, Memórias Sentimentais de João Miramar, Olhai os Lírios do Campo, Laços de Família, Sagarana (inclui "O Burrinho Pedrês" e "A Hora e Vez de Augusto Matraga").

Literatura Portuguesa e Brasileira, volume **3**

Sonetos de Camões, O Guarani, Amor de Perdição, Amar, Verbo Intransitivo, Vidas Secas, A Rosa do Povo, Claro Enigma, Corpo, A Hora da Estrela, As Meninas, O Nariz e Outras Crônicas.

Literatura Portuguesa e Brasileira, volume 4

Este livro contém resumo e análise de todas as obras exigidas pela UNICAMP para as provas dos anos 2001 a 2003. Trata-se do melhor trabalho no gênero, com resumo capítulo por capítulo, análise e notas explicativas sobre vocabulário, figuras de linguagem e características estilísticas.

* 10% dos direitos autorais desta edição serão doados, trimestralmente, ao ***Centro de Promoção Humana Lar Vicentino***, entidade beneficente e cultural. Visite o site: **www.larvicentino.com.br**

SUMÁRIO

A FARSA DE INÊS PEREIRA (1523)

de Gil Vicente
por Geraldo Chacon

I - BIOGRAFIA

Não se sabe com precisão nem quando nem onde nasceu o grande dramaturgo, mas é provável que tenha sido por volta de 1465. Também se desconhece sua formação escolar, mas deve ter freqüentado alguma escola do tempo ou, pelo menos, deve ter sido orientado por algum religioso culto, na sua adolescência. Há quem afirme que ele foi ourives da corte da Rainha Velha D. Leonor, mas historiadores conceituados colocam em dúvida tal afirmação.

A primeira notícia certa de sua existência data de 1502, quando encenou o *Monólogo do vaqueiro (Auto da visitação)*, fundindo, daí para frente, a sua vida com o teatro lusitano, até 1536, quando encenou sua última peça, *Floresta de enganos*.

Em 1513, Gil Vicente foi nomeado Mestre da Balança e, em 1516, teve seus versos publicados no *Cancioneiro geral*, de Garcia de Resende. Em 1517, deixou o cargo de Mestre da Balança. Em 1519, nasceu sua filha Paula e, no ano seguinte, seu filho Luís. Sabe-se também que em 1531/2, demonstrando grande ousadia e prova de prestígio, Gil Vicente proferiu um sermão no claustro de São Francisco de Santarém, criticando os religiosos por explicarem o terremoto que abalou o país naquele ano como um castigo contra a falta de fé dos cristãos-novos (judeus convertidos). Ao relatar esse episódio, em uma carta ao rei D. João III, monarca cujo nascimento foi comemorado em 1502 com a primeira de suas peças, o dramaturgo fez referência à sua idade avançada. Deveria estar provavelmente com uns 65 anos.

Em 1536, após escrever e encenar *Floresta de Enganos*, retirou-se para o interior e de novo perdeu-se o contato com o escritor, tendo dele apenas notícias pouco seguras ou garantidas, como a da sua morte, provavelmente em 1537 ou 1540. Gil Vicente deixou-nos 46 peças, das quais uma em castelhano e 16 bilíngües.

II - BIBLIOGRAFIA

AUTOS

Auto pastoril castelhano (1502), *Auto dos Reis Magos* (1503), *Auto da sibila Cassandra* (1509), *Auto da Fé* (1510), *Auto das barcas* (Trilogia das barcas: Inferno, Glória e Purgatório.) (1517-1519), *Auto pastoril português* (1523), *Auto da Cananea* (1534), *Auto de Mofina Mendes* (1534).

TEATRO ROMANESCO
Comédia de Rubena (1521), *D. Duardos* (1522), *Comédia do viúvo* (1524), *Amadiz de Gaula* (1533).

FANTASIAS ALEGÓRICAS
Frágua do amor (1524), *Nau de amores* (1527), *Auto da Lusitânia* (1532).

FARSAS
Juiz da Beira (1525), *Farsa dos almocreves* (1527), *O clérigo da Beira* (1529), *Romagem de agravados, Auto da Índia* (1509), *O velho da horta* (1512), *Farsa dos físicos* (1512 ou 1516), *Quem tem farelos?* (1515), *Farsa de Inês Pereira* (1523).

III - APRESENTAÇÃO

A *Farsa de Inês Pereira* é uma das mais divertidas de Gil Vicente. É também uma das mais humanistas, já que a protagonista trai o segundo marido e não recebe qualquer censura ou castigo por isso, ao contrário do sapateiro, em *Auto da barca do inferno*, que é castigado por cobrar preços altos, ou o protagonista de *O velho da horta*, que é punido por desejar uma jovem, sem levar em conta a diferença de idade e o fato de ser casado.

Gil Vicente teria escrito a peça para responder aos que o acusavam de plagiar o teatro espanhol de Juan del Encina. Para provar que seus textos eram uma criação original, o dramaturgo solicitou que lhe dessem um mote, isto é, um tema para que escrevesse uma peça sobre ele. Deram-lhe então como tema o ditado popular "Mais quero asno que me carregue do que cavalo que me derrube". Assim teria nascido uma das mais famosas criações do pai do teatro português.

IV - RESUMO DO ENREDO

INÊS FANTESIOSA – PRIMEIRA JORNADA

Inês está sozinha em casa. Enquanto sua mãe está na igreja, ouvindo missa, a moça trabalha, reclamando de sua condição:

> "Renego deste lavrar
> e do primeiro que o usou
> ao diabo que o eu dou,
> que tão mau é de aturar;
> ó Jesus! Que enfadamento,
> e que raiva, e que tormento,
> que cegueira e que canseira!
> Eu hei de buscar maneira
> de viver a meu contento.

Coitada, assim hei de estar
encerrada nesta casa
como panela sem asa
que sempre está num lugar?
Isto é vida que se viva?
Hei de estar sempre cativa
desta maldita costura?
Com dois dias de amargura
haverá quem sobreviva?

Hei de ir para os diabos
se continuo a coser.
Oh! Como cansa viver
sozinha, no mesmo lugar.
Todas folgam, e eu não.
Todas vêm e todas vão
onde querem, menos eu.
Hui! (e) que pecado é o meu,
ou que dor de coração?

Esta vida é mais que morta,
sou eu coruja, ou corujo,
ou sou algum caramujo,
que não sai senão à porta;
sou feliz quando me dão
um dia de permissão
que possa estar à janela;
mais feliz que Madanela
diante da Ressurreição." (p.177/9)

O monólogo da protagonista é interrompido pela mãe que, ao voltar da igreja, ralha com a filha por não estar trabalhando:

"Logo eu adivinhei
lá na missa onde eu estava,
como a minha Inês lavrava
a tarefa que eu lhe dei.
Acaba esse travesseiro!
Hui! Nasceu-te algum unheiro?
Ou cuidas que é dia santo?" (p.179)

Comentário: O diálogo que se trava em seguida é exemplar para mostrar a ideologia das duas gerações de mulheres. A visão de mundo da mãe entra em choque com a da filha, que só pensa em se divertir e ver-se livre do trabalho, visto sempre como algo tedioso e aborrecido.

"Inês – Praza a Deus que algum quebranto
me tire do cativeiro.

Mãe – Tu estás mal-humorada?
Choram-te os filhos por pão?
Inês – Possa Deus me dar razão,
que é tempo de estar casada...
Mãe – Olhade lá o mau pesar!
Como queres tu casar
com fama de preguiçosa?
Inês – Mas eu, mãe, sou prestimosa,
e vós sempre a demorar.

Mãe – Ora espera, assim vejamos...
Inês – Quem já visse esse prazer!
Mãe – Cal'-te, que poderá ser,
que ante a Páscoa vêm os Ramos.
Não te apresses tu, Inês,
maior é o ano que o mês:
quando menos esperares,
virão maridos aos pares
e filhos de três em três.

Inês – Quero-me ora levantar;
folgo mais de falar nisso;
dê-me Deus o paraíso
mil vezes do que lavrar.
Isto não sei que me faz..." (p.180/1)

O diálogo das duas é interrompido pela chegada de Leonor Vaz, que chega ofegante e conta que sofreu uma tentativa de estupro por parte de um clérigo. Leonor diz que desejou gritar, mas ficou rouca e não conseguiu. A mãe de Inês diz que com ela aconteceu algo semelhante na época da poda, mas teve um acesso de riso e o atacante fugiu. Leonor diz que também teve acesso de riso com as coisas que o clérigo lhe dizia, chamando-a de luz do dia e elogios semelhantes. Confessa que se sentiu coxa, por isso não conseguiu fugir, mas apesar de sentir-se fraca, conseguiu escapar do agressor. Quando a mãe de Inês lhe perguntou se o clérigo a conhecia, Leonor faz um trocadilho: "Mas queria me conhecer", empregando o termo conotativamente, no sentido que é empregado na Bíblia, ou seja, de fazer sexo. Leonor manifesta desejo de queixar-se ao cardeal, mas a mãe de Inês, maliciosamente, diz que ela não vai convencer ninguém pois não está arranhada[1] de se **carpir**[2] . Defende-se Leonor, alegando que tinha cortado as unhas, estando agora muito curtas. Alega que uma prova forte é o fato de estar

[1] Era costume da época vicentina que a mulher, quando seduzida à força, deveria antes de recorrer à justiça arranhar o próprio rosto, lacerando-se.
[2] Arrancar os cabelos e arranhar-se para expressar dor interior, sofrimento moral.

despenteada. Encerra, dizendo que, finalmente, apareceu alguém e isso fez o agressor fugir, mas confessa, no entanto, que já estava bem "cansadinha", quando isso aconteceu.

Comentário: Quer dizer que, se não fosse pelo aparecimento de outra pessoa, ela deixaria de resistir e cederia aos desejos do clérigo.

A mãe de Inês, de modo malicioso, diz que ela deveria ter mordido o clérigo na **coroa**[3] , mas Leonor alega que não fez isso por medo de ser excomungada. Leonor encerra sua história e revela o motivo de sua visita: tem um pretendente à mão de Inês. A moça, no entanto, já coloca objeção, sem nem mesmo saber de quem se trata:

"Porém não hei de casar
senão com homem avisado;
ainda que pobre e pelado,
seja discreto em falar.
Leonor – Eu vos trago um bom marido,
rico, honrado, conhecido;
diz que sem dote vos quer.
Inês – Primeiro eu hei de saber
se é **parvo**[4] , se é sabido.

Leonor – Nesta carta que aqui vem
para vós, filha, d'amores,
veredes vós, minhas flores,
a discrição que ele tem.
Inês – Mostrai-ma cá, quero ver.
Leonor – Tomai, e sabedes vós ler?
Mãe – Hui! E ela sabe latim,
e até gramática, enfim,
e sabe quanto ela quer". (p.185/6)

Inês lê a carta e julga-a tola, assim como o seu autor. Mesmo assim, admite que Leonor traga o candidato à sua mão, segundo ela, para poder divertir-se.

Vem Pero Marques e deixa claro que é mesmo um parvo. Exemplo disso é que lhe oferecem uma cadeira e ele senta-se do jeito que a cadeira está, ficando de costas para elas. Ele mesmo acha estranho e comenta: "Eu cuido que não estou bem..." (p.190). Pero Marques identifica-se, dizendo que herdou as terras do pai e que tem muito gado. Traz de presente para Inês algumas pêras de sua

---

[3] O mesmo que tonsura. Corte de cabelo, raspado rente ao couro, na parte alta e posterior da cabeça.
[4] O mesmo que tolo.

propriedade. A moça procura no **capelo**[5] e encontra três chocalhos, um novelo, mas nada de pêras. O rapaz fica com cara de tonto e diz que alguém deve tê-las comido sem que ele percebesse. A mãe de Inês sai, sem que ninguém perceba, provavelmente para facilitar o diálogo entre os dois namorados. Mas o parvo do pretendente parece não gostar dessa atitude e reclama com Inês.

"Pero – Vossa mãe foi-se? Ora bem!
Sós nos deixou ela assi?
Quanto a mim ir-me-ei daqui,
não diga algum demo alguém...
Inês – Vós, que me havíeis de fazer,
nem ninguém que há de dizer?
Oh galante despejado!
Pero – Se eu fora já casado
doutra arte havia de ser,
como homem pouco honrado.

Inês – Quão desviado este está!
Todos andam por caçar
suas damas, sem casar,
e este – tomade-o lá!
Pero – Vossa mãe é lá no muro?
Inês – Minha mãe, vos asseguro
que ela venha cá dormir.
Pero – Pois, senhora, quero-me ir
antes que venha o escuro.
Inês – E não cureis mais de vir.
Pero – Virá cá Leonor Vaz,
veremos que lhe dizeis.
Inês – Homem, não aporfieis,
que não quero, nem me praz;
ide casar a Cascais[6] !" (p.192/3)

Pero Marques, antes de partir definitivamente, ainda aconselha Inês a fechar a porta e não ficar no escuro, pois não ficaria bem para ela caso viesse outro homem como ele e a encontrasse no escuro. Depois de sua partida, a moça fica comentando consigo mesma que outro homem tiraria melhor proveito de tal situação.

"Inês – Pessoa conheço eu
que levara outro caminho.
Casai lá com um vilãozinho

---

[5] Espécie de capuz antigo.

[6] Parafraseando o original, é como se Inês lhe dissesse: "Ora, cara, não se preocupe com isso. Não quero nem saber, vá casar na China".

mais covarde que um judeu!
Se fora outro homem agora,
e me topara a tal hora,
estando comigo às escuras,
dissera-me mil doçuras,
ainda que mais não fora.

Mãe – Pero Marques foi-se já?
Inês – Para que era ele aqui?
Mãe – E não te agrada ele a ti?
Inês – Vá-se em hora muito má!
Que sempre disse, e direi:
mãe, eu não me casarei
senão com homem discreto,
e assim vo-lo prometo,
ou antes o deixarei.

Que seja homem mal feito,
feio, pobre, sem feição,
mas se tiver discrição,
não lhe quero mais proveito.
Que viola saiba tanger,
nem me importo de comer
cebola, pão e farinha;
ao som duma cantiguinha...
isso sim, que vale ter!

Mãe – Sempre tu hás de bailar,
e sempre ele há de tanger?
Se não tiveres que comer,
o tanger te há de fartar?[7]
Inês – Cada louco com sua teima.
Eu, com qualquer guloseima
e um pouquinho d'água fria,
mais que isso não queria
Mãe – Como às vezes isso queima!

E que é desses escudeiros?
Inês – Eu falei ontem ali
que passaram por aqui
os judeus casamenteiros,
e hão de vir agora aqui." (p.195/7)

---

[7] A farsa demonstra uma tradição da educação doméstica portuguesa medieval, ou seja, as moças vivem sob permanente direção da mãe até o casamento, quando passam a viver sob o domínio do marido.

Vêm os judeus Latão e Vidal. Reclamam que muito precisaram andar para encontrar um pretendente como Inês desejava. Primeiro o procuraram pelas imediações, verificando que somente na corte teriam chance de encontrar alguém com tais características. Falaram com um tal **Badajoz**[8], que pulou fora. Assim, de fracasso em fracasso, acabaram ouvindo falar de um tal escudeiro, que aceitou o pedido. Informam, de um modo não muito claro mas irônico e insinuativo, que o sujeito fala muito (o que não quer dizer que fale bem) e que toca viola:

"que virá logo **essora**[9] ,
que fala, e como ora fala,
que **estrugirá**[10] esta sala,
e tange, e como **tange**[11] ,
e alcança quanto abrange,
e se preza de ter **gala**[12] ". (p.200)

Comentário: O verbo alcançar também tem o sentido de gastar, desgastar e estragar. O sentido mais comum é de chegar com as mãos até alguma coisa. Então, o penúltimo verso transcrito apresenta um sentido irônico, que se confirmará mais tarde, de que o escudeiro é um tipo que gasta ou estraga tudo o que consegue abarcar, ou tomar em suas mãos.

INÊS MAL-MARIDADA - SEGUNDA JORNADA

"Vem o Escudeiro com seu Moço, que lhe traz uma viola, e diz, falando só

Se esta senhora é tal
como os judeus ma gabaram,
certo os anjos a pintaram,
não há de haver outra igual.
Diz que os olhos com que via
foram de Santa Luzia;
cabelo de Madanela;
sendo assim moça tão bela,
como donzela seria?" (p. 201)

---

[8] Músico da câmara de D. João III. Era costume de Gil Vicente brincar com as pessoas de sua convivência, o que deveria provocar humor imediato, muitas vezes, principalmente se a pessoa referida estivesse assistindo à apresentação da peça. Gil Vicente chegou a valer-se até de sua própria pessoa.
[9] Esta hora, agora mesmo.
[10] Atroar, estrugir, fazer estremecer com estrondo.
[11] Tocar qualquer instrumento musical.
[12] O termo é proveniente do francês antigo, significando prazer, diversão. O dicionário registra o significado de roupa adequada a solenidades. Pode-se entender que o escudeiro é um homem que se orgulha de ser elegante, espirituoso, divertido e, com certeza, galanteador.

Assim, começa a segunda jornada, com o pretendente questionando-se sobre a honestidade de Inês. Ao mesmo tempo, a mãe de Inês orienta-a sobre o modo como deve comportar-se ao receber o Escudeiro:

> "Se esse escudeiro há de vir
> e é homem de discrição,
> hás-te de pôr em feição
> de falar pouco e não rir.
> Mais, Inês: não muito olhar,
> e os meneios – devagar,
> por que te julguem por muda:
> porque uma moça sisuda
> é uma perla para amar." (p. 202)

Também o Escudeiro vem fazendo muitas recomendações ao seu Moço, pedindo-lhe que retire o barrete (chapéu) quando estiver em sua presença, que, se cuspir, ele pise em cima, disfarçando, e faça uma mesura. Finalmente, diz-lhe para conter o riso, caso o veja mentir dizendo que é uma pessoa muito estimada e protegida, ou então, que saia e vá rir lá fora. O Moço aproveita para reclamar que não tem sapato adequado para a visita que vão fazer, pois seu dono não tem dinheiro para pagar o sapateiro. O Escudeiro promete que logo lhe dará não somente sapatos, mas também calças.[13]

Comentário: Pode-se ver claramente que a intenção dos diálogos é mostrar ao espectador como todos estão mentindo, procurando dar uma aparência diferente do que se é na realidade. A espertinha e saída moça vai dar o ar de recatada, enquanto o sujeito sem dinheiro que vai casar por interesse fingir-se-á de gente bem.

Chegam onde está Inês, o Escudeiro faz um longo e pretensioso discurso, louvando a beleza e a discrição da moça, que tudo ouve em silêncio, a ponto de despertar comentário dos judeus casamenteiros:

"Latão – Como fala! (referindo-se ao discurso do Escudeiro)
Vidal – E ela como se cala!
Este há de ser seu marido,
Segundo a coisa se embala."

O Escudeiro apresenta-se a Inês como homem sem propriedades, mas diz que é comprador do seu senhor, o marechal. Acrescenta que sabe ler, escrever, jogar bola bem e também tocar viola, como demonstrará em seguida. Para isso pede ao Moço a viola.

---

[13] Era costume medieval, para pagar alguém por algum serviço prestado, dar-se realmente as calças ou dinheiro para comprá-las.

"Moço – Ei-la aqui bem **temperada**[14] ,
não tendes que temperar.
Escudeiro – Faria bem de te quebrar
nessa cabeça mirrada.
Moço – E se ela é emprestada,
quem na havia de pagar?
Meu amo, eu quero me ir.
Escudeiro – E quando queres partir?

Moço – Determino de partir
antes que venha o inverno,
porque vós não dais governo
para vos alguém servir.
Escudeiro – Não dormes tu que te farte?
Moço – No chão... e o telhado por manta,
e cerra-se-me a garganta
com fome...
Escudeiro – Isso tem arte...

Moço – Vós sempre zombais assi.
Escudeiro – Oh que boas vozes tem
esta viola aqui!...
Deixa-me casar a mi,
depois eu te farei bem." (p.207)

O diálogo dos dois é interrompido pela mãe de Inês que, ironicamente, diz que a filha agora está no paraíso. Inês diz à mãe que ela não tem nada com isso e que deve deixá-la divertir-se, pois não há maior riqueza do que ter um homem sabido. A mãe protesta que, muitas vezes, é melhor a simpleza ou a ingenuidade. Apesar dos conselhos e das objeções da mãe, Inês aceita o pedido do Escudeiro.

"Escudeiro – Dai-me cá essa mão, senhora.
Inês – Senhor, de mui boa mente.
Escudeiro – Por palavras de presente
vos recebo desde agora.

Nome de Deus, assim seja,
eu Brás da Mata, escudeiro,
recebo a vós Inês Pereira,
por mulher e por parceira,
como manda a Santa Igreja.

[14] Ainda hoje, nossos bons violeiros costumam usar o termo "temperar" com o sentido de afinar o instrumento.

Inês – Eu aqui, diante (de) Deus,
Inês Pereira, recebo a vós
Brás da Mata, sem demanda,
como a Santa Igreja manda." (p.210)

Os judeus casamenteiros pedem dinheiro, mas a mãe diz que só no outro dia, porque agora quer dar um baile e sai a chamar as pessoas amigas. Cantam, dançam e todos desejam felicidades ao jovem casal. Terminada a festa, parte a mãe de Inês, dizendo a ela que lhe deixa de presente a casa em que estão. Inês se põe a **lavrar**[15] e a cantar.

"Inês – Si no os hubiera mirado,
no penara:
pero tampoco os mirara.[16] " (p.213)

Quando o marido a vê cantar, chama-lhe a atenção aos brados e diz que ela está proibida de cantar. Ela promete obedecer e o marido lhe diz que homem sisudo deve ter a mulher dominada, acrescentando:

"Vós não haveis de falar
com homem, – nem mulher que seja;
nem somente ir à igreja
não vos quero eu deixar.
Já vos preguei as janelas
por que não vos ponhais nelas;
estareis aqui encerrada
nesta casa, tão fechada
como freira de Oudivelas." (p.214/5)

Alegando que vai se fazer Cavaleiro e partir para a guerra, o escudeiro Brás da Mata recomenda ao seu criado que mantenha Inês trancada em casa. Parte o escudeiro e o Moço diz a Inês que vai cumprir as ordens de seu amo. Inês arrepende-se do que fez:

"Juro em todo meu sentido
que se solteira me vejo
assim como eu desejo,

---

[15] Desenhar em bordado, bordar.

[16] Gil Vicente freqüentemente utiliza espanhol ou latim, línguas muito conhecidas em seu tempo. É como se hoje inserisse a letra de uma canção em inglês ou expressões de domínio público. Tradução: "Se eu não tivesse olhado, não teria sofrido, mas tampouco teria olhado", quer dizer que valeu a pena ter visto tanta beleza, mesmo que viesse a sofrer depois.

saberei escolher marido,
– sem ser vítima de engano –,
pacífico todo o ano
e que ande a meu mandar,
havia-me eu de vingar
deste mal e deste dano". (p.218/9)

INÊS QUITE E DESFORRADA - TERCEIRA JORNADA

Inês está em sua casa, quando o Moço lhe traz uma carta, enviada pelo seu irmão:

"Muito honrada irmã,
esforçai o coração
e tomai por devoção
de querer o que Deus quer
(.....................................)
e não vos maravilheis
de cousa que o mundo faça,
que sempre nos embaraça
com cousas. Sabei que indo
vosso marido fugindo
da batalha para a vila,
a meia légua de Arzila,
o matou um mouro pastor." (p.222)

No mesmo instante, Inês exige do Moço que lhe entregue a chave, despedindo-o em seguida. A sós, comenta consigo mesma que não vai lamentar tal morte e ironicamente diz que o marido era tão metido a valente, no entanto, foi morto por um mouro apenas.[17] Continuando seu monólogo, Inês faz um raciocínio **maroto**[18] e toma uma decisão.

"Cuidado com cavaleiro
barbudo, desaforado,
que em figura de avisado
é maldoso e embusteiro.
Agora quero tomar,
para boa vida gozar,
um muito manso marido:
não no quero mais sabido,
pois tão caro há de custar." (p.223)

---

[17] Podemos acrescentar que sua morte é bem ridícula, pois é morto ao fugir e nem foi atacado por um soldado, mas por um simples pastor.
[18] Ladino, esperto.

Logo aparece a alcoviteira Leonor Vaz para visitá-la e novamente propor casamento com o bronco Pero Marques. Inês finge-se aborrecida com a morte do marido, mas Leonor aconselha-a a deixar de lado tal sentimento e também a opinião dos outros, casando-se logo com Pero Marques que "herdou fazendas de mil cruzados". Inês aceita e a alcoviteira vai em busca do agricultor. Sozinha, Inês comenta:

> "Andar, Pero Marques seja!
> Quero tomar por esposo
> quem se tenha por ditoso
> de cada vez que me veja.
> Meu desejo eu retempero:
> asno que me leve quero,
> não cavalo valentão:[19]
> antes lebre que leão,
> antes lavrador que Nero." (p.225)

Leonor traz Pero Marques e fazem uma atrapalhada e cômica cerimônia, coerente com a ignorância do camponês. Ele, ao contrário de Brás da Mata, não se lembra das palavras formais, e não quer casar-se na hora porque não têm **trigo**[20] , mas tanto Inês quanto Leonor, apressadas para se verem livre logo desses entraves e conseguirem sua finalidade, improvisam tudo e dão por consumado o casamento. Leonor parte deixando os dois a sós. Inês diz ao marido que deseja sair, pois há muito tempo está sendo mantida presa dentro de casa. Pero diz que ela pode ir aonde quiser e fazer o que quiser, que ele não vê motivo para a impedir. Aparece um ermitão, falando em espanhol, e diz a Inês que é um sacerdote de **Cupido**[21] . No final de seu longo discurso, revela que se tornou ermitão porque apaixonou-se por ela sem ser correspondido nem merecer sua atenção. Inês, então, recorda-se com espanto e admiração:

> "Jesus! Jesus! Manas minhas!
> Sois vós aquele que um dia
> em casa de minha tia
> me mandastes camarinhas?
> E quando aprendia a lavrar
> mandáveis-me tanta coisinha?
> Eu era ainda Inesinha,
> Não vos queria falar..." (p.229/30)

---

[19] Aqui explicita-se o provérbio popular que serve de tema à peça.

[20] Hoje joga-se arroz, naquele tempo fazia-se isso com o trigo para simbolizar fertilidade e prosperidade que desejamos ao casal.

[21] Cupido ou Eros, filho de Vênus, é a divindade pagã do amor.

Para compensar, Inês promete fazer-lhe uma visita. Imediatamente após a partida do ermitão, ela pede ao marido que a leve até a ermida do santo homem que, segundo ela, é "um anjinho de Deus". O tolo do marido obedece. No caminho, ao passar por um rio, ela pede ao marido que a conduza sobre os ombros, a cavalo, alegando que teme ter seu ciclo menstrual interrompido pelo frio da água. Finalizando, mantêm o seguinte diálogo:

"Pero – Ides à vossa vontade?
Inês – Como estar no paraíso!
Pero – Muito folgo eu com isso!
Inês – Esperai, ora, esperai,
Olhai que **lousas**[22] aquelas,
para pôr as talhas nelas.
Pero – Quereis (vós) que as leve?
Inês – Si: uma aqui e outra aqui
Oh! Como folgo com elas!

Cantemos, marido, quereis?
Pero – Eu não saberei entoar...
Inês – Pois eu hei só de cantar,
e vós me respondereis
cada vez que eu acabar:
'pois assim se fazem as cousas'.

Canta Inês Pereira:

'Marido **Cuco**[23] me levais
e mais duas lousas.'
Pero – Pois assim se fazem as cousas.
Inês – 'Bem sabeis vós, (meu) marido
quanto vos amo;
sempre fostes decidido
para **gamo**[24] ;
carregado ides, nosso amo,
com duas lousas.'
Pero – Pois assim se fazem as cousas.
Inês – 'Bem sabeis vós, (meu) marido,
quanto vos quero;

---

[22] O mesmo que pedra, geralmente pedras chatas, de ardósia, utilizadas antigamente para escrever. Por isso, ainda chamamos de lousa o quadro-negro, mesmo que não seja mais de pedra.

[23] Em Portugal o termo é utilizado tanto para indicar uma ave que põe ovos nos ninhos das outras quanto o marido de mulher infiel, isto é, corno.

[24] Nova referência à condição de marido traído, pois o gamo tem chifres.

sempre fostes decidido
para **cervo**[25] .
Agora vos tomou o demo
com duas lousas.'

Pero – Pois assim se fazem as cousas.

E assim se vão e se acaba a dita farsa". (p.231/2)

V – SÍNTESE DO ENREDO

A peça apresenta-nos, no início, uma jovem casadoura, que, a sós, reclama por ficar presa em casa e por fatigar-se no trabalho doméstico. Em sua fantasia, imagina que para livrar-se da vida recolhida, deve casar-se com um homem que seja ao mesmo tempo engraçado, divertido, galante, e que goste de dançar e cantar. O primeiro que a procura, indicado pela alcoviteira Leonor, é o contrário do que ela busca. Trata-se de um bom sujeito, com posses, mas é um grosseirão desajeitado de quem a moça se ri. Inês dispensa o bom partido e acaba aceitando a proposta de dois judeus casamenteiros, que trazem um escudeiro, com todas aquelas qualidades exigidas por Inês.

Inicia-se, então, uma segunda fase na vida da jovem. Realizado o casamento, vem a surpresa: o escudeiro Brás da Mata revela-se um marido tirano que chega a pregar as janelas para que a esposa não fique nelas olhando para a rua. Nem mesmo deixa que ela cante dentro de casa, pois exige uma mulher obediente e discreta. Quando sai, manda o criado trancar tudo e levar a chave consigo para que Inês não saia de casa. Para alívio de Inês, o marido faz-se cavaleiro e vai à guerra, sendo morto por um simples pastor mouro quando fugia covardemente.

Inês, valendo-se da experiência dolorosa, volta atrás, casando-se com o primeiro pretendente, Pero Marques, e, aproveitando-se da ingenuidade dele, engana-o descaradamente. Ela é procurada por um ermitão, que se diz sacerdote de Cupido e antigo enamorado dela. Ambos marcam encontro na ermida. Inês ordena que o marido a leve a esse encontro, carregando-a às costas, à cavalo como se costuma dizer. Ele obedece, consumando assim o ditado popular de que "é melhor um asno que nos carregue do que um cavalo que nos derrube.

VI – ESTRUTURA DA OBRA

A Farsa de Inês Pereira foi escrita quando o autor atingia o auge de sua carreira dramática, tendo sido representada, pela primeira vez, para o rei D. João III, em 1523. É difícil precisar, com rigor, a distinção entre farsa e comédia. Se não

---

[25] O gamo é asiático, o cervo é da América. Ambos se caracterizam e servem ao cômico do espetáculo por possuírem chifres.

formos muito exigentes, podemos dizer que a farsa se caracteriza por uma maior simplicidade. É mais rudimentar, consistindo seu traço primordial no exagero do cômico, empregando recursos fáceis e processos grosseiros de provocar o riso, privilegiando o humor primário e as situações ridículas. Se o autor optasse por um trabalho mais requintado e formal teríamos uma comédia de costumes. O assunto e a crítica aí presentes não se restringem ao período medieval, mas vale ainda para os dias atuais, tanto que a peça foi refeita no século XX, no Brasil, por Carlos Alberto Sofredini, obtendo grande sucesso de público e de crítica. Não tivemos a oportunidade de assistir, mas parece-nos que a jovem casadoira era uma operária do Brás que sonhava casar-se com um galã de televisão. A moça é derrubada de seu sonho, justificando assim o tema do espetáculo que é tomado por Sofredini como título: "Mais quero asno...".

O tema é a idéia central que se pode abstrair da peça teatral. O tema da peça em análise foi desenvolvido a partir do refrão popular: "Mais quero asno que me carregue, que cavalo que me derrube", provérbio que teria sido proposto a Gil Vicente por alguns invejosos difamadores de sua arte, que duvidavam da autenticidade de suas obras, afirmando que eram cópias dos trabalhos de Juan del Encina. O poeta e dramaturgo Gil Vicente desenvolve então o tema que lhe fora dado, de maneira genialmente simples, deixando-nos a sua obra profana mais perfeita. É fácil identificar na peça a aplicação do provérbio. A segunda parte do adágio ("cavalo que me derrube") é ilustrada com a experiência decepcionante do primeiro casamento (o escudeiro Brás da Mata corresponde ao cavalo (animal nobre e bonito), mas que derruba; o segundo casamento exemplifica a primeira parte da afirmação (asno que carrega = Pero Marques).

Sobre essa farsa comentou o crítico Massaud Moisés: " Pouco mais do que um esboço de comédia de costumes, a unidade de ação da farsa mantém-se apenas pela presença central de Inês Pereira e pelo propósito de ilustrar, nas três etapas da vida desta personagem, o provérbio com que desafiaram o talento dramático de Gil Vicente."

Realmente não havia em Gil Vicente aquela preocupação que os antigos tinham com a unidade de tempo, espaço e ação. Gostamos de usar como exemplo dessa unidade a peça clássica que conta a história de Édipo.

Em frente ao palácio, Édipo é informado de que uma praga assola a cidade, punindo-a porque o assassino de Laios, rei anterior a ele, está ainda na cidade, vivo e impune. Édipo promete que investigará e até o final do dia punirá o culpado. Ainda no mesmo dia, descobre que fora ele mesmo quem matara Laios, que era seu pai, conforme tinha sido determinado pelo destino e predito pelo oráculo. Jocasta, sua mãe e esposa, enforca-se no leito nupcial, cena que é narrada, mas não vivenciada por uma atriz em cena, porque exigiria a inclusão de outro espaço. Édipo cumpre sua promessa, punindo-se com o exílio e arrancando os próprios olhos. Assim, a ação prometida por Édipo (descobrir e punir o culpado) acontece em um dia, num mesmo espaço.

Gil Vicente não precisa o tempo em sua farsa, mas sabemos que as ações acontecem em um número variado de dias. Por exemplo, precisamos imaginar pelo menos um dia para a apresentação dos pretendentes, escolha e casamento com o escolhido. Mais um dia para a decepção de Inês com o marido escolhido. Outro dia ainda para o recebimento da notícia de sua viuvez. Já se quebrou a regra da unidade de tempo.

Embora haja economia de espaço, não há unidade, pois temos o espaço da casa de Inês (onde transcorre a maior parte das ações), o terreiro em que se realiza o baile e o caminho para a ermida (onde Inês e Pero Marques atravessam o rio).

A peça pode ser divida em três partes (I - Inês fantesiosa, II - mal-maridada, III - Inês quite e desforrada) e é composta em versos rimados (normalmente redondilhos) organizados em estrofes (normalmente predominam as estrofes de nove versos). Vejamos um exemplo:

1.“Andar, Pero Marques s**eja**!
2. Quero tomar por esp<u>oso</u>
3. quem se tenha por dit<u>oso</u>
4. de cada vez que me v**eja**.
5. Meu desejo eu retemp*ero*:
6. asno que me leve qu*ero*,
7. não cavalo valentão:
8. antes lebre que leão,
9. antes lavrador que N*ero*”. (p.225)

Procuramos destacar diferentemente as **rimas**[26] empregadas. O esquema de rima empregado não é rígido. Aqui o esquema pode ser assim representado: ABBACCDDC.

As personagens do teatro vicentino geralmente não apresentam profundidade psicológica. São personagens típicas ou caricatas.

Personagens:

Inês Pereira, jovem esperta a quem aborrece o trabalho doméstico. Deseja uma vida de liberdade e diversão. Para alcançar isso, sonha casar-se com homem discreto e avisado, mesmo que seja pobre. Após a desilusão do primeiro casamento, enviuva e casa-se pela segunda vez com homem ingênuo, mas de posses. Trai o marido sem remorsos ou conflitos morais.

Mãe de Inês, mulher de boa condição econômica, já que pôde deixar a casa para a filha indo morar em outra propriedade sua. Preocupada com a filha, como qualquer mãe, recomenda para ela um casamento com homem de boa condição econômica.

Leonor Vaz, alcoviteira, mulher normalmente encarregada de arrumar casamentos e arranjos menos decentes e honestos. Figura interessante nessa farsa porque, ao narrar sua aventura no olival, conta de tal forma que pressentimos que mais do que reclamar da tentativa de estupro, parece estar narrando com certa satisfação,

---

[26] Rima é a identidade de som entre duas ou mais palavras a partir da vogal tônica.

como se quisesse dizer "olha como sou desejada". A alcoviteira procura para Inês um marido que atenda ao parâmetro tradicional das mulheres mais velhas, portanto, mais de acordo com o que deseja a mãe de Inês.

Pero Marques, primeiro pretendente e segundo marido, labrego dono de terras, caricatura do homem ignorante e simplório, candidato a chifrudo como a própria protagonista declara na canção do final da peça.

Latão e Vidal, judeus casamenteiros, cujo papel e função não fogem do de Leonor Vaz. Procuram um pretendente que atenda às exigências de Inês. Ambicionam apenas obter a recompensa econômica pelo serviço prestado.

Brás da Mata, o Escudeiro, primeiro marido de Inês. Sujeito duro, sem vintém, mas cheio de empáfia. Revela-se um marido tirano e um cavaleiro covarde.

Moço, criado do Escudeiro. Figura bastante cômica, porque revela com muito humor a condição real de seu amo, reclamando sempre que está mal vestido e mal alimentado.

Ermitão, antigo enamorado de Inês e amante dela logo após o segundo casamento.

Fernando e **Luzia**, amigos e vizinhos da mãe de Inês, convidados para o baile no dia do primeiro casamento.

VII - ESTILO DE ÉPOCA E ESTILO INDIVIDUAL

Antes de Gil Vicente, não se pode falar de um teatro em Portugal, embora se tenha conhecimento de algumas representações alegóricas e religiosas, mas nelas a palavra literária ainda não se fazia presente. Foi Gil Vicente o primeiro a demonstrar um sopro de lirismo autêntico, dando testemunho eloqüente de um formidável senso artístico, de uma aguda visão crítica e um dom inigualável para o humor.

Para suas criações valeu-se da medida também muito comum no *Cancioneiro Geral*, o verso de sete sílabas, denominado redondilho maior.

Por viver num período de transição entre os ideais medievais e as novas posturas do Renascimento, pode-se notar em suas peças um moralismo cristão, como também uma valorização inesperada do lado humano, sem castrações, de que é exemplo o final da peça *Farsa de Inês Pereira*. Nessa peça, a mulher, depois de casada pela segunda vez, trai o marido com o Ermitão e não recebe qualquer tipo de castigo ou punição. Também no *Auto da Lusitânia* podemos ver, ao lado da influência pagã, revelada pela presença dos deuses da mitologia greco-romana (Vênus, Mercúrio etc.), a influência cristã denunciada tanto pela presença da figura de Belzebu, quanto pela ideologia de desprezo aos interesses mundanos.

Em geral, podemos dizer que o moralismo de Gil Vicente dirige sua crítica não contra as instituições, mas contra as pessoas que não viviam de acordo com os padrões morais cristãos de seu tempo.

Descuidando ou até evitando mesmo qualquer aprofundamento na análise psicológica das figuras humanas, o Pai do Teatro Português desdenha as personagens para concentrar-se nos tipos, pois estes, além de facilitarem a compreensão por parte do público, possibilitam mais o clima de humor.

Encerrando e resumindo, o teatro de Gil Vicente é popular, poético, sacro, satírico, e despreza o formalismo do teatro clássico, de modelo greco-latino, que exigia a unidade de tempo, de espaço e de ação.

VIII - PRINCIPAIS TEMAS

Gil Vicente a tudo e a todos criticou com sua veia irônica, satírica, procurando moralizar, além de divertir, executando assim recomendação do poeta Horácio, mesmo que não tivesse lido nele, diretamente, essa diretriz. Entre os variados temas de sua vasta obra teatral, podemos mencionar: a incompetência dos médicos, a **simonia**[27] , as práticas de feitiçaria, a exploração do trabalho alheio pela nobreza preguiçosa, a vaidade e a fanfarronice dos nobres. Criticou também a degradação da vida clerical e a corrupção no seio da família, assim como a prática da astrologia e a falta de respeito dos homens para com Deus. Não deixou também de ridicularizar a visão mundana do dinheiro como o bem mais importante da vida.

Pelo conjunto de temas citados, podemos notar que a obra de Gil Vicente apresenta uma postura estética mais condizente com a Idade Média do que com o Renascimento, o qual valoriza muito mais o lado humano, a vida terrena.

Exceção interessante é a *Farsa de Inês Pereira,* que teve como motivo e tema o ditado popular "Mais quero asno que me carregue, que cavalo que me derrube", valorizando a esperteza de Inês, uma jovem pequeno-burguesa que escolhe mal o primeiro marido, o escudeiro Brás da Mata (cavalo que me derrube), mas aprende com a experiência amarga, escolhendo para segundo marido o tolo do Pero Marques (asno que me carregue), a quem trai descaradamente. No entanto, embora não apresente uma crítica moralista ao comportamento adúltero de Inês, Gil Vicente critica a moça da vila que procura fugir aos serviços domésticos. Metonimicamente, estende-se tal crítica aos novos valores de uma burguesia ascendente.

BIBLIOGRAFIA CONSULTADA

Spina, Segismundo. *Gil Vicente.* São Paulo: Brasiliense,1979. (Usado para citação)
Vicente, Gil. *Auto da barca do inferno.* São Paulo: Ateliê Editorial,1996.
Vicente, Gil. *Obras-Primas do teatro vicentino.* São Paulo: Difel,1983.

[27] Tráfico de coisas sagradas ou espirituais.

SÍNTESE DA LITERATURA PORTUGUESA E BRASILEIRA

Este livro traz um condensado da teoria e da história da Literatura Portuguesa e Brasileira, desde o século XII (Trovadorismo) até o século XX (Modernismo).

Você tem tido problema de falta de tempo para estudar Literatura? Veja como esse livro é prático: nele você encontra quadros sinópticos, com todas as informações básicas necessárias, devidamente organizadas. Esse condensado foi aprimorado pelo professor Chacon em 25 anos de experiência. Além disso, você encontrará também as resenhas de mais de 30 narrativas de nossa ficção. Para treinar, você tem ainda 162 exercícios resolvidos, divididos por escolas literárias (estilo de época).

Esse livro possibilita que o estudante tenha uma visão de toda a matéria.

Atenção:

A lista de livros da **UNICAMP** apresenta romances, contos e peças de teatro. Note que nunca escolheram um livro de poemas, no entanto, muitas vezes caem questões referentes à poesia, tanto brasileira quanto portuguesa. Pensando nisso e nos exames da VUNESP, MACK, FAAP, ESPM, FMU etc., foi que a Editora Flâmula publicou ***SÍNTESE DA LITERATURA PORTUGUESA E BRASILEIRA.***

INFORMAÇÕES TELEFAX:

(0xx11) 4787-1192

UBIRAJARA (1857)

de José de Alencar
por Geraldo Chacon

I - BIOGRAFIA

José Martiniano de Alencar nasceu em Mecejana, Ceará, em 1829. Formou-se em Direito pela Faculdade do Recife, mas esteve algum tempo a Faculdade de Direito de São Paulo, onde fundou uma revista semanal de *Ensaios Literários*. Ao terminar o curso, retornou ao Rio, colaborando diariamente com o jornal *O Correio Mercantil.*

Em 1856, publicou seu primeiro romance, *Cinco minutos*, uma historinha do tipo "água-com-açúcar". Em 1857, escreveu e publicou na forma de folhetim o romance *O Guarani.* Esse romance é uma atualização da epopéia, como se com ele estivesse dizendo que, no século XIX, na literatura romântica e burguesa, não havia mais espaço para a epopéia em versos.

Alencar candidatou-se a deputado, pelo Partido Conservador, pelo Ceará e foi eleito. Em 1861, estreou na política. Em 1868, ocupou o cargo de Ministro da Justiça. No ano seguinte candidatou-se a senador pelo Ceará, tendo sido o mais votado, mas viu seu nome ser vetado pelo imperador. A partir de então, dedicou-se inteiramente à literatura.

Viajou para a Europa, em 1877, em busca de tratamento de saúde, pois havia contraído tuberculose, doença incurável naquele tempo. No mesmo ano, retornou ao Rio, onde faleceu. Estava com 48 anos, e, embora ainda jovem, deixou-nos uma obra ficcional importantíssima. Além dos romances, legou-nos também algumas peças de teatro, como o drama *Mãe* e a comédia *Demônio Familiar.*

II - BIBLIOGRAFIA

Destacaremos apenas os romances, segundo a ordem cronológica de publicação: *Cinco minutos* (1856), *O Guarani* (1857), *As minas de prata* (1862/5), *A viuvinha* (1860), *Lucíola* (1862), *Diva* (l864), *Iracema* (1865), *O gaúcho* (1870) e *A pata da gazela* (1870), *O tronco do ipê* (1871), *A guerra dos Mascates* (1871-1873), *Sonhos d'ouro* e *Til* (1872), *Alfarrábios* (1873), *Ubirajara* (1874), *Senhora* (1875), *O sertanejo* (1875) e *Encarnação* (1893).

III – APRESENTAÇÃO

Ubirajara é um livro importante no conjunto das obras indianistas de Alencar e fundamental no conjunto, completando sua intenção de fazer uma obra panorâmica, que mapeasse o país tanto geográfica quanto cronologicamente. Assim, a história do "senhor da lança" mostra uma terra selvagem, com sua pureza ainda não profanada pela presença do branco invasor. É um Brasil pré-cabralino, ao passo que *O Guarani* e *Iracema* já revelam o contato com a cultura branca européia (D. Antônio, Ceci, Martim) e suas conseqüências.

Os primeiros cronistas, entre eles Pero Vaz de Caminha, mostram preconceituosamente um índio sem fé, nem lei, como se não tivesse cultura, somente porque não possuía a cultura cristã européia. Essa desvalorização da cultura do habitante primitivo desta nossa terra é questionada por Alencar no prólogo intitulado "Advertência". Diz o autor:

"Este livro é irmão de Iracema.

Chamei-lhe lenda como ao outro. Nenhum título responde melhor pela propriedade, como pela modéstia, às tradições da pátria indígena.

Quem por desfastio percorrer estas páginas, se não tiver estudado com alma brasileira o berço de nossa nacionalidade, há de estranhar entre outras coisas a magnanimidade que ressumbra no drama selvagem a formar-lhe o vigoroso relevo.

Como admitir que bárbaros, quais nos pintaram os indígenas, brutos e canibais, antes feras que homens, fossem suscetíveis desses brios nativos que realçam a dignidade do rei da criação?

Os historiadores, cronistas e viajantes da primeira época, senão de todo o período colonial, devem ser lidos à luz de uma crítica severa. É indispensável sobretudo **escoimar**[1] os fatos comprovados, das fábulas a que serviam de **mote**[2], e das apreciações a que os sujeitavam espíritos acanhados, por demais imbuídos de uma intolerância ríspida." Sabiamente, Alencar assim complementa sua crítica aos preconceituosos cronistas do passado: "Homens cultos, filhos de uma sociedade velha e curtida por longo trato de séculos, queriam esses forasteiros achar nos indígenas de um mundo novo e segregado da civilização universal uma perfeita conformidade de idéias e costumes. Não se lembravam, ou não sabiam, que eles mesmos provinham de bárbaros ainda mais ferozes e grosseiros do que os selvagens americanos." (**Alencar**, José de. *Ubirajara*. SP: Ática, 1977, p.11)

---

[1] Limpar, retirar ou eliminar aquilo que estiver sujando ou prejudicando a pureza de algo.

[2] Tema, assunto.

IV – RESUMO DO ENREDO

I

O CAÇADOR

"Pela margem do grande rio caminha Jaguarê, o jovem caçador.

O arco pende-lhe ao ombro, esquecido e inútil. As flechas dormem no coldre da uiraçaba.

Os veados saltam das moitas de ubaia e vêm retouçar na grama, zombando do caçador." (p.9)

Comentário: Assim, com foco narrativo em terceira pessoa, linguagem poética e parágrafos curtíssimos, inicia-se a história de Ubirajara, que inicialmente aparece com o nome Jaguarê, nome de caçador, que indica que ele é mais forte que o jaguar. O caçador, no entanto, revela-se desinteressado pela caça, pois os veados passam à sua frente e nem lhe despertam a atenção. O que está acontecendo? Com o desenvolvimento da ação, o leitor descobre que o jovem índio está procurando outro guerreiro, de outra tribo, para lutar e vencer, merecendo a partir de então outro nome e o título de guerreiro.

Três dias, no entanto, se sucedem, sem que apareça alguém para desafiar. Quando aparece, é uma mulher. Seu olhar ardente voou, ávido de encontrar o inimigo que lhe tardava. Avistando uma mulher, a alegria do caçador apagou-se no rosto sombrio. Pela faixa, cor de ouro, tecida com penas de tucano, Jaguarê conheceu que era uma índia da nação tocantim, senhora do grande rio, cujas margens ele pisava.

"A liga vermelha que cingia a perna esbelta da estrangeira dizia que nenhum guerreiro jamais possuíra a virgem formosa.

A corça veio cair aos pés de Jaguarê, atravessada pela flecha certeira da jovem caçadora que a seguia de perto.

A virgem reconheceu o cocar da nação que na última lua chegara aos campos do **Taari**[3] e da qual os pajés tinham dado notícia.

– Guerreiro **araguaia**[4], pois vejo pela pena vermelha de teu cocar que pertences a essa nação valente, se pisas os campos dos tocantins como hóspede, bem-vindo sejas; mas se vens como inimigo, foge, para que tua mãe não chore a morte de seu filho e tenha quem a proteja na velhice.

– Virgem dos tocantins, Jaguarê já soltou seu grito de guerra. Ele pisa os campos de teus pais como senhor. Tu és sua prisioneira. Não que vencer a corça tímida seja glória para o caçador; mas tu chamarás o inimigo que ele espera.

---

[3] Rio que deságua no Tocantins, logo após a confluência do Araguaia. É nesse espaço que se desenvolve a ação do romance.

[4] De "ara" + "guara", significando "guerreiros das araras", assim chamados porque usavam penas vermelhas das araras em seus enfeites.

– Se o veado te der a sua ligeireza, jovem guerreiro, ela não te servirá senão para ver o rastro de meu pé antes que o vento o apague." (p.11)

Ela sai correndo e ele a persegue, notando rapidamente que ela tinha razão. Jamais a alcançará na corrida. Jaguarê atira então uma flecha. "A seta obedeceu-lhe, pregando no tronco do açaí a faixa que flutuava ao sopro do vento." A índia identifica-se: "Eu sou **Araci**[5], a estrela do dia, filha de Itaquê, pai da grande nação tocantim. Cem dos melhores guerreiros o servem em sua cabana para merecer que ele o escolha por filho. O mais forte e valente me terá por esposa. Vem comigo, guerreiro araguaia, excede aos outros no trabalho e na constância, e tu romperás a liga de Araci na próxima lua do amor". (p.13)

Jaguarê diz que não saiu à procura de mulher, pois tem na sua tribo uma noiva, Jandira. Explica que está em busca de um inimigo para vencer, pedindo então que a jovem envie para lutar com ele os cem guerreiros que disputam o seu amor. A índia parte e logo depois assoma um guerreiro adornado com penas de tucano.

"Quando o tocantim armou o arco, Jaguarê já tinha brandido o seu e disparado no ar uma seta, mensageira do desafio.

Respondeu o guerreiro disparando também uma flecha no ar, para dizer que aceitava o combate."[6]

Jaguarê orgulhoso identifica-se e lança seu desafio. O adversário identifica-se como "Pojucã, o matador de gente, guerreiro chefe da terrível nação tocantim". Pojucã diz que há uns três dias não luta e que seu tacape tem fome do inimigo. Acrescenta, ainda: "Tu não és digno dos golpes de um guerreiro chefe; mas Pojucã se compadece de tua mocidade e consente em combater contigo. Terás a glória de ser morto pelo mais valente guerreiro tocantim".

A luta entre ambos é feroz, mas digna. Ambos são valentes e parecem imbatíveis. Lutam durante todo o dia até que a tarde chega, sem que pareçam cansados. Afastam-se, admiram-se, percebendo que podem lutar ainda toda uma noite sem que um dos dois vença o outro. Antes de voltar ao combate Jaguarê declara ao inimigo: "Pojucã, matador de gente, guerreiro feroz da nação tocantim, Jaguarê deixou-te viver até este momento para saber se tu eras digno de dar-lhe um nome de guerra. Agora que te conhece como o primeiro dos guerreiros que existiram até este momento, ele quer que tua derrota seja a sua primeira façanha". Depois de muitas tentativas frustradas, finalmente os dois valentes decidem o combate. A lança de Jaguarê é colocada num ponto distante de ambos. Eles devem correr, alcançar a lança e atirar-se contra o adversário:

"Arremessou-se **Pojucã**[7] avante e desfechou o golpe; mas a lança rodara e foi o chefe tocantim quem recebeu no peito a ponta farpada.

Quando o corpo robusto de Pojucã tombava, cravado pelo dardo, Jaguarê d'um salto calcou a mão direita sobre o ombro esquerdo do vencido e, brandindo a arma sangrenta, soltou o grito do triunfo:

[5] O nome é formado de "ara" (dia) e "cei" ou "cejy" (grande estrela).

[6] Essa cena lembra os desafios dos cavaleiros medievais.

[7] O nome é proveniente de uma contração da frase tupi I-po-juca que pode ser traduzida por "eu mato gente".

– Eu sou **Ubirajara**[8], o senhor da lança, o guerreiro invencível que tem por arma a serpente". (p.18)

II

O GUERREIRO

A taba dos araguaias está em festa. Os velhos e os guerreiros estão no centro da taba, de frente para o grande arco da nação araguaia, enfeitado nas pontas com as penas vermelhas da arara. É a insígnia do chefe dos guerreiros, a qual Camacã, pai de Jaguarê, conquistou na mocidade e ainda conserva, pois ninguém ousa disputá-la. De longe, as mulheres assistem, pois não podem participar da festa guerreira. Entre elas está Jandira, cujos negros olhos não se cansam de admirar Jaguarê, seu futuro senhor. Jaguarê, isto é, Ubirajara conta a todos sua aventura, falando de Pojucã e de si mesmo em terceira pessoa:

"Toda a noite combateram. O sol nascendo veio achá-los ainda na peleja, como os deixara; nem vencidos, nem vencedores.

Conheceram que eram os dois maiores guerreiros, na fortaleza do corpo e na destreza das armas.

Mas nenhum consentia que houvesse na terra outro guerreiro igual; pois ambos queriam ser o primeiro.

Foi então que o chefe tocantim ganhou na corrida a lança de duas pontas, que Jaguarê havia fabricado.

Três vezes seu punho robusto a brandiu, e três vezes ela escapou-lhe da mão, como a serpente das garras do gavião.

Mais uma vez o grande guerreiro investiu com o bote armado; e a lança, escrava de Jaguarê, cravou o peito do inimigo.

Ele caiu, o guerreiro chefe, o grande varão dos tocantins, o valente dos valentes, Pojucã, o feroz matador de gente.

E Jaguarê, brandindo a arma da vitória, bradou:

– Eu sou Ubirajara, o senhor da lança, que venceu o primeiro guerreiro dos guerreiros de Tupã.

Eu sou Ubirajara, o senhor da lança, o guerreiro terrível que tem por arma uma serpente." (p.24)

Quando parou o estrondo da festa, avançou Camacã, o grande chefe dos araguaias, alcançou o arco da nação, e caminhou para Ubirajara.

"– Ubirajara, senhor da lança, é tempo de empunhares o grande arco da nação araguaia, que deve estar na mão do mais possante." (p.25)

Então Ubirajara ergueu o grande arco, e a corda zuniu como o vento na floresta. Os cantores celebraram os grandes feitos da nação araguaia, e as mulheres entram com vasos cheios de cauim. "Jandira suspirou; ela era virgem, e como suas companheiras, não podia aparecer na festa dos guerreiros. Sentiu não

[8] Nesse momento ele muda de condição e de nome, não é mais o caçador Jaguarê, mas o guerreiro Ubirajara, o senhor da lança.

ser já esposa, para ter o orgulho de encher de vinho espumante, por ela fabricado, a taça do seu herói e senhor." (p.27)

III

A NOIVA

"Ao raiar da luz no céu, Jandira abriu os lindos olhos negros.

Seu canto foi o primeiro que saudou o nascer do dia e acordou em seu ninho a viuvinha.

A doce filha de Majé, saltou da rede que embalara os sonhos castos da virgem e despediu-se dela como[9] a jaçanã que deixa a moita para habitar o ninho do amor.

A virgem araguaia acreditava ter dormido a última noite na cabana paterna, que essa manhã ia trocar pela cabana do esposo." (p.28)

A índia preparou-se, mas transcorreu todo o dia, veio a noite e nada de aparecer seu amor, então ela partiu em busca do noivo que a esquecera. No mais escuro da mata, vagava Ubirajara que tinha sonhado com Araci, que lhe disse: "Jaguarê, jovem caçador, tu dormes descansado enquanto os guerreiros tocantins se preparam para roubar a virgem de teus amores. Ergue-te e parte, se não queres chegar tarde. Ubirajara caminha distraído para as bandas da taba dos tocantins, quando é encontrado e alcançado por Jandira. Interrogado pela noiva sobre o que havia acontecido, o guerreiro responde: "Filha de Majé, doce virgem, ainda não chegou o dia em que Ubirajara escolha uma esposa; nem ele sabe ainda qual o seio que Tupã destinou para gerar o primeiro filho do grande chefe dos araguaias" (p.31). Entristecida, Jandira entendeu que o amor de Ubirajara retirava-se dela. Então ocultou a dor no fundo da alma e chamou o riso a seus lábios e a alegria a seus olhos, porque ela sabia que os guerreiros amam a flor da formosura e que a tristeza murcha a graça da mais linda virgem. Apesar disso e das belas palavras de amor, Ubirajara não modifica sua atitude. Sinceramente, o guerreiro explica: "Jandira é a mais bela das virgens araguaias. Seu amor fará a ventura de um guerreiro valente. Ubirajara não podia achar para si uma esposa mais fiel; nem para seus filhos outra mãe tão fecunda. Mas a noite desceu em sua alma. Só a estrela do dia pode restituir-lhe a alegria que o abandonou. A filha de Majé merece um guerreiro que tenha olhos para a sua formosura." (p.32)

Enquanto isso, Pojucã senta-se pensativo e triste à porta da cabana. Está preocupado, pois teme que Ubirajara lhe recuse uma morte gloriosa e o retenha prisioneiro. Nisso, rompe da selva Ubirajara e se encaminha para a cabana com o passo rápido, seguido de perto por Jandira.

Pojucã encerra a tristeza dentro de sua alma e com altivez dos grandes guerreiros pergunta a Ubirajara por que ainda não lhe deu o alívio do sacrifício e ouve a seguinte explicação: "Ubirajara não recusa ao bravo chefe tocantim, seu terrível inimigo, o suplício, que não negaria a qualquer guerreiro valente. Ele

[9] A comparação com elementos da natureza são presenças constantes tanto em *Iracema* quanto em *Ubirajara*.

esperava que tua ferida se fechasse de todo, para que o grande Pojucã possa, no dia do último combate, sustentar a fama de seu nome, e a glória de um varão que só foi vencido por Ubirajara". (p.35)

Em seguida, Ubirajara explica que é costume de seu povo destinar ao prisioneiro a mais bela e ilustre das virgens da taba, para que ela conceba um filho dele e aumente o valor de sua nação. Por isso, destina-lhe Jandira. Esta, que ouve espavorida aquelas palavras, tenta fugir; mas a mão do chefe araguaia a retém, dizendo ainda ao prisioneiro:

"– Ubirajara parte, mas ele voltará para assistir ao teu suplício e vibrar-te o último golpe. Pojucã terá a glória de morrer pela mão do mais valente guerreiro." (p.35) Jandira e Pojucã ficam em face um do outro. Ela diz que jamais pertencerá a outro que não Ubirajara e Pojucã, por sua vez, diz que não carece do amor de Jandira, pois tem certeza de que não faltarão virgens formosas, que desejem a glória de ser mãe de um filho de Pojucã.

Com sua recusa, Jandira sabe que está sujeita à morte, mas para ela a morte é menos cruel do que o abandono.[10] Jandira parte, desejando a Pojucã uma esposa terna e morte gloriosa.

Depois, já muito longe, no meio da floresta, senta-se a moça à sombra de um manacá coberto de flores e canta uma triste canção em que diz coisas assim: "Eu fui Jandira, a linda abelha, que fabricava os favos de cera para enchê-los de mel saboroso. (...) Agora eu queria ter no coração uma serpente para morder aquela que me roubou o amor de meu guerreiro. Guardei a minha formosura para orgulho do esposo e inveja dos outros guerreiros. Agora eu trocaria a **flor**[11] do meu rosto por um aspecto terrível que infundisse pavor; meus seios mais lindos que os botões do **cardo**[12], por um peito feroz, e as mãos ligeiras que tecem os fios do algodão, pelas garras do jaguar". (p.37)

Ubirajara convoca o conselho e comunica sua decisão de destinar Jandira a Pojucã como esposa do túmulo. Os anciãos aprovam. Em seguida, o jovem guerreiro informa que vai partir e só voltará na próxima lua para assistir ao suplício de Pojucã. Diz também: "Se na ausência de Ubirajara cair na taba a flecha, **núncia**[13] da guerra, conduzi o trocano ao sítio onde se abraçam os grandes rios e soltai a voz da nação araguaia. Nesse dia Ubirajara será convosco." (p.38) Depois disso, parte o herói.

IV

A HOSPITALIDADE

"Na entrada do vale ergue-se a taba dos tocantins." É no calor do meio-dia que Ubirajara deixa o escuro da mata e entra na taba dos tocantins, onde é recebido como hóspede. Conforme costume da tribo, é o hóspede quem manda. "Ubirajara passou entre os guerreiros e dirigiu-se à cabana mais alta que ficava no centro da

---

[10] Jamais outra escola literária valorizou tanto o sentimento. Vemos aqui um exemplo disso, se a personagem fosse racional, pesaria as conseqüências, mas como é uma personagem romântica, ela age movida principalmente pelos impulsos da emoção, do sentimento. O coração é a medida de todas as coisas.

[11] Metáfora. A beleza de seu rosto que, por semelhança, lembra a flor.

[12] Planta espinhosa.

[13] Anunciadora, mensageira.

ocara", porque aí morava o grande chefe, que o recebeu com amabilidade.

"– O estrangeiro veio à cabana de Itaquê, grande chefe da nação tocantim, disse Ubirajara.

– Bem-vindo é o estrangeiro à cabana de Itaquê, grande chefe da nação tocantim.

Então o **tuxaua**[14] voltou-se para Jacamim, a mãe de seus filhos:

– Jacamim, prepara o cachimbo do grande chefe para que ele e o estrangeiro troquem a fumaça da hospitalidade.

Os mensageiros já corriam pela taba, avisando os guerreiros **moacaras**[15] da vinda do hóspede à cabana de Itaquê." (p.42)

Enquanto na cabana ressoa o canto da boa-vinda, Jacamim, esposa de Itaquê, chama as amantes do marido, suas servas, para ajudá-la a preparar o banquete da hospitalidade. Voltam com comida e bebida. Frutas de várias espécies, entre as quais: bananas, açaí, **croás**[16] e abacaxis.[17] Terminado o banquete, as mulheres e os jovens se retiram. Só ficam sentados, com o hóspede, Itaquê e os moacaras, senhores das cabanas. O conselho discute que nome devem dar ao hóspede, para que não seja necessária sua identificação. Várias sugestões são feitas, mas a única acatada é a de que ele deve escolher seu próprio nome e ele decide: " Eu sou aquele que veio trazido pela luz do céu. Chama-me Jurandir".

Nesse momento, Araci aparece por entre as palmeiras e caminha para a cabana, seguida pelos mais valentes guerreiros. Eram os servos do amor, que disputavam a virgem. Araci viu o estrangeiro e adivinhou que ele viera à cabana de Itaquê para disputar sua beleza aos guerreiros tocantins e encheu-se de alegria. Notou que o estrangeiro não queria ser conhecido, pois deixara o cocar das plumas da arara, que eram o enfeite guerreiro de seu povo.

Ubirajara, quer dizer, Jurandir, conta que apesar de jovem já viajou muito e conheceu a terra das famosas e temíveis amazonas. Diz que já viu a pororoca e faz uma descrição metafórica do fenômeno. Aproveitando a referência às amazonas, Araci diz ao hóspede recém-chegado: "As mulheres guerreiras, senhoras de seu corpo, são como a palmeira de muriti, que rejeita o fruto antes que ele amadureça e o abandona à correnteza do rio.

A esposa não desprende de si o filho, senão quando ele não chupa mais seu peito. Ela é como a mangabeira; nutre o fruto com seu leite, que é a flor de seu sangue". (p.50)

---

[14] O mesmo que tuxaua ou morubixaba, chefe político da tribo.

[15] Segundo Alencar, o moacara distinguia-se dos demais índios por ser, como o nome indica, o que "construiu a casa", indicando com isso que tinha uma família constituída à qual dirigia e defendia como uma sociedade independente dentro de uma sociedade maior que é a tribo.

[16] Do tupi "kara'wã", "talo com espinho", também chamada caroatá ou gravatá. Planta da família das bromeliáceas, de cujas fibras fazem-se barbantes, linhas, tecidos.

[17] É característica do Romantismo a valorização da cor local, da natureza nacional. A descrição das comidas típicas e das frutas locais pode ser encontrada em várias outras obras. Agora mesmo estamos recordando de uma descrição minuciosa de refeição no romance *As minas de prata*, também de autoria de Alencar.

"Não é na terra das mulheres guerreiras que o estrangeiro deve buscar a esposa; mas na taba de sua nação, onde Tupã guarda para seu valor a mais bela das virgens, aquela que tem o sorriso do mel[18].

O hóspede respondeu:

Jurandir sabe onde encontrará a virgem que deseja para esposa. A luz do céu[19] o guia e nada resiste à força de seu braço."(p.50)

Depois de responder à intervenção de Araci, o guerreiro continua sua história que todos ouvem silenciosos. Fala que ouviu de pajés tupinambás a previsão de que viriam um dia os "guerreiros do mar", isto é, os homens brancos.

A festa da hospitalidade na cabana de Itaquê só termina à noite.

O costume da hospitalidade entre os índios manda que se dê ao estrangeiro tudo que agrada ao guerreiro. Por isso chegam belas moças para oferecer a Jurandir sua beleza, para que ele escolha entre elas uma que partilhe sua rede na cabana hospedeira. Todas se tinham enfeitado para agradar Jurandir; pois para elas era uma glória merecer o amor do estrangeiro.

Araci fora buscar seu balaio de palha vermelha e sentara-se no terreiro. Enquanto fazia um colar, percebia que os olhos de Jurandir abandonavam os encantos das mulheres e buscavam seu rosto. Logo, Jurandir afastou as mulheres e disse que as moças tocantins eram formosas e qualquer delas alegraria o sono do estrangeiro, mas ele não viera à cabana de Itaquê para gozar do amor de uma noite. Ele viera buscar a esposa, que haveria de acompanhá-lo até à morte, e a virgem, que escolhera para mãe de seus filhos.

Araci, ouvindo isso, cobriu-se de sorrisos e disse ao guerreiro: "Os sonhos disseram a Araci, duas noites seguidas, que o jovem caçador chegaria à cabana de Itaquê; ela te esperou. Quando meus olhos te viram sentado entre os moacaras, logo conheceram que tu vinhas buscar a esposa". (p.52)

V

SERVO DO AMOR

"Jurandir, conduzido pela virgem, caminhou ao encontro de Itaquê e disse:

– Grande chefe dos tocantins, Jurandir não veio à tua cabana para receber a hospitalidade; veio para servir ao pai de Araci, a formosa virgem, a quem escolheu para esposa. Permite que ele a mereça por sua constância no trabalho, e que a dispute aos outros guerreiros pela força de seu braço.

Itaquê respondeu:

– Araci é a filha de minha velhice. A velhice é a idade da prudência e da sabedoria. O guerreiro que conquistar uma esposa como Araci terá a glória de

[18] Referência à noiva de Ubirajara, Jandira, cujo nome significa "que produz mel".

[19] Referência à própria Araci, pois esse é o significado de seu nome.

gerar seu valor no seio da virtude. Itaquê não pode desejar para seu hóspede maior alegria." (p.54)

Desde esse momento, Jurandir deixa de ser estrangeiro na taba dos tocantins. Pertencia à oca de Itaquê, e devia, como servo do amor, trabalhar para o pai de sua noiva.

Segue-se então uma seqüência de atos heróicos de Ubirajara, isto é, Jurandir, em que fica provado que ele é forte, ágil, trazendo sempre o maior peixe e a melhor caça. Jamais a abundância reinara na cabana sempre farta do chefe dos tocantins, como depois que a ela chegara o guerreiro araguaia.

A tradição não permitia que a virgem desejada pelos servos do seu amor desse preferência a um dos guerreiros pretendentes, mas na hora do banho, Araci desaparecia no seio das ondas e era no banho que recebia o abraço de Jurandir, sem que ninguém suspeitasse da preferência dada ao estrangeiro. Encontravam-se no fundo do rio, enquanto conseguiam segurar a respiração. Depois desprendiam-se do abraço e apareciam longe um do outro.

Certa tarde, voltando da caça, Jurandir vê na floresta um rastro conhecido seu. Eram marcas do pé de Jandira. No dia seguinte, Araci procura penas para fazer um cocar quando ouve um rumor incomum. É Jurandir a segurar o braço de uma mulher, que se debate e ainda sustenta na mão a **macaná**[20] afiada.

Araci imediatamente adivinha que era Jandira, e que a noiva desprezada tinha tentado matá-la. O que Jurandir diz a seguir confirma sua suspeita: "Filha de Majé, tua mão quis matar a virgem que Jurandir escolheu para esposa. Tu vais morrer." Araci interveio: "A virgem araguaia ameaçou a vida de Araci; ela lhe pertence". (p.59) O guerreiro então atou as mãos de Jandira e entregou-a a Araci como escrava. As duas virgens ficaram sozinhas na floresta.

Araci diz à rival que quando não tiver mais beleza para dar a seu guerreiro, ela consentirá que Jandira durma em sua rede. Jandira diz que a outra não sabe amar, pois ela jamais ofereceria sua rede de esposa a outra mulher; e aquela que recebesse o amor de seu guerreiro morreria por sua mão.[21]

Araci explica que ama seu guerreiro, como Jacamim ama Itaquê e que a cabana do grande chefe dos tocantins está cheia de servas; mas seu amor nunca abandonou a esposa.

Ao final da discussão, Araci caminha para Jandira e desata-lhe os pulsos, mas a rival não aceita a liberdade: "A vontade de Ubirajara atou os braços de Jandira; ela rejeita a liberdade dada por ti. Araci pode ser preferida; porém, não será mais generosa do que a filha de Majé." (p.63)

---

[20] Tipo de clava ou maça utilizada pelos índios. Arma feita de madeira muito dura e pesada.

[21] Alencar pretendia representar com Araci o amor da virgem tupi conforme o costume tradicional, que dividia o amor do esposo, quando se tratava de guerreiro ilustre. Ser amada com exclusividade queria dizer que o marido era alguém comum, era um guerreiro sem importância. Jandira, ao contrário, representa o amor natural, possessivo, exclusivista, que se insurge contra a lei tradicional.

VI

COMBATE NUPCIAL

"Chegou o dia, em que os noivos de Araci deviam disputar a posse da formosa virgem.

Era a hora em que o sol, transpondo a crista da montanha, estende pelo vale sua **arazóia**[22] d'ouro.

A grande nação tocantim cerca a vasta campina. No centro estão os anciãos, que formam o grande carbeto.

Em frente aparece Araci, a estrela do dia, que há de ser o prêmio da constância e fortaleza do mais destro guerreiro.

Jacamim acompanha a filha; nesse momento remoça com a lembrança do dia em que Itaquê a conquistou, lutando com os mais feros mancebos tocantins.

De um e outro lado seguem pela ordem da idade os moacaras. Cada um cerca-se da esposa, das servas e das filhas, que vieram para assistir ao combate.

É a única das festas guerreiras em que o rito de Tupã consente a presença das mulheres, porque trata-se de sua glória." (p.64)

O narrador descreve ainda alguns dos principais pretendentes: Pirajá, o grande pescador; Uiraçu, que tomou este nome do valente guerreiro dos ares, pelo ímpeto do assalto; Araribóia, a grande serpente das lagoas; Cauatá, o corredor das florestas e Cori, o altivo pinheiro. Entre todos, assoma Jurandir.

Itaquê dá o sinal e o combate começa. Os guerreiros vão caindo, um a um, e o último deles, Cori, tem de enfrentar Jurandir. O herói afirma que não pretende usar armas para combater um guerreiro cansado e atira o tacape ao pé do adversário. Cori, pensando que está sendo atacado, desfecha-lhe um golpe, mas Jurandir apara-o na mão firme e arrebatando o tacape que o ameaça arranca o guerreiro do chão como o pinheiro que o tufão arrebata, antes de partir o tronco.

Jurandir fica só no campo. Outras provas se seguem, como a de carregar e proteger um grosso toro de madeira, que representa a noiva. O boneco tinha sido lixado e besuntado com a banha do **teiú**[23] para que escorregasse da mão do guerreiro como o lagarto da mão do caçador. A prova exige que o guerreiro, à disparada, levante do chão, sem parar, o toro de madeira; e se defenda dos rivais que o assaltam para tomá-lo. A prova pede demonstração da agilidade e robustez, que o marido deve possuir, para disputar a esposa e protegê-la contra os que ousem desejá-la. De todos os guerreiros Cori e Uiraçu conseguiram ganhar a prova; mas nenhum com a galhardia de Jurandir.

"Os três vencedores entraram de novo em campo para decidir entre si. O triunfo não se demorou. Jurandir o arrebatou, como o gavião arrebata a presa que disputam duas serpes." (p.69)

---

[22] Arazóia é o saiote de penas da mulher indígena. Aqui o termo está usado metaforicamente para designar os raios de sol que, à semelhança das penas do saiote, abrem-se do centro para a circunferência estendendo-se sobre o vale.

[23] O maior dos lagartos brasileiros, chega a atingir dois metros de comprimento.

O pajé toma a palavra e diz que não basta que o guerreiro seja forte e valente, para merecer a esposa. Ele precisa ter constância e não se perturbar com o sofrimento para suportar sereno as mortificações das mulheres e as importunações das crianças. Para demonstrar essas qualidades o guerreiro é desafiado a enfiar a mão numa cumbuca cheia de terríveis saúvas famintas, sem demonstrar qualquer expressão de dor, fraqueza ou contrariedade. Jurandir mete a mão no vaso e seu semblante grave cobre-se de um sorriso doce como a luz da alvorada. Instigada pela fome de muitos dias as formigas dilaceram a vítima. Jurandir, no entanto, apesar das ferroadas que ardem como terrível fogueira, continua sorrindo e canta uma bela canção em que fala de seu amor por Araci, dizendo coisas lindas e líricas como: "O ferrão da saúva dói mais do que o espinho da juçara; mas Jurandir acha o mel dos lábios de Araci mais doce do que o coco da palmeira."

Os anciãos deram sinal para terminar a prova, mas o guerreiro continua seu canto de amor. Por isso, quando termina, é preciso quebrar o camucim para que ele possa retirar a mão, de tão inflamada que ficara.

Falta a última prova, conhecida como a prova da virgem, que consiste em dar uma dianteira à moça e o rapaz deve alcançá-la na corrida. Nessa prova era que a virgem podia demonstrar seu agrado pelo vencedor ou livrar-se dele caso não fosse de seu gosto.

Comentário: Ora, o leitor já sabe que a moça é veloz como ninguém e pode escapar se quiser. Sabe também que ela não pretende fugir. O interesse da leitura, então, fica por conta de saber como o fato vai se dar, pois sabemos o que vai acontecer.

Quando soa o sinal, Araci desfere a corrida.

"Jurandir seguiu-a. Ele conhecia a velocidade do pé gentil de Araci, que zombava do salto do jaguar.

(...)

Quando mostrou a todos que Jurandir não a alcançaria nunca, se ela quisesse fugir-lhe, reclinou a cabeça para esconder o rubor.

Jurandir abriu os braços e recebeu a esposa que se entregava a seu amor. O guerreiro suspendeu a virgem formosa ao colo; e levou-a à cabana do amor que ele construíra à margem do rio." (p.73)

O casal mantém um diálogo lírico, em que Jurandir manifesta seu espanto porque a mulher se veste para ele, com um **aimará**[24] mais alvo do que a pena de garça. Araci justifica-se: "Araci tem medo que os olhos do esposo não a achem digna de seu amor; e vestiu seus enfeites. Araci queria ser como a juriti e ter no corpo uma penugem macia, que só a deixasse ver em sua formosura. Foi por isso que tua esposa se cobriu com o seu aimará." (p.74) O diálogo é interrompido pela chegada dos guerreiros e anciãos, precedidos por Itaquê. Querem saber quem é Jurandir antes de consumar a união conjugal, pois ele tinha sido recebido como estrangeiro e ninguém na taba o conhecia.

---

[24] Túnica de algodão, entrelaçada de penas.

VII

A GUERRA

O guerreiro então identifica-se: "Morubixaba, abarés, moacaras e guerreiros da valente nação tocantim, vós tendes presente o grande chefe da grande nação araguaia.

'Eu sou Ubirajara, o senhor da lança; e o maior guerreiro depois do grande Camacã, cujo sangue me gerou. Se quereis saber por que tomei este nome, ouvi a minha maranduba de guerra.'" (p.76)

Conta então que venceu e mantém prisioneiro o grande guerreiro Pojucã, provocando com isso grande mal-estar, principalmente em Jacamim e Itaquê, que são logo identificados como os pais de Pojucã.

Comentário: Está criado o conflito. O prisioneiro é cunhado de Ubirajara. Como lidar agora com a situação? Ubirajara solta o seu prisioneiro? Seria uma vergonha para Pojucã aceitar isso. Itaquê deve deixar o genro ir-se como se nada tivesse acontecido? Mata logo Ubirajara, ou declara guerra à outra tribo? Qual a melhor solução?

Ubirajara fala: "A vingança é a glória do guerreiro; Tupã a deu aos valentes. Ubirajara venceu Pojucã em combate leal e aceita desafio de Itaquê e de todos os chefes tocantins". Itaquê recusa, porque respeita a lei da hospitalidade e não permite que ninguém toque em Ubirajara, que parte, mas volta imediatamente, apagando no chão o vestígio de seus passos. Em seguida, desafia a todos, mas o morubixaba Itaquê não aceita e contém seus guerreiros: "A lei da hospitalidade é sagrada. A cólera do estrangeiro não deve perturbar a serenidade do varão tocantim". (p.79) Ordena então a Ubirajara que reúna seu povo e venha em guerra, conquistando pelas armas sua esposa. O guerreiro aceita: "Ubirajara combaterá até que lhe restituas a esposa; assim como ele a conquistou a seus rivais, saberá conquistá-la a ti e à tua nação." (p.79)

O chefe araguaia parte e Araci prepara para acompanhar o esposo com a esperança de que seu amor o moveria a salvar Pojucã. Ubirajara alega que não tendo rompido a liga de Araci, ela ainda não é sua esposa e deve obedecer a vontade de seu pai. Ao despedir-se "o chefe araguaia pôs a mãos nos ombros de Araci; duas vezes uniu o seu ao rosto dela, por uma e outra face, para exprimir que nada podia separá-los". (p.82)

Dois dias depois, Ubirajara pisa os campos dos araguaias. A primeira providência que toma é informar o prisioneiro Pojucã de que vai invadir sua tribo, motivo pelo qual lhe concede liberdade, para que lute pelos seus: "Tu és livre, Pojucã; parte e voa, que a guerra dos araguaias te segue os passos". (p.83)

Partem para a guerra, mas quando Ubirajara vem pela margem do grande rio, vê que uma nação tapuia prepara-se para assaltar a taba dos tocantins.

Ubirajara envia a eles um cantor, que penetra no campo inimigo, entoando o seu canto de paz. Nenhum guerreiro ousa ofender aquele a quem Tupã concedeu a fonte da alegria. Murinhém, o cantor, apresenta-se em frente de Canicran, chefe dos tapuias e transmite o recado de seu chefe, mais ou menos nestas palavras:

– Ubirajara, que empunha o arco da poderosa nação araguaia, te manda que encostes o tacape da guerra. A nação tocantim aceitou a sua flecha de desafio, e ele não consente que ninguém combata seu inimigo, antes de o ter vencido.

Canicran diz que veio trazido pela vingança, pois Pojucã tinha penetrado em sua taba e incendiado a cabana do pajé, que morreu devorado pelas chamas. Envia de volta o cantor para indagar de Ubirajara se o pai de uma nação pode sofrer tão dura afronta. Em seguida, Murinhém parte e leva à taba dos tocantins mensagem de Ubirajara, que recebe a seguinte resposta: "Antes que Itaquê trocasse com Ubirajara a seta do desafio, Pojucã tinha levado a guerra à taba dos tapuias. Canicran veio trazido pela vingança; e a nação tocantim não pode recusar o combate. Mas Itaquê sabe honrar seu nome: se Ubirajara quer, ele combaterá juntamente os dois inimigos." (p.86)

Ubirajara ouve as mensagens dos outros chefes e decide esperar a luta entre os tapuias e os tocantins. Envia Murinhém com tal mensagem a ambos os chefes e acrescenta que a cabana onde estiver Araci fica sob sua guarda, quem nela penetrar como inimigo, sofrerá morte vil.

VIII

A BATALHA

"A um lado da imensa campina move-se a multidão dos guerreiros tocantins, do outro lado, a multidão dos guerreiros tapuias.

As duas nações se estendem como dois lagos formados pelas grandes chuvas, que se transformam em rios e atravessam o vale." (p.88)

Os dois povos arremetendo travam a batalha. Itaquê acha-se em frente de Canicran. Ambos se buscam dez vezes; vencedores ambos, nenhum vencido.

Quando Itaquê vence o inimigo e já vai colocar-lhe a mão sobre o ombro, fazendo dele um prisioneiro submisso, o filho mais novo de Canicran, Pahã, ainda **curumim**[25], que tem pontaria certeira, pega seu pequeno arco e dispara duas pequenas flechas que vão furar os olhos do chefe inimigo. Agora, deixe sua imaginação enxergar a cena, que poderia muito bem ser filmada por Mel Gibson, diretor de *Coração Valente*. Dois chefes guerreiros suados e cheios de pó, pintados para a guerra. Um deles, tem em cada olho uma flecha cravada. O sangue escorre pelo rosto, que se contrai numa expressão de espanto e raiva. A mão que se dirigia ao ombro, muda a direção e vai para a boca aberta do adversário prostrado, prendendo-lhe o maxilar, enquanto a outra mão pega a cabeça abarcando o penacho e a cabeleira de Canicran. Os braços se separam e a cabeça de Canicran abre-se como um coco que se fende pelo meio. Agitando no ar o crânio sangrento, Itaquê arroja-se contra os inimigos, buscando a morte, mas todos fogem alucinados. Quando o sol entra, não se vê na campina sequer a sombra de um tapuia.

---

[25] Curumi ou curumim, termo tupi para designar menino.

Ubirajara encarregou Tubim, jovem e veloz caçador, de encontrar, prender e trazer Pahã, a seta, para que servisse de guia a quem tinha tirado a visão. Nessa mesma noite, Tubim trouxe prisioneiro o curumim, recebendo o nome de Abeguar, senhor do vôo, em honra da façanha que tinha realizado. Os cantores o louvaram; e o jovem caçador teve a glória de receber os aplausos dos moacaras de sua nação e de um chefe como Ubirajara.

O curumim é enviado a Itaquê, que prefere dar-lhe liberdade. O problema grave que se estabelece é o de liderança, pois estando o velho guerreiro cego, quem vai empunhar o seu arco e guiar a tribo na guerra? O sucessor deveria dobrar o arco e atirar flechas como fazia Itaquê. Questionado pelos anciãos, o velho chefe ergueu-se com o passo **trôpego**[26] e alcançando o grande arco dos tocantins abraçou-se a ele e falou-lhe: "Quando Itaquê te recebeu da mão do grande Javari, ele pensava que só a morte o separaria de ti, para transmitir-te a um guerreiro de seu sangue. Mas Itaquê ficou na terra, como um tronco levado pela corrente, que não sabe onde vai.

Um esguicho de sangue saltou dos buracos[27], onde o velho tivera os olhos. Era a lágrima que a desgraça lhe deixara." (p.92)

O tambor chamou a nação ao carbeto. Os guerreiros mais valentes e fortes conseguiram vergar o arco, mas não conseguiram disparar a seta. Só Pojucã conseguiu que a seta partisse, mas não deixou seu pai satisfeito: "Itaquê curvara a cabeça. Ele ouviu brandir a arma; não era, porém, aquele o zunido da corda do arco, quando o vergava sua mão possante." (p.94)

IX

A UNIÃO DOS ARCOS

"Os tapuias voltaram; com eles vinha Agniná à frente de sua nação, para vingar a morte de Canicran, seu irmão.

Era grande a multidão dos guerreiros, e maior a tornavam a sanha da vingança e a fama do chefe que a conduzia.

Não eram tantos os tocantins; mas bastaria seu valor para igualá-los, se não lhes faltasse a cabeça, que rege o corpo.

A poderosa nação estava como o bando de **caititus**[28] que perdeu o pai e desgarra-se pela floresta, correndo sem rumo." (p.95)

Os abarés meditaram e concordaram em acatar o que sugerisse o chefe cego, que propôs: "A voz do coração diz ao neto de Tocantim que a glória da nação que ele gerou não se pode extinguir. O sangue de Itaquê, passando pelo seio de Araci, se unirá a outro sangue generoso para brotar maior e mais ilustre." (p.96)

---

[26] Que se movimenta com grande dificuldade, arrastadamente.

[27] O exagero é uma característica do Romantismo, que o aproxima do Barroco, estética do século XVII, que também ficou marcado por esse traço estético.

[28] Caititu ou cateto é uma espécie de porco-do-mato.

Seguido pelos seus, vai até Ubirajara e propõe: "Empunha o arco de Itaquê, chefe dos araguaias, e tu conquistarás por teu heroísmo uma esposa e uma nação.

À esposa farás mãe de cem guerreiros como Itaquê; e à nação, conservarás a glória que ela conquistou quando o filho de Javari a conduzia à guerra.

Tupã dará a teu braço esta força para que o sangue de Itaquê brote mais vigoroso e os netos de Tocantim dominem as florestas." (p.82)

Ubirajara sorriu e aceitou, empunhando e vibrando o arco do sogro. "O semblante de Itaquê remoçou, ouvindo o zunido que recordava-lhe o tempo de seu vigor. Era assim que ele brandia o arco outrora, quando as luas cresciam aumentando a força de seu braço." (p.82)

Em seguida, Ubirajara larga o arco de Itaquê para tomar o arco de Camacã. A flecha araguaia também parte e vai atravessar nos ares a outra que tornava à terra.

As duas setas descem trespassadas uma pela outra como os braços do guerreiro quando se cruzam ao peito para exprimir a amizade.

"Ubirajara apanhou-as no ar:

– Este é o emblema da união. Ubirajara fará a nação tocantim tão poderosa como a nação araguaia. Ambas serão irmãs na glória e formarão uma só, que há de ser a grande nação de Ubirajara, senhora dos rios, montes e florestas.

O chefe dos chefes ordenou que três guerreiros araguaias e três guerreiros tocantins ligassem com o fio do crautá as hastes dos dois arcos.

Quando o arco de Camacã e o arco de Itaquê não fizeram mais que um, Ubirajara o empunhou na mão possante e mostrou-o às nações:

– Abarés, chefes, moacaras e guerreiros de minhas nações, aqui está o arco de Ubirajara, o chefe dos grandes chefes. Suas flechas são gêmeas, como as duas nações, e voam juntas. Ambas as cordas brandirão a um tempo.

A seta araguaia e a seta tocantim partiram de novo como duas águias que par a par remontam às nuvens.

Quando calou-se a pocema do triunfo, Ubirajara caminhou para a filha de Itaquê:

– Araci, estrela do dia, tu pertences a Ubirajara, que te conquistou pela força de seu braço. Agora que é senhor, ele espera a tua vontade.

A formosa virgem rompeu a liga vermelha que lhe cingia a perna e atou-a ao pulso de seu guerreiro.

Ubirajara tomou a esposa aos ombros e levou-a à cabana do casamento.

O jasmineiro semeava de flores perfumadas a rede do amor." (p.99)

No outro dia, os tapuias estenderam-se pela campina a multidão de seus guerreiros. Na frente despontava Agniná, ainda mais feroz do que o irmão Canicran.

Ubirajara escolheu mil guerreiros araguaias e mil guerreiros tocantins, com que partiu ao encontro dos tapuias. Ubirajara, com o pé, brandiu sete vezes a corda do grande arco gêmeo e as setas vermelhas e amarelas subiram ao céu e perderam-se nas nuvens. Quando caíram, Agniná e os chefes que obedeciam a seu arco, tinham cada um fincada na cabeça uma daquelas flechas. Na seqüência, o herói empunha a lança de duas pontas e solta seu grito de guerra, abatendo três dos principais líderes inimigos.

Ubirajara é imitado por seus guerreiros, que tinham fome de vingança; e o terror como que fornece asas aos fugitivos. Desde aquele dia nunca mais um tapuia pisou as margens do grande rio.

"Ubirajara voltou à cabana, onde o esperava Araci.

A esposa despiu as armas de seu guerreiro, enxugou-lhe o corpo com o macio **cotão**[29] da monguba, e cobriu-o do bálsamo fragrante da embaíba.

Depois encheu de generoso cauim a taça vermelha feita do coco da sapucaia; e aplacou a sede do combate.

Enquanto nas grandes tabas se preparava a festa do triunfo e o herói repousava na rede. Araci foi ao terreiro e voltou conduzindo Jandira pela mão.

– Araci, tua esposa, é irmã de Jandira. Ubirajara é o chefe dos chefes, senhor do arco das duas nações. Ele deve repartir seu amor por elas, como repartiu a sua força.

A virgem araguaia pôs no guerreiro seus olhos de corça.

– Jandira é serva de tua esposa; seu amor a obrigou a querer o que tu queres. Ela ficará em tua cabana para ensinar a tuas filhas como uma virgem araguaia ama seu guerreiro.

Ubirajara cingiu ao peito, com um e outro braço, a esposa e a virgem.

– Araci é a esposa do chefe tocantim; Jandira será a esposa do chefe araguaia; ambas serão as mães dos filhos de Ubirajara, o chefe dos chefes e o senhor das florestas.

As duas nações, dos araguaias e dos tocantins, formaram a grande nação dos Ubirajaras, que tomou o nome do herói.

Foi esta poderosa nação que dominou o deserto[30].

Mais tarde, quando vieram os caramurus, guerreiros do mar, ela campeava ainda nas margens do grande rio." (p.103)

V – SÍNTESE DO ENREDO

O jovem caçador araguaia, Jaguarê, procura em terras alheias um inimigo para desafiar e combater. Levando um prisioneiro para sua taba ele conseguirá seu título de guerreiro. Ao contrário do que esperava, encontra uma índia tocantim, filha do chefe, de nome Araci. Ela diz que em sua nação há cem guerreiros que vão disputar seu amor. Jaguarê é convidado a alistar-se entre eles, mas prefere dizer à virgem que mande todos seus pretendentes para combatê-lo. Após a partida de Araci, aparece um índio tocantim, Pojucã, que aceita o desafio de Jaguarê. O índio araguaia vence e aprisiona o guerreiro tocantim com sua lança, intitulando-se a partir de então, Ubirajara, o senhor da lança.

Ubirajara deixa o prisioneiro em sua taba, dando-lhe como esposa do túmulo a jovem Jandira, que até aquele instante era sua noiva. Em seguida, parte o guerreiro para a nação dos tocantins. Jandira não aceita ser esposa de outro que não Ubirajara e foge para a floresta.

Ubirajara chega à taba de Araci e, como a lei da hospitalidade permite, não se identifica, adotando o nome de Jurandir, o que veio trazido pela luz. Compete

---

[29] Lanugem, felpazinha, como algodão.

[30] Deserto não está aqui no sentido de lugar árido, mas no de lugar desabitado, selvagem.

com os demais e ganha o direito de casar-se com Araci, mas antes da noite nupcial é obrigado a identificar-se. Cria-se uma situação constrangedora, pois seu prisioneiro é irmão de Araci. Declara-se a guerra. Ubirajara liberta Pojucã para que possa lutar ao lado de seu povo.

Quando os araguaias vão atacar, surgem os tapuias que, por justiça, têm o direito de guerrear antes dos araguaias, que devem esperar. O chefe dos tocantins, Itaquê, vence o chefe tapuia, mas fica cego, não podendo liderar seu povo. Para sucedê-lo, os guerreiros devem dobrar seu arco e atirar como ele. Como os guerreiros de seu próprio povo não conseguem, convidam Ubirajara a fazê-lo. O guerreiro araguaia, genro de Itaquê, consegue com tal destreza e força que emociona o velho Itaquê. Assim, Ubirajara une os dois arcos e as duas nações, araguaia e tocantim, dando origem à grande nação ubirajara. Como prêmio, ganha também duas esposas: Araci e Jandira.

VI – ESTRUTURA DA OBRA

Foco narrativo: O relato é feito em terceira pessoa por um narrador onisciente, isto é, todo-poderoso, capaz de ver e saber tudo.
Tempo: o tempo cronológico, remonta a ação ao século XV, o que pode ser determinado pela ausência do homem branco.
Espaço: A narrativa apresenta a natureza selvagem como espaço privilegiado, com a maior parte das ações desenvolvendo-se na região interior e selvagem de um Brasil primitivo e edênico.
Ação: Predomina a ação externa, revelando domínio seguro da efabulação, apesar da estrutura simples da obra. O tom épico faz-se presente nos feitos guerreiros, nas caçadas, mas o lírico aparece sempre, tanto na linguagem poética, quanto nos diálogos e nos cantos de amor. A conversa entre Ubirajara e Araci logo depois do combate nupcial é de grande beleza e o canto de tristeza de Jandira quando desprezada é de comovente sentimentalismo.
O romance é dividido em nove capítulos, organizados de modo linear, apresentando tempo cronológico, com a ação se desenvolvendo na selva brasileira, em período anterior ao descobrimento, na região do rio Tocantins. Os títulos dos capítulos indicam o conteúdo básico da fábula:
I. O caçador - Jaguarê sai de sua taba em busca de um inimigo para conseguir o título de guerreiro.
II. O guerreiro - Jaguarê, tendo vencido Pojucã, adota o nome guerreiro de Ubirajara, senhor da lança.
III. A noiva - Jandira, noiva de Ubirajara, espera por ele, mas o herói não a procura. Pior que isso, ele a entrega como esposa do túmulo ao seu prisioneiro. Informa seu povo de sua intenção e parte em busca de Araci, filha do chefe da nação tocantim.
IV. A Hospitalidade - Incógnito, usando o nome Jurandir, Ubirajara hospeda-se na taba dos tocantins.
V. Servo do amor - Jurandir, isto é, Ubirajara, revela sua verdadeira intenção e é aceito na casa de Itaquê para servi-lo e adquirir o direito de combater pelo mão de Araci.
VI. O combate nupcial - Jurandir compete com os demais e ganha o direito de casar-se com Araci.

VII.A guerra - Ao identificar-se, Ubirajara cria um conflito complicado: seu prisioneiro de guerra, a quem deve matar, é seu cunhado. Declara-se a guerra entre araguaias e tocantins.

VIII. A batalha - Quando Ubirajara vem com seu povo, os tocantins são atacados pelos tapuias. Um curumim tapuia cega o velho chefe tocantim. Os tocantins ficam sem liderança.

IX União dos arcos - Ubirajara consegue dobrar o arco de Itaquê, tornando-se o novo chefe da nação de Pojucã e Araci. Une ao arco do chefe cego o seu próprio arco, herdado de seu pai, simbolizando assim a união das duas bravas nações.

PERSONAGENS PRINCIPAIS:

Ubirajara, protagonista, índio araguaia que inicialmente aparece como Jaguarê, nome de caçador, adotando posteriormente o nome Ubirajara, ao se tornar guerreiro. Seu nome torna-se o da nação resultante da fusão dos araguaias com os tocantins. Ubirajara é um herói romântico e, como tal, idealizado. É forte, corajoso, bonito, digno, enfim, perfeito.

Jandira, virgem araguaia, filha de Majé, prometida de Jaguarê, mas por ele desprezada quando se torna guerreiro. A noiva desprezada tenta matar a rival, mas é surpreendida por Ubirajara que a entrega como escrava a Araci. Esta, afinal, entrega-a ao guerreiro como segunda esposa, considerando isso justo já que ele uniu os arcos das duas nações. Inicialmente, Jandira era da opinião de que não se deve dividir o marido, mas no final da narrativa aceita a proposta de Araci, dividindo com ela o amor de Ubirajara.

Araci, a estrela do dia, virgem filha do chefe tocantim, Itaquê, conquistada por Ubirajara, que é obrigado a lutar e vencer todos os outros pretendentes. Araci aceita dividir o esposo com outras, conforme tradição de seu povo.

Pojucã, cujo nome significa “eu mato gente”, é guerreiro tocantim, filho de Itaquê, irmão de Araci. Guerreiro forte e invencível até conhecer Ubirajara, de quem se torna prisioneiro.

Itaquê, pai de Araci e Pojucã, velho chefe dos tocantins.

Jacamim, mulher de Itaquê, mulher que não exige exclusividade no amor, conforme a tradição de seu povo. Assim, como em outros povos, é ela quem planta, como também as outras mulheres casadas, pois, segundo suas crenças, a mulher transmite à terra sua própria fertilidade, possibilitando melhores colheitas do que se as sementes fossem plantadas pelos homens ou pelas virgens.

Camacã, pai de Ubirajara.

Canicran, terrível chefe dos tapuias, vencido por Itaquê, que rompe sua cabeça em dois pedaços como se fosse um coco.

Pahã, cujo nome significa “a seta”, é o filho mais moço do chefe tapuia, Canicran. Importante para o relato, pois é ele quem cega com duas flechadas o velho chefe Itaquê. A sua função na estruturação da trama é fácil de ser percebida, deixar a nação tocantim sem o líder para que Ubirajara possa assumir o posto e unir as nações araguaia e tocantim, objetivo fundamental do romance.

VII - ESTILO DE ÉPOCA E ESTILO INDIVIDUAL

Alencar é o melhor representante do Romantismo oficial brasileiro. A sua visão de mundo é baseada no coração, no sentimento. O mundo urbano, com seus problemas políticos e econômicos, o aborrecem, por isso foge para o passado ou escapa para os lugares selvagens. Suas obras procuram retratar um Brasil e personagens mais ideais do que reais, mais como ele gostaria que moralmente fossem (romântico) do que objetivamente eram (realista).

Seu estilo é uma reação contra a invasão estrangeira, buscando o espírito conterrâneo não só no assunto, mas também na seleção vocabular e na escolha de torneios sintáticos mais brasileiros que lusitanos. Sua obra, como a quase totalidade das criações românticas, tem duas finalidades fundamentais: divertir e moralizar. Ubirajara persegue essas duas finalidades. Por um lado, diverte com as aventuras heróicas e amorosas da personagem, por outro, propõe um padrão exemplar a ser imitado a partir do "bom selvagem", mostrando os "primeiros brasileiros", como gente de grande valor e dignidade. Além disso, combate a visão distorcida preconceituosamente pelos primeiros cronistas, que mostravam o índio como ser que não tem nem fé, nem lei, nem rei. Alencar mostra o contrário. Ubirajara pode ser tomado como um grande rei medieval a quem os vassalos (moacaras) obedecem por mérito e não por medo.

O estilo romântico de Alencar super valoriza o sentimento, o individualismo, o nacionalismo, e idealiza a mulher e a natureza, procurando sempre o que ambas têm de belo e grandioso. O amor prevalece sobre tudo mais, sendo o elemento fundamental de todas as suas narrativas.

A linguagem de Alencar é rica, colorida, exuberante, recheada de termos bonitos, de imagens e metáforas atraentes, e generosa no emprego da adjetivação, desagradando alguns leitores que preferem um estilo mais singelo e realista. Em alguns momentos, sua linguagem torna-se tão plástica e musical que se aproxima da poesia. Sobre ela, observa o crítico Antonio Candido ao comentar outro romance indianista do escritor: "*Na língua d'*O Guarani *ainda há um pouco da deslumbrada facúndia de quem descobre uma fórmula de prosa; daí, em mais dum passo, algum desfibramento do estilo, que, embora belo, tem menos mordente do que terá em* Lucíola*, e menos densidade lírica do que em* Iracema*. Em nenhum outro, porém, aparece melhor o trabalho de visualização artística, compondo uma atmosfera de cores, formas e brilhos para celebrar a poesia da vida americana*".[31]

No caso da referência à densidade lírica, gostaríamos de saber a opinião do crítico sobre os belos diálogos de *Ubirajara*, que na nossa opinião nada ficam a dever aos do romance *Iracema* e superam, muito, os de *O Guarani*.

[31]Candido, Antonio. *Formação da literatura brasileira*. Vol.2, SP: Martins, p.233.

VIII – TEMÁTICA

A temática amorosa revela tanta importância quanto a temática da honra. Durante todo o relato, o amor sobrepuja as maiores dificuldades. O tema da honra, simultaneamente, aparece a todo instante: Pojucã teme ser mantido prisioneiro em vez de ser sacrificado, porque isso o desonraria; Itaquê não ataca nem deixa ninguém atacar Ubirajara ao saber que aprisionara Pojucã, pois estaria desrespeitando a lei da hospitalidade; Ubirajara não permite que Araci o acompanhe, pois estaria desonrando Itaquê que o respeitara, e assim por diante. Todos procuram se manter honrados dentro dos princípios e da tradição de seu povo.

Assim como em *O guarani* e em *Iracema* encontramos também na obra em estudo a idealização do índio. O mito do bom selvagem tem suas bases na teoria de Rousseau de que o homem é naturalmente bom, a sociedade é que o corrompe. Então, o índio integrado à vida natural é símbolo de autenticidade e pureza.

BIBLIOGRAFIA CONSULTADA

Alencar, José de. *Ubirajara*. SP: Melhoramentos, s/d. (Obra utilizada para citações.)
Alencar, José de. *Ubirajara*. SP: Ática, 1977.
Candido, Antonio. *Formação da Literatura Brasileira*. SP: Martins, s/d.
De Marco, Valéria. *A perda das ilusões*. SP: Ed. da Unicamp, 1993.

O CRIME DO PADRE AMARO (1875)

de Eça de Queirós
por Geraldo Chacon

I – BIOGRAFIA

O nome completo do grande prosador lusitano é José Maria Eça de Queirós. Nasceu em 1845, em Póvoa de Varzim, tendo estudado Direito em Coimbra, onde se ligou aos jovens acadêmicos agitados, mas não participou da famosa polêmica intitulada **Questão Coimbrã**. Já nas conturbadas Conferências do Cassino Lisbonense, em 1871, teve papel importante ao lado do poeta Antero de Quental.

Profissionalmente, podemos encontrá-lo no Egito, em 1869, fazendo uma reportagem sobre a inauguração do Canal de Suez. Mais tarde, por volta de 1871/2, podemos vê-lo em Leiria (cenário que mais tarde vai utilizar na composição do seu romance *O crime do padre Amaro*) exercendo o cargo de administrador do Concelho. No ano de 1873, ingressa na carreira diplomática e é nomeado cônsul em Havana. No ano seguinte, vai para Bristol (Inglaterra), onde serve até 1878. Consegue finalmente realizar um grande sonho seu, transfere-se para Paris, ficando aí até o final de sua vida. Em 1900, o brilho de sua ironia apagou-se.

Produziu uma novela, alguns contos, hagiografia (biografias de santos), artigos para jornal, literatura de viagens e vários romances, sendo este último gênero o que mais lhe deu notoriedade.

II – BIBLIOGRAFIA

Romances: *O crime do padre Amaro* (1875), *O primo Basílio* (1878), *A relíquia* (1887), *Os Maias* (1888), *A ilustre Casa de Ramires* (1900), *A correspondência de Fradique Mendes* (1900), *A cidade e as serras* (1901), *A capital* (1925), *O Conde d'Abranhos* (1925).
Novela: *O mandarim* (1879).

III – INTRODUÇÃO

Diversos e inúmeros trabalhos publicados sobre Eça de Queirós e suas obras demonstram de modo irrefutável a sedução que seu estilo exerce sobre os estudiosos. Sobre os leitores de nível médio, desinteressados pelas análises estilísticas, esse mesmo encantamento pode ser percebido na constância de suas obras sobre os criados-mudos.

Além do retrato plástico do cenário e das personagens, com boa dose de caricatura quase sempre, Eça prende seus leitores pelo seu fino senso de humor e pela sua ironia inconfundível. Essa ironia, corrosiva na segunda fase de sua obra, ganha tons mais requintados, cores mais delicadas, na terceira fase, extasiando-nos com as confusões do ricaço Jacinto, em *A cidade e as serras*[1], ou com a ironia ao mesmo tempo simpática e amorosa com que contrapõe, na *Ilustre Casa de Ramires*, Gonçalo a seu valente antepassado Tructesindo.

O romance *O crime do padre Amaro* pertence à segunda fase, caracterizada por uma ironia corrosiva, crítica, por uma mordacidade penetrante. O olhar devastador que ele lança sobre a vida provinciana e sobre o clero é impiedoso. Um excelente exemplo é o ponto de vista do narrador quando comenta o tipo de leitura que Amaro escolhe, quando se sente atraído por Amélia, logo no início do relacionamento de ambos: "Quando descia para seu quarto, à noite, ia sempre exaltado. Punha-se então a ler os Cânticos a Jesus, tradução do francês, publicada pela sociedade das Escravas de Jesus. É uma obrazinha beata, escrita com um lirismo equívoco, quase torpe – que dá à oração a linguagem da luxúria: Jesus é invocado, reclamado com as sofreguidões balbuciantes de uma concupiscência alucinada: 'Oh! vem, amado do meu coração, corpo adorável, minha alma impaciente quer-te! Amo-te com paixão e desespero! Abrasa-me! queima-me! Vem! esmaga-me! possui-me!' E um amor divino, ora grotesco pela intenção, ora obsceno pela materialidade, geme, ruge, declama assim em cem páginas inflamadas onde as palavras gozo, delícia, delírio, êxtase, voltam a cada momento, com uma persistência histérica. E depois de monólogos frenéticos de onde se exala um bafo de cio místico, vêm então imbecilidades de sacristia, notazinhas beatas resolvendo casos difíceis de jejuns, e orações para as dores do parto! Um bispo aprovou aquele livrinho bem impresso; as educandas lêem-no no convento. É beato e excitante; tem as eloqüências do erotismo, todas as pieguices da devoção; encaderna-se em marroquim e dá-se às confessadas; é a **cantárida**[2] canônica!" (p.58)

IV – RESUMO DO ENREDO

CAPÍTULO I

Empregando foco narrativo em terceira pessoa, o narrador inicia o relato revelando: "Foi no domingo de Páscoa que se soube em Leiria, que o pároco da Sé, José Miguéis, tinha morrido de madrugada de uma apoplexia. O pároco era

[1] A Editora Melhoramentos publicou uma adaptação desse romance para audio-livro, feita por Geraldo Chacon, que foi muito elogiada por professores. Além de apresentar o enredo adaptado para uma espécie de radionovela, interpretada por atores profissionais, a fita contém uma "aula" sobre a obra e seu autor, Eça de Queirós.

[2] A cantárida é um inseto coleóptero, que antigamente era usado pela medicina antiga. O animal era triturado e misturado a beberagens que eram ministradas com fins diuréticos ou afrodisíacos. Quer dizer o autor, então, que esse livro era um excitante ou afrodisíaco para os religiosos.

um homem sanguíneo e nutrido, que passava entre o clero diocesano pelo comilão dos comilões. Contavam-se histórias singulares da sua voracidade. O Carlos da Botica – que o detestava – costumava dizer, sempre que o via sair depois da sesta, com a face afogueada de sangue, muito enfartado:

– Lá vai a jibóia a esmoer. Um dia estoura!

Com efeito estourou, depois de uma ceia de peixe – à hora em que defronte, na casa do dr. Godinho que fazia anos, se polcava com alarido. Ninguém o lamentou, e foi pouca gente ao seu enterro. Em geral não era estimado. Era um aldeão; tinha os modos e os pulsos de um cavador, a voz rouca, cabelos nos ouvidos, palavras muito rudes." (p.13)

Para preencher a vaga deixada pelo padre comilão, dois meses depois, foi nomeado pároco de Leiria o padre Amaro. "Em Leiria havia só uma pessoa que conhecia o pároco novo: era o cônego Dias, que fora nos primeiros anos de seminário seu mestre de Moral. No seu tempo, dizia o cônego, o pároco era um rapaz franzino, acanhado, cheio de espinhas carnais..." (p.14)

Em uma tarde de agosto, o cônego Dias mostra ao coadjutor da Sé uma carta de Amaro, solicitando-lhe a providência de um lugar para que ele pudesse se hospedar com economia e relativa comodidade. O cônego resolve instalá-lo na casa de uma sua amiga, Augustinha, conhecida como S. Joaneira, cuja casa era como se fosse uma hospedaria, tendo tido antes outros hóspedes. O coadjutor alerta o cônego para o problema da jovem filha, Amélia, e para os comentários que podem surgir, já que o padre Amaro também é jovem. Nada, no entanto, demove o cônego, que já vislumbra o dinheiro do aluguel a ajudar sua amiga, S. Joaneira, sobre quem faz comentários muito elogiosos.

Comentário: Nota-se claramente a insinuação do narrador de que tal escolha foi motivada principalmente pela economia que o cônego antevê. Ele auxilia economicamente sua "amiga" Augustinha, mas pretende diminuir essa contribuição com a entrada do dinheiro de Amaro.

CAPÍTULO II

"Uma semana depois, soube-se que o novo pároco devia chegar pela diligência de Chão de Maçãs, que traz o correio à tarde; e desde as seis horas o cônego Dias e o coadjutor passeavam no largo do Chafariz, à espera de Amaro." (p.17)

"Era então nos fins de Agosto." A diligência chegou à noite, e Amaro foi recebido pelo cônego que o levou direto à casa de sua hospedeira, que já tinha preparado uma ceia para ele, convidando também o cônego:

"– Pode subir, senhor cônego! Está o caldo na mesa!

– Ora vá, vá, que você deve estar a cair de fome, Amaro! – disse o cônego, erguendo-se muito pesado.

E detendo um momento o pároco, pela manga do casaco:

– Vai você ver o que é um caldo de galinha feito cá pela senhora! Da gente se babar!..." (p.19)

O cônego o acompanha e durante a refeição relembram cenas, fatos e pessoas do passado comum. A empregada, a quem chamam Ruça, desperta a atenção pela tosse freqüente. Quando o cônego está se retirando, chega a moça Amélia e é admoestada carinhosamente por ele: "Então isto são horas, sua brejeira?"

O cônego sai e Amaro se recolhe ao quarto: "Amaro abriu o seu Breviário, ajoelhou aos pés da cama, persignou-se; mas estava fatigado, vinham-lhe grandes bocejos; e então por cima, sobre o teto, através das orações rituais que maquinalmente ia lendo, começou a sentir o tique-tique das botinas de Amélia e o ruído das saias engomadas que ela sacudia ao despir-se." (p.22)

CAPÍTULO III

Num *flash-back,* o narrador onisciente desvela o passado de Amaro. Nascera em Lisboa em casa da senhora marquesa de Alegros. Seus pais eram criados dela e sua mãe era muito querida pela marquesa. O pai morreu de apoplexia e sua mãe, Joana, de tísica de laringe. Amaro tinha seis anos então. Embora tivesse parentes que pudessem cuidar dele, ficou ali mesmo, porque a marquesa afeiçoara-se a ele, cuidando de sua educação. Por ser beata, decidiu desde cedo fazer o menino entrar na vida eclesiástica. O garoto era "um mosquinha morta" como diziam os criados. "Nunca brincava, nunca pulava ao sol". Era medroso e dormia com lamparina acesa ao pé de uma ama velha. "As criadas de resto feminizavam-no; achavam-no bonito, aninhavam-no no meio delas, beijocavam-no, faziam-lhe cócegas, e ele rolava por entre as saias, em contato com os corpos, com gritinhos de contentamento. Às vezes, quando a senhora marquesa saía, vestiam-no de mulher, entre grandes risadas; ele abandonava-se, meio nu, com os seus modos lânguidos, os olhos quebrados, uma roseta escarlate nas faces. As criadas, além disso, utilizavam-no nas suas intrigas umas com as outras: era Amaro o que fazia as queixas. Tornou-se enredador, muito mentiroso." (p.23)

Um dia, faleceu a marquesa deixando em testamento um legado para que Amaro entrasse aos quinze anos no seminário e se ordenasse. Inicialmente, o menino vai para a casa de um seu tio, "merceeiro abastado do bairro da Estrela" (p.22). Na casa do tio só encontrou dissabores: "Sabia já que aos quinze anos devia entrar no seminário. O tio todos os dias lho lembrava:

– Não penses que ficas aqui toda a vida na vadiagem, burro. Em tendo quinze anos, é para o seminário. Não tenho obrigação de carregar contigo! Besta na argola, não está nos meus princípios!

E o rapaz desejava o seminário, como um libertamento." (p.24)

O narrador comenta que nunca alguém o consultara se queria ser padre e ele, por sua vez, aceitava isso assim como aceitaria qualquer outra coisa.

"Entrou no seminário. Nos primeiros dias os longos corredores de pedra um pouco úmidos, as lâmpadas tristes, os quartos estreitos e gradeados, as batinas negras, o silêncio regulamentado, o toque das sinetas – deram-lhe uma tristeza lúgubre, aterrada." (p.25) Mas achou logo amizades e acabou entrando lentamente na regra do seminário como uma ovelha indolente: decorava os compêndios, cumpria com os serviços eclesiásticos e, calado, curvava-se diante dos lentes, chegando a ter boas notas.

Ao se ordenar, recebeu uma carta do padre Liset, encarregado pela marquesa de cuidar dele e do legado, dizendo que o dinheiro deixado por sua protetora já tinha se esgotado. Devia agora, ele mesmo, portanto, cuidar da sua vida. Dois meses depois, Amaro foi nomeado pároco de Feirão, na Gralheira, serra da Beira Alta. Esteve ali desde outubro até o fim das neves. Como o lugar era pobre e sem futuro, Amaro foi a Lisboa cavar uma nova e melhor posição. Ao chegar na cidade, não encontrou o padre Liset, mas conseguiu a proteção da filha mais nova da marquesa de Alegros, a sra. d. Luísa, casada com o conde de Ribamar, que era conselheiro de Estado. Ambos falam com o ministro da Justiça que consegue a nomeação de Amaro para Leiria.

CAPÍTULO IV

"Ao outro dia,[3] na cidade, falava-se da chegada do pároco novo, e todos sabiam já que tinha trazido um baú de lata, que era magro e alto,[4] e que chamava *Padre-Mestre* ao cônego Dias." (p.36)

As beatas e beatos vão à casa de S. Joaneira e esta lhes mostra os objetos do padre e convida-os a voltarem à noite para conhecê-lo em pessoa. Amaro não se encontra porque tinha ido visitar o chantre com o cônego Dias e entregou uma carta de recomendação do conde de Ribamar.

"Eram oito horas quando recolheram a (sic) casa da S. Joaneira. As velhas amigas estavam já na sala de jantar. Ao pé do candeeiro de petróleo, Amélia costurava." (p.38) S. Joaneira apresenta ao padre suas amigas: dona Josefa, irmã do cônego Dias, mulher mirrada; dona Maria da Conceição, viúva rica, "sofria dum catarro crônico"; e as irmãs Gansosos: Joaquina e Ana.

Todas procuram falar ao padre Amaro e indagam sua opinião sobre os lugares por onde andou naquele dia. Amélia participa da conversa e o pároco repara nela pela primeira vez: "Tinha um vestido azul muito justo ao seio bonito; o pescoço branco e cheio saía dum colarinho voltado; entre os beiços vermelhos e frescos o esmalte dos dentes brilhava; e pareceu ao pároco que um buçozinho lhe punha aos cantos da boca uma sombra sutil e doce". (p.38/9)

Entra na conversa um rapaz que ficava a um canto, chama-se João Eduardo, é um sujeito alto, todo vestido de preto, bigode que cai aos cantos da boca e que costuma mordiscar. Ele é criticado pelas mulheres porque não acredita nos milagres da Santa de Arregaça. Amaro pergunta quem é essa santa. Informam ao pároco que "é uma mulher que aqui há numa freguesia perto, que está há vinte anos na cama..." (p.39) e que sabe rezas para tudo, faz milagres e chega a levitar quando comunga. João Eduardo insiste que só repetiu o que ouviu dos médicos: "que aquilo é uma doença nervosa". Essa irreverência escandalizou as velhas beatas.

Interrompe o debate um rapaz muito alto e amarelo que entra com uma guitarra na mão. Tem as faces cavadas, um bigode à d. Quixote, sem um dente

[3]O narrador retoma o tempo presente da narrativa, abandonando o *flash-back* e voltando onde havia parado, ou seja, final do capítulo II.

[4]Esse parágrafo revela como as pessoas de lugares pequenos, medíocres, vivem de fofocas e comentários. Passsam todo o tempo vigiando o movimento dos outros e comentando-os entre si.

inteiro sequer, olhos encovados e piegas. Já chega queixando-se de dores no peito, de tosse, da doença de dois dos seus quatro filhos e também da criada que está de cama. D. Joaquina Gançoso comenta que este homem, Artur Couceiro, é muito engraçado e tem boa voz para cantar modinhas.

Depois do chá, Amélia vai ao piano e Artur, atendendo a pedidos, canta uma canção: "Era uma canção dos tempos românticos de 51, o *Adeus*! Dizia uma suprema despedida, num bosque, por uma tarde pálida de Outono; depois, o homem solitário e precito, que inspirara um amor funesto, ia errar desgrenhado à beira do mar; havia uma sepultura esquecida num vale distante, brancas virgens vinham chorar à claridade do luar!."[5] (p.41)

Após o canto, vem a hora da Loto. Amélia guarda um lugar para Amaro ao seu lado e o convida a jogar. Ele hesita, fica vermelho, mas acaba aceitando, ao ver que todos abrem caminho para lhe dar passagem. Durante o jogo fica distraído, esquece-se de marcar, e é Amélia que o alerta sempre. Quando sai o número 36, Amélia grita "quinamos" e, toda vermelha, exibe triunfante o seu cartão e o do pároco. Quem parece não gostar é o João Eduardo, pois ao se despedir dela, disse:

"– Muitos parabéns por ter *quinado* com o senhor pároco. Que entusiasmo! – E como ela ia responder: – Boa-noite! disse ele secamente, embrulhando-se no seu xale-manta com despeito." (p.43)

Todos se retiram. Amaro vai para seu quarto e tenta rezar mas se distrai, recordando das pessoas que conhecera há pouco e de Amélia, com suas mãos pequenas, os dedos um pouco trigueiros e seu buçozinho gracioso. Sente sede, mas não encontra água no quarto, por isso sai em busca de água. "Havia luz na sala, estava o reposteiro corrido; ergueu-o e recuou com um ah! Vira num relance Amélia, em saia branca, a desfazer o atacador do colete: estava junto do candeeiro e as mangas curtas, o decote da camisa deixavam ver os seus braços brancos, o seio delicioso. Ela deu um pequeno grito, correu para o quarto." (p.43) Ela informa onde ele pode pegar água e ele volta com o copo cheio, a mão tremendo e a água escorrendo pelos dedos. "Deitou-se sem rezar. Alta noite Amélia sentiu por baixo passos nervosos pisarem o soalho: era Amaro que, com o capote aos ombros e em chinelas, fumava, excitado, pelo quarto." (p.43)

CAPÍTULO V

Amélia, em cima, também não conseguia dormir, pondo-se a recordar seu passado: seu irmãozinho que já morrera; a sua mãe falando de seu falecido pai que fora militar. Recordou-se de sua primeira mestra contando histórias de convento. Lembrava-se bem da história "de uma freira que morrera de amor, e cuja alma ainda em certas noites percorria os corredores, soltando gemidos dolorosos e clamando: – Augusto! Augusto! " (p.44)

Lembrou-se ainda de como sua casa era sempre muito freqüentada por padres e beatas. "Mas seu melhor tempo foi quando começou a tomar lições de

[5]Vejam como em apenas três linhas Eça de Queirós coloca quase todos os traços mais estereotipados do Romantismo, principalmente do Ultra-Romantismo, com o fim evidente de satirizar a estética precedente.

música". Seu mestre, a quem chamava pelo apelido, tio Cegonha, também contou uma história amorosa envolvendo um frade e uma freira. No dia em que ouviu tal relato, Amélia teve febre. Veio o médico e tranqüilizou a mãe, dizendo que aquilo não era nada: "... são os quinze anos da rapariga. Hão-de-lhe vir amanhã as vertigens e os enjôos... Depois acabou-se. Temo-la mulher." (p.47)

De lembrança em lembrança, Amélia chegou a seu primeiro namorado, Agostinho Brito, que acabou se casando com outra. "Amava Agostinho e não podia esquecer aqueles beijos de noite no pinheiral cerrado. Pareceu-lhe então que não tornaria a ter alegria." (p.51) Por isso, refugiou-se na religião. Assim foi até completar 23 anos, "quando conheceu João Eduardo no dia da procissão de *Corpus-Christis*..." (p.52)

"Assim vivera Amélia até a chegada de Amaro: e, durante a noite, estas recordações vinham-lhe por fragmentos, como pedaços de nuvens que o vento vai trazendo e desmanchando. Adormeceu tarde, acordou já o Sol ia alto: e espreguiçava-se, quando ouviu dizer a Ruça na sala de jantar:

– É o senhor pároco que vai sair com o senhor cônego; vão à Sé." (p.53)
Amélia saltou da cama, correu à janela e ainda pôde ver o padre Amaro saindo, "... assoava-se ao seu lenço branco, muito airoso na sua batina de pano fino". (p.54)

CAPÍTULO VI

"Logo desde os primeiros dias, envolvido suavemente em comodidades, Amaro sentiu-se feliz." S. Joaneira cuidava bem dele. "Amélia tinha com ele uma familiaridade picante". Amaro vive tranqüilo pela primeira vez "com boa mesa, colchões macios e a convivência meiga de mulheres". (p.54)

Pela manhã, ia celebrar a missa. Diante do Santíssimo, dobrava o joelho rapidamente, só para cumprir o dever. Rezava mecanicamente as orações da missa, engrolava a leitura do Evangelho, e só ficava alegre ao dar a bênção final, pensando no almoço, nas torradas e em Amélia com sua "pele fresca" e "um bom cheiro de sabão de amêndoas". (p.55)

O narrador mostra várias cenas reveladoras da intimidade que Amélia vai tomando com o padre e como ele vai gostando disso. Às vezes, quando os dois ficavam às sós, "não falavam, mas os seus olhos tinham um longo diálogo mudo, que os ia penetrando da mesma languidez dormente". (p.56)

Junto da moça, Amaro esquecia-se de que era padre "e só pensava então na doçura infinita de lhe dar um beijo na brancura do pescoço, ou mordicar-lhe a orelhinha". (p.56) Após o jantar, depois do segundo copo, dizia gracinhas e até "tocava fugitivamente o pé de Amélia debaixo da mesa". (p.57)

Já se havia tornado costume, logo após o jantar, ao café, aparecer o cônego Dias e sua cadela Trigueira. Servido o café, todos visitavam a entrevada tia Gertrudes. Ao voltarem dessa visita, Amélia cantava ao piano, deixando o pároco envolto num sentimentalismo agradável.

"Quando descia para o seu quarto, à noite, ia sempre exaltado. Punha-se então a ler os *Cânticos a Jesus*, tradução do francês publicada pela sociedade das *Escravas de Jesus*. É uma obrazinha beata, escrita com um lirismo equívoco, quase torpe – que dá à oração a linguagem da luxúria..." (p.58)

CAPÍTULO VII

"Dias depois o padre Amaro e o cônego Dias tinham ido jantar com o abade de Cortegassa" que fazia aniversário. Além dos dois, participaram também o padre Natário, o padre Brito, e o Libaninho. O Abade cozinhava muito bem e era tão apaixonado pela sua arte culinária "que lhe acontecia, nos sermões de domingo, dar aos fiéis ajoelhados para receberem a palavra de Deus, conselhos sobre o bacalhau guisado ou sobre os condimentos do sarrabulho[6] " (p.63)

Durante a farta refeição falou-se da miséria e da pobreza que havia pela região, enquanto se bebia e comia com fartura. Alguns padres contaram como usavam a confissão para arrumar votos, revoltando Amaro que não aprovava tal emprego da religião para interesses mundanos. Falaram também da luxúria de certas raparigas que se reuniam num *palheiro* "e passavam lá a noite com um bando de marmanjos". (p.64)

Pe. Natário aproveitou para dizer que às vezes o exemplo vem de cima. E falou sobre comentários de um possível relacionamento do Pe. Brito com a mulher do regedor. Todos brincaram com o Pe. Brito que violentamente negou tudo: "É mentira! berrou ele." (p.65)

Depois da farta refeição, saíram a um passeio para espairecer. No caminho, o padre Natário esbarrou num pobre velhinho, agredindo-o verbalmente. Amaro resolveu não mais os acompanhar até a fazenda aonde iriam e voltou sozinho para sua casa. No entanto, no caminho, encontrou Amélia que o convidou a conhecer a propriedade dela. Como a cancela estava fechada ela sugeriu que passassem pelo valado. Ele pulou e ela também: "Saltou, foi cair-lhe sobre o peito com um gritinho. Amaro resvalou, firmou-se – sentindo entre os braços o corpo dela, apertou-a brutalmente e beijou-a com furor no pescoço.

Amélia desprendeu-se, ficou diante dele, sufocada, com a face em brasa, compondo na cabeça e em roda do pescoço, com as mãos trêmulas, as pregas da manta de lã. Amaro disse-lhe:

– Ameliazinha!

Mas ela de repente apanhou os vestidos, correu ao comprido do valado." (p.70)

Ela fugiu até chegar junto a D. Maria da Assunção. "Sentou-se ao pé da velha; e ficou imóvel, com as mãos caídas no regaço, respirando fortemente, os beiços entreabertos, os olhos fixos numa abstração. Todo o seu ser se abismava numa só sensação:

– Gosta de mim! Gosta de mim! " (p.71)

O narrador revela então ao leitor que Amélia já estava gostando do padre havia muito tempo, desesperando-se muitas vezes por não saber se Amaro percebia seu amor.

Ao voltar para casa, à noite, Amélia só pensava em Amaro, chegando a pedir proteção à Virgem Maria: "Oh, Nossa Senhora das Dores, minha Madrinha, faz que ele goste de mim!" (p.72)

---

[6]**Sarrabulho**. Iguaria portuguesa feita com sangue de porco coagulado.

CAPÍTULO VIII

"O padre Amaro voltara para casa aterrado." (p.72) Atormentava-se com o que poderia acontecer. Pensava contar tudo ao cônego. Foi vê-lo, mas não conseguiu coragem para tudo contar. Apenas pediu para mudar de casa. O cônego gostou da idéia, porque ao trazer Amaro pensava apenas economizar a mesada que ante dava à mãe de Amélia. Só que após a chegada do pároco, ele não pôde mais encontrar-se com a sua Augustinha tanto quanto antes, nem com o mesmo sossego. Agora precisava sempre esperar pelas saídas de Amaro, que se tornou uma presença inconveniente a ponto do cônego preferir voltar a pagar a mesada do que tê-lo por ali. Por isso, no mesmo dia conseguiu uma casa para alugar e transferiu Amaro, que ficou aborrecido com a rapidez, porque no fundo já estava arrependido de sua decisão. "E continuando a arrumar a sua roupa, o pároco desesperava-se agora contra a resolução que tomara. A pequena evidentemente não tinha aberto bico!" (p.76)

Quando comunicam às mulheres a decisão do padre mudar-se, ambas ficam aborrecidas. O jantar foi triste. Após a refeição, Amélia foi ao piano e cantou: "Ai! adeus! acabaram-se os dias / que ditoso vivi a teu lado! / Soa a hora, o momento fadado. / É forçoso deixar-te e partir!" (p.76) O padre Amaro vai à janela e chora disfarçadamente.

Na sua nova residência, à noite, Amaro ficava imaginando o que Amélia estaria fazendo àquela hora. Eram dez horas. "O que ele gostava daquela maldita!" Como ele gostaria de "beijar, sob a proteção da Igreja e do Estado, aqueles braços e aquele peito!" (p.78)

CAPÍTULO IX

"A vida de Amaro tornou-se monótona." Estava no mês de março, frio e úmido. Jantava às três horas e se lembrava de Amélia lhe passando a sopa. O coadjutor vinha de vez em quando visitá-lo, mas o cônego jamais. Amaro passou a evitar Amélia. Não foi mais à casa dela e até trocou de horário de missa para não se encontrar com ela. Ela sofria com isso e vivia à espera de uma visita dele. Impacientava-se com o amor de João Eduardo e "idealizava Amaro! As suas noites eram sacudidas de sonhos lúbricos; de dia vivia numa inquietação de ciúmes, com melancolias lúgubres, que a tornavam, como dizia a mãe, "uma mona, que até enraivece"! (p.81) Andava doente, amarela e um dia chegou a ficar com febre. O médico veio vê-la e aconselhou a mãe que a casasse logo. Amélia afinal melhorou para grande alegria de João Eduardo que vivera em grande aflição enquanto ela estivera doente.

No domingo seguinte, à missa das nove horas, Amaro encontrou Amélia e sua mãe. S. Joaneira repreendeu Amaro por ter desaparecido e o convidou a comparecer à noite em sua casa. Ele aceitou e ao se despedir ouviu Amélia dizer: "Até à noite, sim"– e mais baixo, olhando em redor, com medo"– Oh, vá! Tenho estado tão triste! tenho estado como doida! Vá, peço-lhe eu! " (p.82)

Amaro quase saiu a correr pelas ruas com tanta alegria. Mal pôde jantar. À noite, quando entrou na rua de Amélia, o coração bateu-lhe tão forte que teve de parar, sufocado. Até o pio das corujas pareceu-lhe melodioso.

Na casa de S. Joaneira, Amaro foi recebido por todos com entusiasmo. O processo de recíproca sedução reinicia-se com intensidade. Amaro volta a freqüentar a casa com regularidade. Durante o jogo de cartas o braço de Amélia "*r*oçava o ombro do pároco: Amaro sentia o cheiro de água-de-colônia que ela usava com exagero." (p.83) Amaro saía de lá cada vez mais apaixonado por Amélia.

A sua impaciência o levava a fazer acusações contra o celibato e a Igreja. Já não dormia mais direito. João Eduardo, que também passara a sofrer de insônia com o retorno do padre, perambulava solitário às noites e várias vezes viu, pela janela de Amaro, uma luz amortecida. João Eduardo, enciumado com a exagerada atenção de Amélia, advertiu-a. A moça prometeu não ficar mais ao pé do padre, procurando disfarçar sua emoção toda vez que Amaro entrava, mas muitas vezes perdia o controle quando os olhos negros de Amaro pousavam nela, provocando-lhe estremeções nos nervos. João Eduardo voltou a reclamar, sendo mais explícito e Amélia pediu ao padre Amaro para ser mais discreto. Numa noite de inquietação, João Eduardo perambulou sem rumo e acabou dirigindo-se à redação da *Voz do Distrito*.

CAPÍTULO X

O narrador informa ao leitor que o redator, Agostinho Ribeiro, é parente de João Eduardo. Ficamos sabendo através do narrador que Agostinho era um sujeito sujo, enfezado, ético, e "a sua carita de fêmea, amarelada, de olhos depravados, revelava vícios antigos, muito torpes". (p.89) O grupo da Maia, criador do jornal, era hostil ao Governador Civil. O doutor Godinho era o chefe do grupo e do jornal. Tanto Agostinho quanto João Eduardo detestavam os padres. Numa conversa, Agostinho incitou João a escrever um artigo atacando o clero. Enraivecido pelo ciúme, Eduardo escreveu um artigo tão direto e violento que o doutor Godinho só permitiu que saísse como um "comunicado" feito por "um liberal", proibindo que saísse como artigo de redação.[7]

Amaro escreveu um bilhete pedindo a Amélia que marcasse um encontro para que se vissem a sós, mas não obteve resposta. Saiu o artigo no jornal, mas ele nem tomou conhecimento, pois naquela manhã concentrou-se numa longa carta dirigida a Amélia, queixando-se do seu silêncio, insistindo em seu amor puro, mas, ao mesmo tempo, dizendo a ela: "Se tu soubesses como eu te quero, querida Ameliazinha, que até às vezes me parece que te podia comer aos bocadinhos!" (p.93)

Ao chegar à casa dela, à noite, nem entregou a carta, pois foi surpreendido pela leitura do artigo, feita pelo cônego, na presença de Natário, Brito e outras

[7]É importante observar aqui o jogo político. Godinho não quer brigar totalmente com o clero, pois pode precisar dele nas eleições.

pessoas. Era possível identificar cada um deles quatro e também seus pecados. Ficam revoltados. Amaro sente-se esmagado por ver ali, bem clara a denúncia de seu envolvimento com Amélia. Libaninho, que estava presente, disse ao término da leitura:

"– Ai, filhos, eu não é nada comigo, mas só de ouvir todo esse aranzel, até se me estão a vergar as pernas. Ai, filhos, um desgosto assim..." (p.96) (Só o cônego parece conter-se, mas a discussão com sua irmã revela que também estava nervoso.)

O padre Natário é designado para falar com a autoridade para que tome uma medida contra o jornal. Natário vai procurar o secretário-geral, sr. Gouveia Ledesma que "estava então dirigindo o distrito na ausência do Governador Civil." Gouveia Ledesma alegou nada poder fazer porque a imprensa era livre: "Somos filhos da liberdade, não renegaremos nossa mãe! " (p.98) Natário volta murcho e informa Amaro do fracasso de sua visita.

Ao contrário dos padres, João Eduardo exultou ao ver seu artigo tão comentado e, muito mais, quando encontrou o doutor Godinho que lhe deu os parabéns e prometeu conseguir seu desejado emprego no governo civil em um mês. Correu o rapaz à casa de S. Joaneira para contar-lhe isso e já pedir Amélia em casamento. Quando Amélia chega em casa a mãe conta-lhe tudo e diz: "Eu bem sei que tu não morres por ele, bem sei. Deixa lá! Isso vem depois. O João é bom rapaz, vai ter o emprego..." (p.101)

O narrador retrocede um pouco o tempo, revelando ao leitor que Amélia vivia atordoada desde o domingo em que saiu o artigo sobre os padres. Ficava ainda mais irritada com a ausência do pároco, atribuindo-a à covardia. Culpava-o e pensava *que* "também ela se via diminuída na sua reputação, sem ser satisfeita no seu amor". "Desejava violentamente apertá-lo ao coração – e esbofeteá-lo." (p.103) Pensou em fugir e viver longe com ele. Ela costuraria para fora e ele poderia ensinar latim. Por isso, ao saber do pedido de João Eduardo, viu nele uma forma de se vingar da fuga do padre Amaro. Pensava com satisfação no seu desespero ao ficar sabendo do seu noivado. Pensou também no rendimento do marido e na sua respeitabilidade de senhora casada. Imaginou ainda ter um filho, chamar-se-ia Carlos e teria os olhos negros como os do pároco. Nos seus sonhos futuros despontou o desejo de, apesar de casada, ser amante do padre. Sentiu horror por tal pensamento, tentou afastar a idéia, mas veio-lhe um desejo dos beijos de Amaro.

Depois de pensar um pouco, Amélia conversou com a mãe sobre o noivo e, aconselhada por ela, mandou-lhe uma carta aceitando o pedido. À noite, deitou-se e sonhou que estava em sua casa, com o marido, jogando cartas com suas amigas, sentada nos joelhos do senhor pároco.

Amaro encontra Natário na rua e é informado do noivado de Amélia. O pároco leva um choque. Estava só esperando esfriar o assunto para voltar à rua da Misericórdia. Tinha planejado conseguir que Amélia deixasse o padre Silvério e se confessasse com ele, pois assim poderiam conversar sem despertar suspeitas. Após a dor inicial, acabou concluindo que assim era melhor, "cada um entrava no seu destino legítimo e sensato". (p.107)

Na segunda-feira seguinte voltou à rua da Misericórdia. Tanto ele quanto ela se agitaram interiormente, mas fingiram tão bem, que Amélia pensou que o padre a estava evitando. Na mesma noite veio o padre Natário e informou Amaro e o cônego de que o padre Brito fora transferido e o senhor chantre pretendia agir seriamente com relação aos padres para moralizar o clero. O cônego mandou servir o chá, aparentemente controlado. Depois, os três padres saem calados e o cônego confessa que está preocupado, evitando demonstrar, para não alarmar S. Joaneira.

CAPÍTULO XI

Padre Natário reconciliou-se com o padre Silvério com quem tinha brigado feio há tempos. Todos comentaram maliciosamente essa reconciliação, dizendo que era porque Silvério era confessor da mulher do doutor Godinho. Natário e Gondinho são vistos conversando à porta da loja de ferragens do Guedes.

Natário um dia procurou Amaro e contou que tinha descoberto o autor do artigo, era João Eduardo. Disse ter vistos os originais.[8] Então, ambos decidiram vingar-se do escrevente estragando-lhe o sonhado casamento. Natário queria mais, pretendia impedir que ele conseguisse o emprego civil e, pior, queria cortar o seu emprego de escrevente para ver o moço a pedir esmolas. Amaro ficou chocado e não aprovou, dizendo que era uma atitude imprópria de cristão.

Em casa, Amaro procurou justificar sua vingança contra o rapaz, impedindo seu casamento: "E aquilo, Jesus! não era uma intriga para a arrancar ao noivo: os seus motivos (e dizia-o alto, para se convencer melhor) eram muito retos, muito puros: aquilo era um trabalho santo para a arrancar ao Inferno: ele não a queria para si, queria-a para Deus!... *Casualmente*, sim, os seus interesses de amante coincidiam com os seus deveres de sacerdote. Mas se ela fosse vesga e feia e tola, ele iria igualmente à Rua da Misericórdia, em serviço do Céu, desmascarar o Sr. João Eduardo, difamador e ateu!" (p.116)

Amaro dormiu e teve um sonho, em que amava Amélia e era denunciado pelo diabo que tinha a cara de João Eduardo. Deus mandou prender Amaro e atirá-lo no abismo número sete. Amaro acordou banhado em suor.

A entrevada tia de Amélia foi desenganada pelo médico e a S. Joaneira pediu os sacramentos. Amaro veio dar a extrema-unção, prometendo voltar à noite para acompanhar as senhoras naquele transe difícil. Veio João Eduardo, mas precisou sair acompanhando d. Maria da Assunção que se sentiu mal. O cônego também se queixou de não estar bem e se retirou. Assim, quando Amaro voltou, pôde ficar a sós com Amélia. Contou-lhe tudo sobre o escrevente e aproveitando-se da situação: "Passou-lhe o braço sobre o ombro, atraindo-a docemente. Ela tinha as mãos abandonadas no regaço; sem se mover voltou

---

[8]Está explicado o porquê da reconciliação com o padre Silvério e o contato com o doutor Godinho.

devagar para ele os olhos resplandecentes sob uma névoa de lágrimas; e entreabriu devagar os lábios, pálida, toda desfalecida. Ele estendeu os beiços a tremer – e ficaram imóveis, colados num só beijo, muito longo, profundo, os dentes contra os dentes." (p.122) Foram interrompidos pela Ruça. A entrevada estava na agonia. Após a morte da velha, João Eduardo apareceu, mas Amaro nem o deixou entrar, dizendo que as senhoras não precisavam dele e que iriam descansar. Amaro ficou velando a defunta, o que deu grande desgosto ao escrevente. Amaro tomou um cálice de vinho do Porto e acendeu um cigarro, ficando a fumar, enquanto passos anônimos ecoavam lá fora. Era João Eduardo que rondava a casa furioso.

CAPÍTULO XII

Ao outro dia cedo, Amaro foi procurar d. Joseja Dias, irmã do cônego, pedindo-lhe para insistir com Amélia para romper com o herege e insinuou também que ela deveria mudar de confessor, que o padre Silvério não tinha pulso. Segundo ele, a menina precisava de "um confessor que a governe com uma vara de ferro". (p.124) Disse que já a tinha aconselhado, mas não se sentia bem, falando com gente à volta e completou: "Só se está à vontade no confessionário. E é o que me falta, são as ocasiões de lhe falar só". (p.125)

Dois dias após o enterro, d. Joseja levou Amélia à Sé. Deixou-a confessando-se com o padre Amaro e foi contar as novidades para Amparo e para o Carlos da farmácia.

CAPÍTULO XIII

"João Eduardo, à noitinha, ia sair para a Rua da Misericórdia" (p.130) quando recebeu da Ruça uma carta de Amélia Caminha, rompendo o noivado,por causa do "comunicado". O escrevente correu à *Voz do Distrito* e acusou furiosamente o corcunda Agostinho de o ter traído. Agostinho disse que era inocente e alegou que só se o doutor Godinho tivesse contado ao padre Natário. João Eduardo voltou para casa e chorou até adormecer.

No outro dia, tentou inutilmente justificar-se com Amélia. Ela não lhe quis falar. Depois o escrevente foi procurar o doutor Godinho, que se irritou com ele, confessando ter contado a autoria do comunicado somente a sua esposa. Pediu o escrevente ao doutor que lhe permitisse então publicar mais artigos desancando os padres. Godinho recusou e lhe disse: "O senhor está ébrio." (p.134)

O rapaz saiu acabrunhado e teve a lembrança de procurar a ajuda do Dr. Gouveia e ouviu dele entre outras coisas o seguinte: "Vejo o que é. Tu e o padre, disse ele, quereis ambos a rapariga. Como ele é o mais esperto e o mais decidido, apanhou-a ele. É lei natural: o mais forte despoja, elimina o mais fraco; a fêmea e a presa pertencem-lhe." (p.137)

João não se conforma com sua perda e reclama que o problema é a difamação, disseram dele que é um arruaceiro, um boêmio: "Eu compreenderia, disse, se fosse um homem de maus costumes, senhor doutor. Mas eu porto-me bem. Eu não faço senão trabalhar. Eu não freqüento tabernas, nem troças. Eu não bebo, eu não jogo. As minhas noites passo-as na Rua da Misericórdia, ou em casa a fazer serão para o cartório..." (p.138)

O médico, fria e tranquilamente, não parece incomodar-se com a dor do escrevente, justificando a atitude do padre e da moça[9]. Despede-se, dando-lhe um conselho quanto à sua paixão:

"Ah! fez o doutor, é uma bela e grande coisa a paixão! O amor é uma das grandes forças da civilização. Bem dirigida levanta um mundo e bastava para nos fazer a revolução moral... – E mudando de tom: – Mas escuta. Olha que isso às vezes não é paixão, não está no coração... O coração é ordinariamente um termo de que nos servimos, por decência, para designar outro órgão.[10] É precisamente esse órgão o único que está interessado, a maior parte das vezes, em questões de sentimento. E nesses casos o desgosto não dura. Adeus, estimo que seja isso!"[11] (p.140)

CAPÍTULO XIV

João Eduardo vai pela rua, desolado, preocupado com seu atraso no serviço. Encontra o tipógrafo Gustavo, jovem de idéias revolucionárias, que o convida a almoçar. Bebem, conversam e João Eduardo conta-lhe todos seus dissabores. Juntos pensam uma forma de vingança contra os padres e decidem que um folheto ou panfleto seria o ideal, mas não têm dinheiro para comprar o papel necessário.

Após o almoço, com o cérebro excitado pela bebida, João Eduardo encontra o padre Amaro na rua e o ataca com um murro, acertando no ombro de raspão. O padre intercede pelo agressor, evitando um processo e um escândalo que podia ser prejudicial também a si próprio. O Nunes, no entanto, não perdoa o escrevente, demitindo-o. Na casa de Amélia, todos bajulam Amaro, que posa quase de santo. As beatas, num assomo de indignação fanática ateiam fogo aos pertences de João Eduardo. Enquanto isso, ele, em seu quarto soluçava em lágrimas, pensando em Amélia, no seu futuro incerto "perguntando em vão a si mesmo por que o tratavam assim, ele que era tão trabalhador, que não queria mal a ninguém, e que a adorava tanto, a ela." (p.160)

CAPÍTULO XV

No domingo seguinte a esse acontecimento, quando Amélia e S. Joaneira dirigiam-se para a Igreja, veio-lhes ao encontro o Libaninho. Além de fazer comentários sobre os fatos passados, disse que tinha visitado Amaro, visto-lhe o

---

[9]"É natural, coitado - disse, já com a mão no fecho da porta. Que queres tu? Ele tem para as mulheres, como homem, paixões e órgãos; como confessor, a importância dum Deus. É evidente que há-de utilizar essa importância para satisfazer essas paixões; e que há-de cobrir essa satisfação natural com as aparências e com os pretextos do serviço divino... É natural." (p.139)

[10]Referência discreta ao sexo.

[11]Até o momento o doutor Gouveia nos parece ter sido a única personagem que se apresenta sem traços caricaturais. Nessa conversa, ele se revela uma pessoa séria, equilibrada e que se mantém distante do problema alheio, tratando-o até com certa indiferença científica, objetiva.

ombro de pele branca e fina e ficara sabendo que sua criada estava doente, no hospital. Sugere então a S. Joaneira que acolha de novo o padre em sua casa. À noite, Amélia é convidada para jantar na casa do cônego, em companhia do padre Amaro. Ela fica muito calada, mas por baixo da mesa, seu pezinho não parava de roçar, de pisar o do padre Amaro. A mãe de Amélia não pôde buscá-la, como havia prometido. O cônego é acometido de forte dor de estômago, não podendo também fazê-lo. Amaro encarrega-se de levá-la. Vão ambos debaixo de chuva acompanhados de Dionísia, irmã de Vicência, a criada do padre. Aproveitando a desculpa da chuva, Amaro procura abrigo em sua casa, pedindo a Dionísia que se ausente, pois precisa ouvir a moça em confissão. Finalmente, consuma-se a sedução. Quando Dionísia volta e se retiram, já não chovia e até havia estrelas no céu.

CAPÍTULO XVI

Amaro acorda alegre no dia seguinte. Recorda de outra manhã semelhante, quando no início da carreira mantivera relação sexual com uma mulher e acordara cheio de remorsos e arrependimentos. Agora, porém, já consciente de que os outros padres agem da mesma maneira e de que São Miguel não desceu do céu para castigar ninguém até hoje, preocupa-se mais com a criada Dionísia do que com os castigos do céu. A criada, descaradamente, aconselha-o a ser prudente. Recomenda a casa do sineiro para os próximos encontros, pois ele pode ir para lá diretamente da sacristia, sem que o vejam, enquanto Amélia entra, do outro lado, pela rua, como quem fosse levar um recado ao tio Esguelhas, o sineiro. Amaro dá-lhe dinheiro pela cumplicidade.

Após a missa, Amaro tem uma conversa particular com o sineiro, dizendo que precisa de um lugar secreto para preparar uma jovem que deseja ser freira. Tio Esguelhas diz que o melhor lugar seria o seu quarto, que fica acima do de sua filha. O sineiro tem uma filha paralítica, chamada Antônia, mas tratada mais pelo apelido, Totó. Amaro, ao recordar da paralítica, diz que isso cria um inconveniente. O sineiro insiste que não, pois a filha não se mexia da cama. "O senhor pároco entrava pela cozinha do lado da sacristia, a menina vinha pela porta da rua: subiam, fechavam-se no quarto..." (p.174)

À noite, na casa de S. Joaneira, o padre Amaro diz às beatas que alguém precisa dedicar parte de seu tempo para catequizar a Totó. Amélia é escolhida para essa tarefa. Dessa maneira, Amélia e Amaro encontram-se uma ou duas vezes por semana. Amélia ensina à paralítica o ABC e alguma oração, depois dá-lhe um livro com estampas de santos e sobe, dizendo a ela que vai rezar com o padre pela sua saúde. Quando saem, o padre nem olha para a Totó. Amélia, antes de sair, pergunta se Totó gostou das estampas. Algumas vezes, encontra a paralítica com a cabeça enfiada sob os cobertores. Outras vezes, Totó examina-a com uma curiosidade viciosa, aproximando-se muito, com as narinas dilatadas como se a estivesse cheirando.

CAPÍTULO XVII

"Foi aquele o período mais feliz da vida de Amaro." Não houvera, nos últimos dois meses, nem atritos nem dificuldades no serviço da paróquia. D. Josefa Dias arranjara para ele uma cozinheira excelente e barata, de nome Escolástica. Os encontros aconteciam com perfeição. Amélia mesmo propusera um dia a Amaro "dizer às amigas que o senhor pároco às vezes vinha assistir à prática piedosa que ela fazia à Totó..." Ele não admitiu, dizendo que não havia necessidade, pois Deus os estava protegendo. Ela concordou, pois abandonara-se ao padre absolutamente, toda inteira, corpo, alma, vontade e sentimento. Dera-se de uma só vez desde que os seus fortes braços se tinham fechado sobre ela. Parecia que os beijos dele lhe tinham sorvido, esgotado a alma; agora era como um dependência inerte da sua pessoa. E não o ocultava; gozava em se humilhar, em ser toda escrava, numa obediência animal, tendo só que curvar-se quando ele falava e despir-se quando chegava o momento.

Amaro gozava prodigiosamente esta dominação, pois assim se desforrava de todo um passado só de obediência ao bispo, à câmara eclesiástica, aos cânones, à Regra. Tinha ali, aos seus pés aquele ser vivo sobre quem reinava com despotismo. Era ele também o Deus de uma criatura que lhe dava uma devoção pontual. Deu de ficar ciumento. Quando ela manifestou certo dia o desejo de ir a um baile, ele explodiu: "Mas mato-te! Percebes? Mato-te! exclamou agarrando-lhe os pulsos, fulminando-a com o olhar aceso." (p.183) Por isso, Amaro passara a odiar o **mundo secular**[12] e, em contrapartida, enaltecia perante Amélia a condição do sacerdote. Ela, imaginava-se protegida de Deus, porque servia a um padre e já se via carregada por dois lindos anjos quando morresse.

CAPÍTULO XVIII

"Uma circunstância inesperada veio estragar aquelas manhãs em casa do sineiro. Foi a extravagância da Totó. Como disse o padre Amaro, "a rapariga saía-lhes um monstro"!

Tinha agora por Amélia uma aversão desabrida. Apenas ela se aproximava da cama, atirava a cabeça para debaixo dos cobertores, torcendo-se com frenesi..." (p.185) Amaro quis repreendê-la, mas a paralítica rompeu num chorohistérico, ficando depois imóvel, com os olhos esbugalhados e uma espuma branca na boca, dando-lhe grande susto. Amélia nada mais ensinou, deixando "a fera em paz".

Nos dias seguintes, só olhavam a paralítica da porta do quarto. Mais tade, nem isso faziam, subiam direto para o quarto, procurando passar despercebidos, mas o assoalho sempre rangia e a doente fez-se ouvir pela primeira vez e todos os encontros seguintes ouviam suas imprecações:

– Passa fora, cão! passa fora, cão!

– Lá vão os cães! lá vão os cães!

– Estão a pegar-se os cães! Estão a pegar-se os cães! (p.186)

---

[12]A vida fora do mundo religioso ou do serviço de Deus, com todas suas atividades mundanas ou profanas.

Amélia perde o gosto do prazer, o padre procura acalmá-la, mas ela percebe que ele lhe mente. Começa a sentir que está em pecado. Quer tomar a decisão de não voltar naquele lugar, mas se o coração pede isso, seu desejo a obriga a voltar com "o coração tremendo da voz da Totó que ia ouvir, as entranhas abrasando-se no desejo do homem que a ia atirar para cima da enxerga". (p.187)

Finalmente, um dia, quando encontraram-se na sacristia, para de lá ir diretamente à casa do sineiro, Amaro fez Amélia vestir uma linda capa azul de Nossa Senhora, que acabara de chegar, presente de uma beata. Depois, excitado, começara a beijá-la, a apalpá-la, deixando-a mole de desejo. Repentinamente, porém, Amélia se sobressalta: "Oh! Amaro, que horror, que pecado!..." Apesar dos protestos e desculpas do padre, ela recusa-se a transar com ele nesse dia e volta para casa, tendo à noite um terrível pesadelo. Nossa Senhora a sufocava com o pé em seu pescoço e a Totó queimava em chamas. Adoece. S. Joaneira fica preocupada e chama o cônego, pedindo-lhe uma investigação sobre a paralítica, pois tudo só pode estar ligado àquela endemoninhada. Ás vezes, tinha até medo de olhar para a filha que vinha de lá com o olhar tão esquisito! Explica: "...quando vinha da casa do sineiro era sempre branca como a cal, a cair de fraqueza." (p.189) Contrariado, o cônego promete ir verificar o que acontece e é recompensado "com uma beijoca sonora".

No outro dia, conforme prometera, o cônego ficou à espreita e acompanhou Amélia à casa do sineiro. Amélia ficou muito preocupada, mas Amaro ainda não havia chegado e os dois foram ver a paralítica, que, surpresa por ver um velho padre desconhecido em vez do jovem Amaro, mudou seu comportamento de agressivo para surpreso e curioso. Quando Amélia foi à cozinha, deixando-os a sós, Totó falou com o cônego:

" – E o outro?

O cônego não comprendeu. Que falasse alto! Que era?

– O outro, o que vem com ela! O cônego chegou-se, com a orelha dilatada de curiosidade:

– Que outro?

– O bonito. O que vai com ela para o quarto. O que a belisca..." (p.192)

Amélia volta, interrompendo as denúncias da paralítica, mas o cônego há havia entendido o suficiente e vai procurar Amaro para repreendê-lo. Amaro pressiona o cônego, revelando que sabe de seu caso com a mãe de Amélia. Acabam entendendo-se e prometendo recíproco silêncio. Dias torna-se muito amável e paternal com Amélia. Esta, porém, anda muito nervosa e dorme mal. Amaro é que anda muito bem, pois conta com a proteção do cônego, dispõe de dinheiro fornecido por uma beata rica e generosa, podendo comprar boas roupas, bons cigarros e alguns presentinhos para sua amada, que "extasiava-se com aquelas provas da afeição do senhor pároco; e era então no quarto escuro um delírio de amor, enquanto embaixo a **tísica**[13], sobre a Totó, ia fazendo "trás... trás...[14] " (p.199)

[13] **Tísica** é o nome que dá à tuberculose, doença que ataca os pulmões.

[14] **Trás...trás**.. foi uma expressão usada pelo médico para dizer que a tísica, como se fosse a morte com uma foice ceifando rapidamente as vidas dos enfermos, logo levaria a Totó.

CAPÍTULO XIX

Amaro entra apressado e descontrolado certo dia no escritório do cônego Dias. Conta-lhe que Amélia está grávida de um mês. O cônego assusta-se. Ambos, preocupados, conversam procurando uma solução para o caso. Finalmente, concluem que o melhor é casar a moça. Para isso, precisam localizar o escrevente João Eduardo, que anda desaparecido. Colocam a criada Dionísia em seu encalço. A mulher procura por todos os cantos e não consegue notícia que valha. Quando Amaro expõe o plano a Amélia, a moça se revolta "O quê? Ele punha-a naquele estado e agora queria descartar-se dela e passá-la a outro? Era ela porventura um trapo que se usa e que se atira a um pobre? Depois de ter posto fora de casa o homem, havia de humilhar-se, chamá-lo e cair-lhe nos braços?... Ah, não! Também ela tinha o seu brio! Os escravos trocavam-se, vendiam-se, mas era no Brasil! " (p.201)

Com o tempo, acostuma-se à idéia e pergunta sempre pelos resultados das pesquisas de Dionísia, demonstrando impaciência. Isso causa ciúmes em Amaro. No dia em que Dionísia aparecera com a notícia de que vira Gustavo e com certeza teria logo notícias de João Eduardo. "Foi uma hora amargurada para Amaro. Aquele casamento, por que ansiara no primeiro momento de terror, agora, que o sentia seguro, parecia-lhe a catástrofe da sua vida." (p.205)

O ciúme de Amaro leva-o a discutir com Amélia e dar-lhe uma bofetada. Ela grita "Não me mates!" "É o teu filho!" Amaro fica aturdido. "Ele ficou diante dela, enleado e trêmulo: àquela palavra, àquela idéia do seu filho, uma piedade, um amor desesperado revolveu todo o seu ser: e arremessando-se sobre ela, num abraço que a esmagava, como querendo sepultá-la no peito, absorvê-la toda só para si, atirando-lhe beijos furiosos que a magoavam, pela face e pelos cabelos: "Perdoa, murmurava, perdoa, minha Ameliazinha! Perdoa, que estou doido!" (p.206)

Aquela manhã, no quarto do tio Esguelhas, foi emocionante como as primeiras e Amaro consegue ainda de Amélia a promessa que tudo continuaria igual, mesmo depois de casada com o escrevente.

Para desespero de Amaro, no entanto, Dionísia volta com uma resposta negativa. Nada de João Eduardo. A última notícia que Gustavo tivera era de que o escrevente iria para o Brasil.

CAPÍTULO XX

Amélia chora ao receber a desagradável notícia. Os encontros com Amaro ficam mais espaçados e mesmo assim, não são agradáveis, pois ela vive a chorar. Foi então que um acontecimento inesperado veio quebrar aquela ansiedade. Uma noite veio a criado do cônego avisar que D. Josefa Dias estava à morte. Amélia e a mãe vão cuidar da enferma. Amélia sente-se aliviada porque ninguém repara mais nela. Torna-se uma enfermeira atenciosa, contando abrandar o coração da Virgem Maria com aquela caridade pela doente. Felizmente, D. Josefa melhora, mas o médico desaconselha os banhos de mar em Vieira, para onde vai a cada dois anos com o cônego. Este, fica desolado, mas Amaro encontra uma solução que também lhe é útil. Sugere que o Dias vá para os banhos, levando a S. Joaneira, enquanto a D. Josefa vai para a quinta da Ricoça, nos Poiais, sendo acompanhada pela Amélia que lhe servirá de enfermeira. "Vão ambas sós! E lá na Ricoça, naquele buraco onde não vai viva alma, naquele casarão onde pode uma pessoa viver sem que ninguém em roda suspeite, lá é que a rapariga tem o filho! Hem, que lhe parece?" (p.211)

O cônego adora a idéia, só teme que Amaro não consiga convencer sua irmã a ser cúmplice do plano. Amaro é feliz na tarefa e tudo é organizado para tristeza de Amélia que chora por perder os banhos e ficar enfiada meses naquele fim de mundo. Daí a dias partiram Amélia e d. Josefa para a Ricoça e no final da mesma semana, o cônego e S. Joaneira partem para os banhos. A Totó morre nesse período.

CAPÍTULO XXI

O cônego Dias pedira muito a Amaro que não fosse na Ricoça ao menos nas primeiras semanas para não despertar suspeitas em d. Josefa e na criada. Amaro fica triste e solitário. Todos seus conhecidos estavam fora de Leiria. Só o coadjutor, por quem alimentava antipatia, vinha novamente visitá-lo depois de tanto tempo. Algumas vezes, farto de solidão, Amaro saía para visitar o Silvério, mas chateava-se com a mania do gordo em colecionar receitas e contar as mesmas anedotas havia quarenta anos. Outras vezes, visitava o Natário, que ainda estava preso à cama, vítima de uma fratura mal tratada. O irritado padre escarrava no chão, coberto de pontas de cigarro. Sua doença levava-o a odiar a saúde dos outros. Amaro tenta distraí-lo contando novidades que tivera dos amigos que estão fora, mas "Natário não se interessava pelas pessoas a quem apenas o unia a conveniência e a amizade; interessavam-no só os seus inimigos, com quem tinha ligações de ódio. Queria saber do escrevente, se já tinha estourado de fome..." (p.217)

Algumas vezes, ainda, vai Amaro ao cemitério, onde encontra tio Esguelhas a rezar pela Totó. Outras, tenta escrever versos, mas não sai de duas quadras, compensando sua insatisfação com um apetite tremendo.

Enquanto isso, lá na Ricoça a pobre Ameliazita amaldiçoava a sua vida. A velha beata não lhe permitia familiaridades ou sossego, tratando-a com azedume e censura. Amélia sente ódio pelo fruto que carrega no ventre e pelo padre que o fizera. Certo dia, o padre Ferrão passa a visitá-las e vendo seu modo mais maduro e inteligente, Amélia demonstra seus sofrimentos. O padre recomenda-lhe confessar-se com ele para aliviar esse desgosto. No dia seguinte, bem cedo, Amélia procura-o e fica duas horas "prostrada diante do pequeno confessionário de pinho".

CAPÍTULO XXII

Pare Amaro acabara de jantar e olhava o teto para não ficar vendo o carão chupado do coadjutor que ali estava, imóvel, há meia hora. Chegou Dionísia e o surpreendeu com a notícia de que tinha descoberto João Eduardo. O rapaz estava vivendo perto da Ricoça, como mestre dos filhos do Morgadinho dos Poiais.

Amaro foi ver Amélia, com a desculpa de visitar d. Josefa. Chegou na casa amarela com o coração aos saltos. A porta abriu-se. Amélia apareceu, muito vermelha, apertando-lhe a mão gravemente. Ficaram calados, como se estivessem separados por um deserto. Amaro nota que a velha não trata Amélia muito bem e adverte-a, dizendo que tais maneiras não eram agradáveis a Deus. Amaro fica sabendo, e se aborrece, das visitas do abade Ferrão. Ao despedir-se, tenta beijar Amélia que o evita: "Não, senhor pároco, deixe-me! Isso acabou. Bem basta o que pecamos... Quero morrer na graça de Deus... Que nunca mais se fale em semelhante coisa! ... Foi uma desgraça... Acabou-se... Agora o que quero é o sossego da minha alma... " (p.229) Parte o padre enraivecido, mas não antes de avisá-la que João Eduardo está por perto e que deve evitar ficar à janela.

Num *flash-back*, o narrador revela os infortúnios passados de João Eduardo e como ele foi admitido pelo Morgadinho dos Poiais, que costumava ser visitado pelo abade Ferrão. Ambos, o Morgado e o abade Ferrão tomaram afeição a João Eduardo. O abade conclui que seria bom que o escrevente casasse com Amélia e passa a falar dele à moça com simpatia, defendendo-o sempre. Com tato, procura desmitificar o relacionamento dela com Amaro. Chegara a demonstrar-lhe que no amor de Amaro havia brutalidade e furor bestial, com explosões momentâneas de desejo comprimido. Ao lado dela, relendo as últimas cartas que Amaro remetera, vai mostrando o quanto há nelas de hipocrisia, de egoísmo, de retórica e de desejo torpe.

Amaro, sentindo a frieza da moça, muda de técnica, passa a fingir desatenção, indiferença. Tenta mortificá-la com isso, obedecendo a um plano, a um estratagema que pode ser resumido na frase que ouvira do brilhante Pinheiro, premiado em direito e glória de Alcobaça: "Digo como Lamartine: a mulher é igual à sombra: se correis atrás dela, foge-vos; se fugis dela, corre atrás de vós!" (p.241) O resultado é positivo e Amélia rende-se de novo aos seus abraços.

CAPÍTULO XXIII

Dionísia fala ao padre de uma tal Carlota que adota crianças enjeitadas, cobra meses adiantados e dá fim a elas, sendo por isso chamada de "tecedeira de anjos". Amaro vai visitar tal mulher, convencendo-se interiormente de que é por mera curiosidade. Fala com Carlota e seu marido, um feio e repugnante anão, que uma parente vai ter uma criança e que talvez eles possam adotá-la.

Amaro continua visitando Amélia, no período da manhã, que é para não encontrar o abade Ferrão. Amélia quer ter o filho e não quer que seja um enjeitado. Chega a propor ao abade Ferrão que aceita o casamento com o escrevente, mas João Eduarto deveria assumir que adotaria o filho, que receberia o nome de Carlos. Dias depois, Amélia já acha que não deveria trair Amaro, porque "era o papá do seu Carlinhos". Já sabendo de sua estada ali, João Eduardo passeia por ali, com seus pupilos, montado em uma bela égua. Ela se deixa ver à janela. Amaro se dilacera na indecisão quanto à escolha da ama. Não sabe se a entrega a uma boa ama que a Dionísia conhecia ou se a levava para Carlota, a tecedeira de anjos. Quando o Libaninho vem fofocar que o chantre tem informações sobre um escândalo com um senhor eclesiástico, decide procurar Carlota, pois elimina de vez problemas futuros. Para ele, o aviso do Libaninho poderia ser traduzido por essa frase: "Não deixes viver quem te pode trazer o escândalo! Olha que já se suspeita de ti!" (P.251) Interiormente, Amaro passa a desejar que a criança nasça morta e que Amélia também pereça, porque, assim, ele "ficava, como antes da sua vinda a Leiria, um homem tranqüilo, ocupado da sua igreja, duma vida limpa e lavada como uma página branca!" (p.252)

A criança nasce e é entregue nas mesma noite à tecedeira de anjos. Amaro sente ternura pelo filho e pede a Carlota que cuide bem dele, que não o deixe morrer. Amélia pede para ver o filho. Dionísia comunica ao dr. Gouveia, que pede para ela mentir e distrair a moça. Amélia insiste e passa mal, sente um peso na cabeça e diz que passam faícas diante de seus olhos. Dr. Gouveia tenta tudo, até sangria, mas Amélia sucumbe.

CAPÍTULO XXIV

"Ao outro dia desde as sete da manhã, o padre Amaro esperava a Dionísia em casa, postado à janela, com os olhos cravados na esquina da rua, sem reparar na chuva miudinha que lhe fustigava a face." (p.260) Mas como ela não aparecia, foi para a Sé, batizar o filho do Guedes. Ao voltar, ouviu de Dionísia a notícia da morte de Amélia. "Amaro tombou para os pés da cama como morto também." Amaro, desesperado, corre à casa de Carlota para tentar salvar a criança. Lá chegando, ouve da mulher: "Nem me fale nisso, que me tem dado um desgosto... Ontem mesmo, duas horas depois de ter chegado... O pobre anjinho começa a fazer-se roxo, e ali me morreu debaixo dos olhos... (...) Na cidade, depois de apear à porta do Cruz, não entrou em casa. Foi direito ao paço do bispo. Tinha agora uma idéia só: era deixar aquela cidade maldita, não ver mais as faces das devotas, nem a fachada odiosa da Sé..." (p.263) Assim, na tarde do mesmo dia, parte Amaro para Lisboa. Ao outro dia, pelas onze horas, o enterro de Amélia saiu da Ricoça. João Eduardo "que estava esperando debaixo duma árvore sob seu guarda-chuva, veio juntar-se silenciosamente ao enterro". (p.266)

CAPÍTULO XXV

"Nos fins de Maio de 1871 havia grande alvoroço na Casa Havanesa, ao Chiado, em Lisboa." Naquele dia quente de começo de verão, podiam-se ouvir naquele vozerio da multidão palavras como "Comunistas! Versalhes! Petroleiros! Thiers! Crime! Internacional!" [15] (p.267)

É no meio de tal agitação que se encontram na rua o cônego Dias e o padre Amaro. Abraçam-se afetuosamente e falam das últimas de Leiria sem demonstrar qualquer remorso ou constrangimento pelos fatos passados.

---

[15]Os termos referem-se ao massacre da Comuna de Paris, ordenado por Adolphe Thiers, chefe do governo francês. Nesse massacre, foram mortos cerca de 25 mil operários em uma semana.

V – SÍNTESE DO ENREDO

O jovem padre Amaro vai servir em Leiria e hospeda-se na casa de S. Joaneira que tem um bela filha, Amélia. A moça e o padre iniciam um processo de sedução mútua, que não sofre uma resistência do sacerdote, já que ingressou na carreira religiosa sem qualquer vocação. Além disso, Amaro não vê em seus colegas de sacerdócio qualquer bom exemplo que possa estimular a resistência ao pecado da luxúria. Assim, Amélia termina por se deixar dominar pela paixão, ficando grávida. Amaro consegue que a moça fique recolhida numa quinta tomando conta da irmã do cônego Dias, Josefa, enquanto o cônego e a mãe de Amélia vão para os banhos de mar. O filho de Amaro nasce sem que a sociedade local tome conhecimento do fato. Amaro entrega a criança a uma mulher, que é famosa como "fazedora de anjos", isto é, mata as crianças que recebe para adoção em troca de dinheiro. O padre sabe disso e quando se arrepende volta correndo, mas já encontra a criança morta.

Amélia sofre uma hemorragia pós-parto e o médico aplica uma sangria. A moça falece, mas Amaro continua sua vida normalmente, como se não sofresse traumas ou remorsos.

VI – ESTRUTURA DA OBRA

Foco Narrativo: terceira pessoa, narrador onisciente.
Tempo: cronológico, apresentando algumas vezes o *flash-back* ou retrospectiva.
Espaço: A ação acontece em Leiria, interior de Portugal, abrangendo principalmente o ambiente de igreja, de sacristia e casa de beatas. Assume papel muito importante a casa do sineiro, pegada à sacristia, em que Amaro e Amélia realizam seus encontros amorosos.
Personagens:
Amaro, o protagonista do romance. Trata-se de um padre jovem, bonito, embora um pouco curvado, de olhos negros, ambicioso. Tornou-se sacerdote como se tornaria barbeiro ou militar, qualquer que fosse o destino que para ele determinassem. Quer dizer, não tinha vocação para o sacerdócio. Ao ver exemplo degenerado de outros sacerdotes, deixou de lado seus escrúpulos iniciais de noviço e passou a agir como muitos de seus colegas. Vale-se do discurso religioso para justificar suas faltas não só perante Amélia, mas perante sua própria consciência.
Amélia, filha da sra. Augusta Caminha, era uma jovem muito bonita, de pele muito branca e olhos muito negros e vinte e três anos de idade. Assim ela aparece ao padre Amaro pela primeira vez: "Tinha um vestido azul muito justo ao seio bonito; o pescoço branco e cheio saído dum colarinho voltado; entre os beiços vermelhos e frescos o esmalte dos dentes brilhava; e pareceu ao pároco um buçozinho lhe punha aos cantos da boca uma sombra sutil e doce".
João Eduardo, é um sujeito alto, bigode que cai aos cantos da boca e que costuma mordiscar. É escrevente e mantém por Amélia uma paixão sem limites que nada elimina, mantendo-se fiel a ela até a morte da moça. É um dos que conduz o caixão ao cemitério. Detesta os padres e não aprova o modo de ser das beatas.
S. Joaneira, mãe de Amélia, de nome Augusta Caminha, mas assim chamada

por ser natural de S. João da Foz.
Cônego Dias, velho obeso, amante da mãe de Amélia.
Josefa, irmã do cônego Dias, mulher mirrada, voz sibilante, pele engelhada e cor de cidra, irritadiça, nervosa, temida, "toda saturada de fel". Foi apelidada de "estação central das intrigas de Leiria" pelo maligno doutor Godinho.
D. Maria da Conceição, viúva rica, "sofria dum catarro crônico" e "tinha no queixo um grande sinal cabeludo", ao rir mostrava "seus enormes dentes esverdeados, cravados nas gengivas como cunhas".
As senhoras Gansosos, dupla de irmãs, constituída por Joaquina e Ana. Dona Joaquina era a mais velha, seca, olhinhos vivos, testa larga, nariz arrebitado, boca esprimida, tem o hábito de falar mal dos homens. A sra. d. Ana, era extremamente surda. Nunca falava, e com os dedos cruzados sobre o regaço, os olhos baixos, fazia girar os polegares. Usava um vestido preto de riscas amarelas e um rolo de arminho ao pescoço. De vez em quando suspirava, diziam que era uma paixão funesta pelo recebedor do correio. Tinha grande habilidade em recortar papéis para caixas de doce.

VII – ESTILO DE ÉPOCA E ESTILO INDIVIDUAL

O estilo denominado Realismo surgiu na França, primeiro na pintura de Gustave Courbet, depois na literatura com o romance *Madame Bovary* de Gustave Flaubert. Sua variante, o Naturalismo, despontou pouco depois no mesmo país por obra de Émile Zola. Ambas as estéticas lutaram por uma retratação do mundo que não fosse fantasiosa como a romântica, procurando, ao contrário, a objetividade, a visão e interpretação racionais do mundo, como se o escritor fosse um cientista.

Eça recebe influências diversas de ambas as correntes, combinando-as de tal forma que não é conveniente classificá-lo somente como realista ou como naturalista. O melhor é referir-se a ele como um realista-naturalista, que introduziu em seu país a prosa dessa corrente, em 1875, quando publicou *O crime do padre Amaro*. Eça já escrevia desde 1866, mas esses trabalhos iniciais não têm as características realistas nem a qualidade que Eça passa a demonstrar a partir de 1875. Dessa primeira fase faz parte o romance *Mistério da Estrada de Sintra*, feito de parceria com Ramalho Ortigão.

A segunda fase, marcada pelo Realismo-Naturalismo, inicia-se com O *crime do padre Amaro*, apresentando já uma forte visão crítica, denunciando o provincianismo e atacando o celibato clerical. Esse olhar crítico dirige-se para a capital em *O primo Basílio* e focaliza a medíocre burguesia na figura do casal Jorge e Luísa, sem deixar de fazer uma caricatura da sociedade vazia que freqüenta sua casa. O detalhismo minucioso com que apresenta aspectos cotidianos e atos sem heroísmo é próprio da estética realista, assim como a crítica à burguesia. Da influência do Naturalismo de Zola, podemos ver refletida nos romances de Eça a temática da sexualidade, notadamente no relacionamento do padre Amaro com Amélia e na atração mórbida de d. Felicidade pelo conselheiro

Acácio. Pertencem ainda a essa fase polêmica de crítica agressiva os romances *Os Maias* (crítica à aristocracia) e *A relíquia* (crítica ao beatismo).

A terceira fase é marcada por uma visão de mundo menos pessimista, menos agressiva, menos demolidora, revelando um culto dos valores da alma e do espírito. Ainda podemos encontrar a ironia e a crítica, mas não é impossível que se notem também um pouco de esperança e presença de fatos ou feitos positivos. Exemplo disso são os romances *A ilustre Casa de Ramires*, onde há a valentia de Tructesindo, a recuperação de Gonçalo e a esperança de dias melhores para Portugal; e *A cidade e as serras*, onde o leitor pode ver no campo o ambiente saudável para curar os males provocados pela vida urbana moderna e sofisticada.

Entre os principais traços estilísticos individuais, encontramos uma prosa admirável pela flexibilidade, graça e ironia ferina; uma visão pessimista da sociedade portuguesa; uma visão crítica mordaz e demolidora contra seus contemporâneos e contra as instituições portuguesas de seu tempo; uma incrível capacidade de captar e denunciar de modo caricatural as fraquezas do clero e do coro de beatas, aumentando-lhe a cretinice e o ridículo; linguagem dotada de naturalidade e fluência, antideclamatória, próxima da oralidade ("A pequena evidentemente não tinha **aberto o bico**!" – "De **chupeta**, hem?"); elevada capacidade descritiva dos elementos banais do cotidiano: vestuário, hábitos, mobiliário, etc.

Outras características que ainda podem ser encontradas são: uso constante de estrangeirismos, tais como: *chic*, *toilette*, *shake-hands*, *abat-jour*, *cachet*, *pince-nez*, *coupé*, *peaude suède*, *robe-de-chambre*, e neste romance, em especial, por ser uma história de padres, proliferam termos e expressões em latim, como: *iniquitas via*; *suave est, et onus meum leve*; *facta reverencia cruci*; *caput inclinat*, *ipso facto*.

Como é próprio da literatura da segunda metade do século XIX, Eça de Queirós emprega equilibradamente os três tipos de discurso:

Direto: "Amaro parou junto da ponte, e disse, olhando em redor a paisagem suave: – Pois senhores, parece-me que me hei de dar bem aqui!" (p.37)

Indireto: "*... perguntando em vão a si mesmo por que o tratavam assim, ele que era tão trabalhador, que não queria mal a ninguém, e que a adorava tanto, a ela?*"

Indireto livre: "E continuando a arrumar a sua roupa, o pároco desesperava-se agora contra a resolução que tomara. **A pequena evidentemente não tinha aberto bico**!" (p.76) Percebe-se que a fala inicial é do narrador, porém a que destacamos em negrito só pode ter partido do padre Amaro, apesar de ter vindo inserida na fala do narrador, sem que esse tivesse tomado o cuidado de avisar o leitor.

VII – PROBLEMÁTICA E PRINCIPAIS TEMAS

O tema principal é a crítica ao celibato clerical: "Ela simpatizava talvez com ele, apesar de padre; mas antes de tudo, acima de tudo, queria casar; nada mais natural! " (p.61) "E espantado quase daquelas delicadezas de sensibilidade que descobria subitamente em si, pôs-se a pensar com saudade – que se fosse um homem livre seria um marido tão bom! Amorável, delicado, dengueiro, sempre de joelhos, todo de adorações! Como amaria o seu filho, muito pequerruchinho, a puxar-lhe as barbas! À idéia daquelas felicidades inacessíveis, os olhos arrasaram-se-lhe de lágrimas. Amaldiçoou, num desespero, 'a pega da marquesa que o fizera padre', e o bispo que o confirmara!" (p.62)

Paralelamente ao tema central, outros temas percorrem a obra como a denúncia da contradição entre o que pregam e o que fazem os padres: "E se me vem agora com coisas de moral, isso faz-me rir. A moral é para a escola e para o sermão. Cá na vida eu faço isto, o senhor faz aquilo, os outros fazem o que podem. O padre-mestre que já tem idade agarra-se à velha, eu que sou novo arranjo-me com a pequena. É triste, mas que quer? É a natureza que manda. Somos homens. E como sacerdotes, para honra da classe, o que temos é fazer costas! " (p.195)

Outra denúncia que se faz, de ordem sócio-política é a contraposição da pobreza à vida regalada dos padres: "– Então que diabo querias tu que eles comessem? exclamou o cônego Dias lambendo os dedos depois de ter esburgado a asa do capão. Querias que comessem peru? Cada um como quem é!" (p.64)

Outros temas que se fazem presente são:

a) A maledicência e a bisbilhotice: "...falou dum caso na freguesia de Amor: raparigas de dezesseis e dezoito anos que costumavam reunir-se num palheiro(..) e passavam lá a noite com um bando de marmanjos!" (p.64) "A mim têm-me dito que tu e a mulher do regedor.." (p.65) "– Não podemos continuar aqui a falar.. Está ali já a d. Micaela a cocar. Era uma velha, que levantara a cortina de cassa numa janela baixa, e espreitava com olhinhos reluzentes e gulosos, a face toda ressequida encostada sofregamente à vidraça. Separaram-se então, e a velha desconsolada deixou cair a cortina." (p.88)
b) A futilidade e superficialidade no relacionamento social: "Começava então a cavaqueira. Eram sempre os mesmos interessezinhos, as questões que iam na Misericórdia, o que dissera o senhor chantre, o cônego Campos que despedira a criada, o que se rosnava da mulher do Novais..." (p.83)
c) O vazio das pessoas do interior, levando-as a vigiar, fiscalizar e comentar a vida dos outros: "Ao outro dia, na cidade, falava-se da chegada do pároco novo, e todos sabiam já que tinha trazido um baú de lata, que era magro e alto, e que chamava *Padre-Mestre* ao cônego Dias." (p.36)
d) O desejo de poder, de força controladora através da religião: "...O que lhe faltava era a autoridade dos tempos em que a Igreja era a nação e o pároco dono temporal do rebanho. Que lhe importava, no seu caso, o direito místico de abrir ou fechar as portas do Céu? O que ele queria era o velho direito de abrir ou fechar a porta das masmorras! Necessitava que os escreventes e as Amélias tremessem da sobra da sua batina... Desejaria ser um sacerdote da antiga Igreja, gozar das vantagens que dá a denúncia e dos terrores que inspira o carrasco, e ali naquela vila, sob a jurisdição da sua Sé, fazer estremecer, à idéia de castigos torturantes, aqueles que aspirassem a realizar felicidades (...) lamentava não poder acender as fogueiras da Inquisição!" (p.78)

e) O emprego da religião como força política: "Tinha-se entendido com um missionário, e na véspera da eleição receberam-se na freguesia cartas vindas do Céu e assinadas pela Virgem Maria, pedindo, com promessas de salvação e ameaças do Inferno, votos para o candidato do governo. De chupeta, hem?" (p.65)

Finalizando, podemos encontrar ainda a crítica ao culto da aparência e da convenção; a denúncia dos desvios de uma sexualidade reprimida ou mal orientada.

BIBLIOGRAFIA CONSULTADA

Queirós, Eça de. *O crime do padre Amaro.* SP: Ática, 1984. (Volume usado para citação.) 2ª edição (texto integral cotejado com a ed. crítica baseada nas versões de 1875, 1876 e 1880, Porto, Lello & Irmão - Editores, 1964).

BOM-CRIOULO (1895)

de Adolfo Caminha
por Geraldo Chacon

I – BIOGRAFIA

Adolfo Caminha nasceu em 1867, na cidade de Aracati, Ceará. Passou a infância na cidade natal. Sofreu a perda da mãe, enfrentou várias doenças e viu a seca de 1877, ano em que se transferiu para Fortaleza. Mudou-se mais tarde para o Rio de Janeiro, onde conseguiu ingressar na Escola Naval. Em 1886, como guarda-marinha, viajou pelas Antilhas e Estados Unidos, recolhendo informações e anotações que resultaram mais tarde no livro *No país dos ianques*, publicado em 1894. Serviu junto à Escola de Aprendizes Marinheiros do Ceará em 1888, participando ativamente da vida intelectual local, tendo sido um dos fundadores do Centro Republicano Cearense. No final desse mesmo ano e início do seguinte, Caminha envolveu-se com a esposa de um alferes, provocando a separação do casal e grande escândalo na sociedade. Uniu-se à mulher amada com quem teve duas filhas. Caminha foi punido, e viu-se obrigado a dar baixa na Marinha.

Em 1890, empregou-se o escritor em Fortaleza como amanuense do Tesouro. Embora evitasse, por motivos óbvios, a vida social, não deixou de atuar no meio intelectual, escrevendo livros, colaborando no jornal do grupo *O Pão*. Além disso, fundou a *Revista Moderna* e tornou-se um dos mentores da "Padaria Espiritual", grêmio que promovia os escritores naturalistas da província. Em 1893, Caminha conseguiu transferir-se com a família para o Rio de Janeiro, evitando assim o ambiente de Fortaleza que lhe era hostil por causa de sua união conjugal irregular.

Em 1895, Caminha publicou *Cartas literárias* (crítica literária). Vítima da tuberculose, doença incurável até então, veio a falecer no Rio de Janeiro no primeiro dia do ano de 1897, com apenas 29 anos de idade.

II – BIBLIOGRAFIA

Romance: *A normalista* (1893), *Bom-Crioulo* (1895), *Tentação* (18966).
Conto: *Judith e Lágrimas de um crente* (1893)

III – APRESENTAÇÃO

Caminha trabalhou na marinha e pôde conhecer por sua própria experiência os tipos que se movimentam por esse seu romance. A história de paixão e tragédia que anima essas páginas não é produto de uma fantasia romântica, mas baseada em fato real, que escandalizou o Rio de Janeiro do século XIX. Estimulado pelos pressupostos estéticos do Naturalismo e pelo desejo de chocar e se vingar da sociedade hipócrita que o rodeava, Caminha constrói a partir do fato verídico uma ficção forte, ousada, que ainda hoje é atual, e merece uma releitura se não dermos muita importância aos vezos da escola naturalista.

IV – RESUMO DO ENREDO

Capítulo I

Um narrador impessoal, valendo-se do foco narrativo em terceira pessoa, abre o primeiro capítulo do romance descrevendo, minuciosamente, uma corveta. Informa que o navio, um dia novo e bonito, agora está velho, com o casco negro e as velas encardidas, parecendo mais um esquife agourento. "Marinheiros conversavam à proa, sentados uns no castelo, outros em pé, colhendo cabos ou estendendo roupa ao sol, tranqüilamente, esquecidos da **faina**[1] . As chapas dos mastros, a culatra das peças, varais de escotilha, tudo quanto é aço e metal amarelo reluz fortemente, **encandeando**[2] a vista." (p.11)

Comentário: Predomina no primeiro capítulo a descrição, preocupando-se o narrador em retratar a embarcação e seus ocupantes, criando meios para o leitor visualizar o cenário em que vai transcorrer a ação. Essa técnica é comum na estética realista-naturalista, privilegiando muitas vezes não a beleza, como no romantismo, mas a realidade objetiva, seja feia ou não, muitas vezes desagradável, mas sempre sem idealização.

Após montar o cenário, o narrador põe as personagens em movimento. O comandante manda subir os presos para o castigo. Entre eles, Herculano, com seu rosto imberbe de adolescente. "As unhas metiam náusea, muito **quilotadas**[3] de alcatrão, desleixadas mesmo. Triste figura essa, cujo aspecto deixava uma impressão desagradável e persistente."[4] (p.14) A razão do castigo é que o grumete fora flagrado por um mulatinho esperto, quando se masturbava: "Ora, aconteceu que, na véspera desse dia, Herculano foi surpreendido, por outro marinheiro, a praticar uma ação feia e deprimente do caráter humano. Tinham-no encontrado sozinho, junto à amurada, em pé, a mexer com o braço numa posição torpe, cometendo, contra si próprio, o mais vergonhoso dos atentados". (p.16) O mulato chamou o Sant'ana que veio e deu o flagrante. Herculano e Sant'ana brigaram. Por isso, ambos foram a castigo. Herculano sofreu o seu sem reclamar, mas o Sant'ana tentou justificar-se, desculpar-se, mas de nada adiantou. Entrou na chibata.

---

[1] O mesmo que lida, labuta, trabalho, atividade, azáfama.

[2] O mesmo que ofuscando, cegando.

[3] Enegrecidas, escurecidas, sujas.

"Seguiram-se as outras chibatadas implacáveis, brutais como cáusticos de fogo, caindo uma a uma, dolorosamente, no corpo franzino do marinheiro. Ele não teve jeito senão suportá-las todas, uma a uma, porque de nada lhe serviam os gritos, as súplicas e as lágrimas...

– Hei de corrigi-los, bradava o comandante, aceso em súbita cólera, mal-humorado sob a luz ardentíssima do meio-dia tropical. – Hei de corrigi-los: corja!

Nenhum frêmito de comoção na marinhagem, testemunha habitual daquelas cenas que já não logravam produzir efeitos sentimentais, como se fora a reprodução banal de um quadro muito visto." (p.18)

O terceiro preso a ser castigado é exatamente o protagonista, Amaro, mais conhecido entre os marujos por Bom-Crioulo. Trata-se de um negro, muito robusto e seguro. Calmo quando sóbrio, torna-se briguento quando embriagado: "Quando havia conflito no cais Pharoux, já toda a gente sabia que era o Bom-Crioulo às voltas com a polícia. Reunia povo, toda a população do litoral corria enchendo a praça, como se tivesse acontecido uma desgraça enorme, formavam-se partidos a favor da polícia e da marinha... uma coisa indescritível!" (p.19)

O motivo, porém, de sua prisão agora, no alto-mar, a bordo da corveta, era outro, muito outro: "Bom-Crioulo esmurrara desapiedadamente um segunda-classe, porque este ousara, 'sem o seu consentimento', maltratar o grumete Aleixo, um belo marinheirito de olhos azuis, muito querido por todos e de quem diziam-se 'coisas'." (p.19) O narrador traduz o sentimento interior[5] de satisfação que toma conta de Amaro, que, se por um lado reconhece que agira mal, por outro está contente porque acredita que vai conquistar o grumete "como se conquista uma mulher formosa, uma terra virgem, um país de ouro".

O guardião Agostinho desfere cento e cinqüenta chicotadas sem que o hercúleo Amaro solte um gemido de fraqueza.

Capítulo II

O narrador faz uma retrospectiva, um *flash-back*, revelando que Amaro era um escravo fugido, com seus dezoito anos, que foi recrutado como marinheiro. Gosta dessa vida, porque proporcionou-lhe liberdade.

"A disciplina militar, com todos os seus excessos, não se comparava ao penoso trabalho da fazenda, ao regime terrível do tronco e do chicote. Havia muita diferença... Ali ao menos, na fortaleza, ele tinha sua maca, seu travesseiro, sua roupa limpa, e comia bem, a fartar, como qualquer pessoa, hoje boa carne cozida, amanhã suculenta feijoada, e, às sextas-feiras, um bacalhauzinho com pimenta e 'sangue de Cristo'... Para que vida melhor? Depois, a liberdade, minha gente, só a liberdade valia por tudo! Ali não se olhava a cor ou a raça do marinheiro: todos eram iguais, tinham as mesmas regalias – o mesmo serviço, a mesma folga. – 'E quando a gente se faz estimar pelos superiores, quando não se tem inimigos, então é um viver abençoado esse: ninguém pensa no dia de amanhã!'." (p.22)

---

[4] É traço característico do Naturalismo preferir focalizar aspectos desagradáveis, repugnantes, deprimentes.

[5] Nesse momento, o narrador revela-se onisciente, pois demonstra que é capaz de saber até os pensamentos do protagonista.

E estima é o que Amaro consegue. Conquista a todos, merecendo por isso o apelido que passa a substituir o nome: Bom-Crioulo.

O Bom-Crioulo, quando embarca pela primeira vez, cheio de alegria, demonstra ser excelente marinheiro, cuidadoso com seu serviço e suas obrigações. Sua fama de forte vai longe. Chega aos trinta anos e já traz gola de marinheiro de segunda classe.

Com o passar do tempo seu comportamento começa a mudar. Descuida-se da qualidade de seus serviços. Torna-se lento no cumprimento das obrigações. "Diziam uns que a cachaça estava a perder 'o negro'; outros, porém, insinuavam que Bom-Crioulo tornara-se assim, esquecido e indiferente, dês que 'se metera' com o Aleixo, o tal grumete, o belo marinheirito de olhos azuis, que embarcara no sul. – O ladrão do negro estava mesmo ficando sem-vergonha! E não lhe fossem fazer recriminações, dar conselhos... Era muito homem para esmagar um!" (p.26) O certo é que o garoto de quinze anos abalara a alma de Amaro, dominando-a, como a força de um ímã. Explica o narrador: "Esse movimento indefinível que acomete ao mesmo tempo duas naturezas de sexos contrários, determinando o desejo fisiológico da posse mútua, essa atração animal que faz o homem escravo da mulher e que em todas as espécies impulsiona o macho para a fêmea, sentiu-a Bom-Crioulo irresistivelmente ao cruzar a vista pela primeira vez com o grumetezinho." (p.26)

Comentário: Podemos ver no fragmento transcrito um dos mais significativos traços estéticos do Naturalismo. O narrador, como um cientista, friamente, tecnicamente, procura falar do assunto racionalmente, demonstrando uma visão de mundo materialista em que predomina a preocupação com o aspecto fisiológico, próprio do clínico-geral, traço típico do Naturalismo. O Realismo, principalmente o de Machado de Assis, preocupa-se mais com a psicologia da personagem.

Amaro, para mostrar ao grumete de olhos azuis o seu poder sobre os outros e também sua afeição, esmurra o segunda-classe, que ousou maltratá-lo. Ao regressar do sul, comenta o narrador, Amaro está mais forte, mais viçoso, mais homem. Já não revela mais tanta obediência, tanto respeito no tocante à disciplina. Tornou-se um tipo comum, como a maioria dos marinheiros, já fala mal dos oficiais na ausência deles, trata-os com desdém. Após ser castigado por um comandante, de nome Varela, por ter agredido outro marinheiro, Amaro torna-se preguiçoso, insubmisso, ressentido e deixa de se importar com seus deveres, resmungando: "Tolo era quem se matava. Havia de receber seu soldo quer trabalhasse quer não trabalhasse. – ... que os pariu!"[6] (p.28)

[6] O fato do texto estar entre aspas (além disso, no original, está depois do travessão) caracteriza a fala da personagem em discurso direto. Então deveria estar "Tolo é quem se mata... ", mas o escritor colocou os verbos no passado, como se o narrador estivesse reproduzindo a fala da personagem em discurso indireto. Temos então uma contaminação do discurso do narrador pelo da personagem. Essa mistura tem nos causado estranhamento durante a leitura.

Capítulo III

A narrativa retorna ao tempo presente, isto é, ao momento final do primeiro capítulo, logo após o castigo dos três marinheiros. Todos na corveta regozijam-se com a esperança de chegar em breve à baía da Guanabara. Todos não, há um que preferia passar a vida toda no mar: Amaro. (Como haveria de ser a vida em terra depois de ter conhecido o grumete?) "Era Bom-Crioulo, o negro Amaro, cujo espírito debatia-se, como um pássaro agonizante, em torno desta única idéia – o grumete Aleixo, que o não deixava mais pensar noutra coisa, que o torturava dolorosamente...[7] – Maldita a hora[8] em que o pequeno pusera os pés a bordo! Até então sua[9] vida ia correndo como Deus queria, mais ou menos calma, sem preocupações incômodas, ora triste, ora alegre, é verdade, porque não há nada firme no mundo, mas, enfim, ia-se vivendo... E agora? Agora... hum, hum!... agora não havia remédio: era deixar o pau correr..."[10] (p.29)

Amaro passa o dia todo torturado por um incontrolável "desejo de unir-se ao marujo como se ele fora do outro sexo, de possuí-lo, de tê-lo junto a sim, de amá-lo, de gozá-lo". Amaro recorda-se de duas experiências fracassadas que teve com mulheres.

O negro atiça a vaidade do jovem dando-lhe um espelhinho para que ele veja como é bonito. Aleixo finge modéstia, mas fica envaidecido e, com certo narcisismo, fica se namorando no espelho. Arruma-se melhor, orientado por Amaro, que se tortura em conflito interior por causa de seu desejo. Um belo domingo, o rapaz aparece tão lindo em seu uniforme branco que Amaro "ficou deslumbrado e por um triz esteve fazendo uma asneira. Seu desejo era abraçar o pequeno, ali na presença da guarnição, devorá-lo de beijos, esmagá-lo de carícias debaixo do seu corpo". (p.31) Nesse mesmo dia, depois de terminada a leitura do Regulamento e feita a revista, Bom-Crioulo chama Aleixo à proa e entram numa longa conversa em que o negro propõe ao rapaz para morarem juntos, quando voltarem a terra. Nessa mesma tarde, ocorre tempestade. À noite, após a cantoria, vão se deitar. Amaro procura Aleixo e ambos se refugiam, para dormir, num esconderijo onde não chega a claridade. Não se viam, apenas adivinhavam-se por baixo dos cobertores.

"Depois de um silêncio cauteloso e rápido, Bom-Crioulo, conchegando-se ao grumete, disse-lhe qualquer coisa no ouvido. Aleixo conservou-se imóvel, sem respirar. Encolhido, as pálpebras cerrando-se instintivamente de sono, ouvindo, com o ouvido pegado ao convés, o marulhar das ondas na proa, não teve ânimo de murmurar uma palavra. Viu passarem, como em sonho, as mil e uma promessas de Bom-Crioulo; o quartinho da Rua da Misericórdia no Rio de Janeiro, os teatros, os passeios...; lembrou-se do castigo que o negro sofrera por sua causa; mas não

[7] Até aqui é o narrador que está falando, observe o emprego da terceira pessoa "que o torturava".

[8] Essa exclamação indica que houve mudança abrupta, marcada por um travessão, mas no meio da frase, sem abrir outro parágrafo e sem qualquer verbo de elocução. Quem está se expressando é Amaro, o protagonista.

[9] O pronome indica que agora quem fala é o narrador, mas não houve qualquer indicação explícita para o leitor.

[10] No trecho final, tanto as hesitações, os pensamentos incompletos, a interjeição "hum, hum" que indica dúvida e impaciência, tudo, enfim, indica a fala como produzida por Amaro.

disse nada. Uma sensação de ventura infinita espalhava-se-lhe em todo o corpo. Começava a sentir no próprio sangue impulsos nunca experimentados, uma como vontade ingênita de ceder aos caprichos do negro, de abandonar-se-lhe para o que ele quisesse – uma vaga distensão dos nervos, um prurido de passividade...

– Ande logo! Murmurou apressadamente, voltando-se.

E consumou-se o delito contra a natureza." (p.37/8)

Capítulo IV

O dia seguinte amanhece luminoso com lindo sol. Chegam ao Rio de Janeiro e Amaro preocupa-se, pois em vinte e quatro horas pode ver-se separado de seu grumete por ordens superiores. Por outro lado, alegra-se com a prova de amor que recebera: "Ao pensar nisso Bom-Crioulo sentia uma febre extraordinária de erotismo, um delírio invencível de gozo pederasta... Agora compreendia nitidamente que só no homem, no próprio homem, ele podia encontrar aquilo que debalde procurara nas mulheres". (p.40) O narrador reproduz seu monólogo interior, em que procura justificar seu desvio, tomando como exemplo o comportamento de outros, como o de um oficial. "Se os brancos faziam, quanto mais os negros! É que nem todos têm força para resistir: a natureza pode mais que a vontade humana..." (p.40) Vem a tarde, mas recebem ordem para não desembarcar. Amaro dorme pesado, pois está cansado. Ao acordar, irrita-se pois tivera um verdadeiro esgotamento de líquido seminal. Irrita-o mais ainda o fato de não ter sentido gozo. Levanta-se, arruma suas coisas e sai resmungando, ameaçando quem cruzasse com ele. "Os outros pediam-lhe desculpa, humilhavam-se, adulavam-no, porque sabiam que 'o negro era meio doido'." (p.41)

Ao anoitecer desse mesmo dia, Amaro desembarca e leva o grumete consigo até a pensão de uma portuguesa, D. Carolina, "uma senhora gorda, redonda e meio idosa". O negro abraça-a, levanta-a no ar, apesar da gordura. O narrador faz uma retrospectiva, revelando que a portuguesa já tivera seu bom período de aparência, tivera dinheiro ganho na prostituição, tivera homens, mas também adoecera e conhecera infortúnios. Ficara amiga de Amaro, porque ele certa vez salvou-a de morrer na ponta de uma faca, num assalto. A portuguesa, vendo-se envelhecer, montou aquela casa para alugar quartos por mês ou por hora, a quem não se fizesse de muito "honrada e de muito boa". Tinha um amante, um açougueiro, mas que contribuía com pouco dinheiro: cento e cinqüenta mil-réis "para o aluguel do sobradinho, fora a carne que mandava diariamente". Contava, então, com o dinheiro dos aluguéis para segurar sua velhice. Amaro conta sua história e ela arruma para ele um quarto para seus amores com o rapaz.

Capítulo V

"O quarto era independente, com janela para os fundos da casa, espécie de sótão roído pelo cupim e tresandando a ácido fênico. Nele morrera de febre amarela um portuguesinho recém-chegado. Mas Bom-Crioulo, conquanto receasse as febres de mau caráter, não se importou com isso, tratando de esquecer o caso e instalando-se definitivamente." (p.47) O leito era uma **cama-de-vento**[11] muito usada, sobre a qual Amaro de manhã cobria com um grosso cobertor encarnado para esconder as nódoas.

Durante meses viveram ali uma vida tranqüila. Cumpriam seus deveres a bordo e vinham à terra duas vezes por semana. O grumete levava uma vida de felicidades. Era estimado por D. Carolina e a bordo todos o festejavam. Só tinha um aborrecimento, eram os caprichos libertinos de Amaro, pois este não se contentava só em possuí-lo a qualquer hora do dia ou da noite, "queria muito mais, obrigava-o a excessos, fazia dele um escravo, uma 'mulher à-toa' propondo quanta extravagância lhe vinha à imaginação", como quando exigiu que o rapaz se mostrasse para ele nuzinho em pêlo. Apesar da vergonha, Aleixo teve de obedecer, revelando um corpo muito alvo, as formas "roliças de **calipígio**[12]". "Bom-Crioulo ficou extático! A brancura láctea e maciça daquela carne tenra punha-lhe frêmitos no corpo, abalando-o nervosamente de um modo estranho, excitando-o como uma bebida forte, atraindo-o, alvoroçando-lhe o coração. Nunca vira formas de homem tão bem torneadas, braços assim, quadris rijos e carnudos como aqueles... Faltavam-lhe os seios para que Aleixo fosse uma verdadeira mulher!... Que beleza de pescoço, que delícia de ombros, que desespero!..." (p.48/9)

Certo dia a corveta entrou para os diques. "Era justamente em dezembro, mês de epidemias e de insuportável calor."[13] (p.50) Com a embarcação parada para reparos, os marinheiros ficam à solta. Amaro torna-se trabalhador de novo, obtendo concessões do imediato e, assim, multiplica os passeios à terra. Já faz quase um ano que está nessa vida. Começa a sentir-se magro e tem uma fraqueza e uma sonolência profunda, mas isso não chega a preocupá-lo, pois vive em paz de espírito vendo crescer a seu lado o Aleixo. "Sua amizade ao grumete já não era lúbrica e ardente: mudara-se num sentimento calmo, numa afeição comum, sem **estos**[14] febris nem zelos de amante apaixonado." (p.51)

D. Carolina, vendo a permanência dessa ligação, brinca com eles: "Vocês acabam tendo filhos". Mas, certo dia, a corveta sai do dique e Amaro é designado para servir em outra embarcação.

Capítulo VI

Tendo partido o negro, a portuguesa inicia um processo de sedução do rapaz, aproveitando-se principalmente do fato de que Amaro já não consegue mais tempo para visitar seu amante.

---

[11] Cama portátil, normalmente dobrável e geralmente de lona.

[12] Que tem belas nádegas.

[13] Há sempre uma preocupação dos escritores naturalistas em abordar o calor, a temperatura desagradável, as doenças e as reações fisiológicas desagradáveis como transpiração, vômitos, etc.

[14] Grande calor, ardor, paixão.

"Há dias metera-se-lhe na cabeça uma extravagância: conquistar Aleixo, o bonitinho, tomá-lo para si, tê-lo como amantezinho do seu coração avelhentado e gasto, amigar-se com ele secretamente, dando-lhe tudo quanto fosse preciso: roupa, calçados, almoço e jantar nos dias de folga – dando-lhe tudo enfim." (p.55)

A portuguesa torna-se muito meiga com o rapaz, guarda-lhe doces; passa ela mesmo a ferro os lenços dele. Fingindo-se distraída, vai revelando-lhe pernas, braços, seios. Um dia, Aleixo passa pelo corredor e dá com a porta aberta dos aposentos da mulher, que, na cama dormia com as pernas de fora, metida numa camisa curta. Ele excita-se, mas nem sonha que ela possa dar atenção a ele, ainda imberbe. Foi preciso que a mulher o atacasse, dizendo que estava apaixonada e passando das palavras à ação.

"Então ela, como se lhe houvessem aberto de repente uma caudal de gozo, cravou os dentes na face do grumete, numa fúria brutal, e segurando-o pelas nádegas, o olhar cintilante, o rosto congestionado, foi depô-lo na cama:

– Pr'aí, meu jasmim de estufa, pr'aí! Vais conhecer uma portuguesa velha de sangue quente. Deixa a inocência pro lado, vamos!...

Bateu a porta e começou a se despir a toda pressa, diante de Aleixo, enquanto ele deixava-se estar imóvel, muito admirado para essa mulher-homem que o queria deflorar ai assim, torpemente, como um animal.

– Anda, meu tolinho, despe-te também: aprende com tua velha... Anda, que eu estou que nem uma brasa!...

Aleixo não tinha tempo de coordenar as idéias. D. Carolina o absorvia, transfigurando-se a seus olhos.

Ela de ordinário tão meiga, tão comedida, tão escrupulosa mesmo, aparecia-lhe agora como um animal formidável, cheio de sensualidade, como uma vaca do campo extraordinariamente excitada, que se atira ao macho antes que ele prepare o bote...

Era incrível aquilo!

A mulher só faltava urrar!

E a sua admiração cresceu ainda mais quando ela, sacando fora a camisa ensopada de suor, caiu nua no leito, arquejante, segurando os seios moles, com um estranho fulgor no olhar de basilisco.

Mas Aleixo sabia, por Bom-Crioulo, até onde chega a animalidade humana, e, passado o primeiro momento de surpresa, sentiu que também era feito de carne e osso, como o negro e D. Carolina – Valia a pena decerto uma noite como aquela!" (p.58/9)

No outro dia, Aleixo sai de casa pálido, com grandes olheiras, pensando: "Se fosse possível não me encontrar mais, nunca mais com aquele negro, ah! que felicidade!". E a figura da mulher dançava em sua imaginação como um sonho diabólico.

Capítulo VII

O narrador dirige o foco da narrativa para o Bom-Crioulo que sofre insatisfeito a vida dura no couraçado para o qual foi transferido. Enchia-se de ódio contra os superiores. Revoltava-se contra o quartel-general que o mandara da corveta para o couraçado. Fantasia desertar e fugir com o pequeno: "Estavam enganadinhos! Bom-Crioulo tinha sangue nas guelras e era homem para viver só num deserto..." (p.60) A vigilância acontecia porque já no primeiro dia o crioulo fora recomendado ao imediato em bilhete especial: "Muita cautela com o Amaro (Bom-Crioulo). É uma praça irrepreensível quando não bebe, mas em chupando seu copito, guarda debaixo! faz um salseiro dos diabos". Por isso, ficou assentado que ele teria folga só uma vez por mês. Amaro suportou três dias, mas no quarto, um sábado, pediu permissão para desembarcar. Como lhe recusaram, no dia seguinte, pela manhã, ofereceu-se para remar no escaler que ia às compras. Ao atracar, pediu permissão para "fazer uma necessidade" e fugiu direto para o seu quartinho, mas não encontrou Aleixo.

"Abriu as gavetinhas da mesa, revistou móveis, remexeu papéis, como quem procura um objeto, examinou a cama, farejando, tateando... O vidro de óleo não estava na cantoneira e tinha sofrido uma limpa; a garrafa de água Florida, que ele deixara pelo gargalo, quando muito podia ter seis dedos...; a latinha de graxa imobilizava-se no chão, de borco, ao pé do lavatório de ferro; o assoalho era uma imundície de pontas de cigarro e cuspo.

– Eu faço idéia!... murmurou Bom-Crioulo interpretando aquela desordem habitual. Eu faço idéia!..." (p.61) Depois disso, acendeu um cigarro e deitou-se, só acordando ao meio-dia, quando foi chamado por D. Carolina. Conversam e Amaro indaga sobre seu amante, mas a portuguesa mente, dizendo que o rapaz viera só um dia, na quinta-feira. Amaro sai para comer alguma coisa e vai ruminando: "Precisava tomar uma resolução, abandonar o Aleixo, acabar de uma vez, meter-se a bordo, ou então amigar-se aí com uma rapariga de sua cor e viver tranqüilo. Estava emagrecendo à toa, não comia, não tinha descanso, em termos de adoecer, de apanhar uma moléstia, por causa do 'senhor Aleixo'. Se ao menos pudesse vê-lo todos os dias, como na corveta...; mas assim, longe um do outro? Não valia a pena, era cair no desfrute..." (p.63)

Um amontoado de gente atrai Amaro, que se espanta de ver dois guardas tentarem inutilmente levantar um homem "acometido de gota, que se espojava no chão, babando, o rosto ensangüentado, a barba suja de areia, em contorções horrorosas". (p.64) Amaro salta no meio e levanta o homem com as duas mãos, transportando-o assim até a Santa Casa de Misericórdia, como se pegasse uma criança. Depois toma um gole de cachaça e só com isso já fica alterado. Resolve ir direto para bordo: "Vou porque quero, porque sou livre". Eram duas horas da tarde dominical e quase todo o comércio já estava fechado. No caminho, o negro é perseguido por um bando de cães. Chegando ao cais, grita para os marinheiros de um escaler, que fingem-se de distraídos, fazendo rir a um português que assistia à cena. Amaro descarrega no português a sua raiva. Brigam durante longo tempo e atraem a atenção de curiosos, que formam um ajuntamento. O crioulo puxa uma navalha e o português foge. Aproximam-se policiais e Amaro, que já estava de navalha em punho, enfrenta-os. "Quatro horas no relógio da estação." (p.67)

Aparece um primeiro-tenente da marinha, com mais seis marinheiros, prendendo o crioulo como se fosse um animal feroz.

"Que luta para o embarcar! O negro escabujava, mordia, no auge de um desespero hidrofóbico, insultando, rogando pragas.

Afinal, lá o conduziram à viva força, e a embarcação deslizou, toda branca, na baía calma..." (p.68)

Capítulo VIII

"O comandante do couraçado, bela estampa de militar fidalgo, irrepreensível e caprichoso, era o mesmo, aquele mesmo de quem, na frase tosca de Bom-Crioulo, 'falavam-se coisas...'." (p.68) Amaro sente por ele uma repugnância instintiva: "Esse homem nasceu para me fazer mal, pensava o negro supersticiosamente".

Essa noite, dorme Amaro em uma jaula de ferro estreita e sem luz, onde mal cabe um homem. Trancado ali, imóvel, com pés e mãos presos, só conseguiu adormecer de manhã, quando os outros já acordavam. Durante o sono, teve pesadelo com o português da briga. Iam se pegar de novo, mas Aleixo interferia impedindo o confronto. Eram onde horas, quando Amaro, ainda em jejum, foi retirado para o castigo. "– Não se iluda a guarnição deste navio! Perorou o comandante. Desobediência, embriaguez e pederastia são crimes de primeira ordem. Não se iludam!..." (p.70)

Como da outra vez, Amaro recebeu as chibatadas sem um grito de dor. Quando terminou, o negro rodou e caiu sobre o convés, porejando sangue. Todo seu couro estava cortado pela chibata. Caiu quando já não restava qualquer energia no organismo e a dor sobrepujara a vontade. Vem o médico, aplica-lhe água com éter. Depois, Amaro é levado em um escaler para o hospital em terra.

Enquanto isso, Aleixo aproveita sua folga para visitar a portuguesa. Vai com medo de encontrar Amaro, de ter de enfrentar os seus caprichos. Após descobrir o amor heterossexual com a portuguesa, o rapaz "ficara abominando o negro, odiando-o quase, cheio de repugnância, cheio de nojo por aquele animal com formas de homem, que se dizia seu amigo unicamente para o gozar". Sente que nunca o estimara. Chega Aleixo à pensão, conversa com D. Carolina sobre o negro, rindo-se dele à **socapa**[15]. Ela estava no quintal, lavando roupa e ao ver o rapaz sente desejo de tomarem banho juntos, ali mesmo. "Quis ela mesma despir o rapaz, tirar-lhe a camisa de meia, tirar-lhe as calças, pô-lo nu a seus olhos. Bom-Crioulo já lhe havia dito que Aleixo 'tinha formas de mulher'.

Depois começou a se despir também...

O tanque estava cheio a transbordar. Via-se-lhe o fundo claro através da água límpida e fresca.

Ninguém os via naquela nudez primitiva, frente a frente – o corpo largo e mole da portuguesa em contrate com as formas ideais e rijas do efebo –, escandalosamente nus, pecadoramente bíblicos no silêncio do quintalejo ao abrigo do sol que vibrava em torno do pequeno alpendre a sua luz de ouro fulvo!

O que eles fizeram, antes e depois do banho, ninguém saberá nunca. Os muros do quintal abafaram toda essa misteriosa cena de erotismo consumada ali

[15] Disfarçadamente.

por trás da Rua da Misericórdia num belíssimo dia de novembro." (p.73) A mulher gasta, como diz o narrador, estava feliz por possuir um amante novo. De modo parecido, também o adolescente se comprazia naquele relacionamento com uma mulher mais experiente. Aleixo sentia "um forte desejo de possuí-la sempre, sempre, a toda hora, uma vontade irresistível de mordê-la, de cheirá-la, de palpá-la num frenesi de gozo, num grande ímpeto selvagem de novilho insaciável".[16] (p.74)

Aleixo, no entanto, mesmo naqueles momentos com a portuguesa, não podia esquecer de todo seu antigo amante. A figura do negro acompanhava-o com uma insistência de remorso. Tinha medo do gênio rancoroso e vingativo do outro. Isso fazia com que suas expansões com a portuguesa fossem incompletas. A mulher, no entanto, não parecia preocupar-se muito com isso. "Toda a noite foi um delírio de gozo e sensualidade. D. Carolina cevou o seu hermafroditismo agudo com beijos e abraços e sucções violentas..." (p.75)

Capítulo IX e X

Enquanto isso no hospital, Bom-Crioulo passava maus momentos, longe de seu amado, ouvindo gemidos aborrecedores e alimentando-se parcamente. Piorava isso, sentir-se ali preso, ele que amava tanto a liberdade e os amplos espaços. O negro evitava a todos com seu olhar ameaçador e seu jeito carrancudo. Não conseguia apagar do espírito o mau pensamento de ver seu garoto nos braços de outro homem. Torturava-o terrível ciúme. Seu consolo era um retrato do Aleixo, uma fotografia barata tirada na Rua do Hospício, quando ele e o rapaz moravam juntos na corveta. À noite, ao deitar-se deitava na foto um beijo úmido e voluptuoso.

Angustiado, certo dia, Amaro lembra-se de pedir a um empregado do hospital para escrever um bilhete ao Aleixo. Dita suas queixas e faz um pedido ao rapaz para que venha fazer-lhe uma visita no dia seguinte, que era um domingo. Segue o bilhete. Vem o domingo e nada. "Passou a hora do almoço, chegou a hora do jantar, entraram e saíram marinheiros, a sineta badalou novas baixas, tocou meio-dia, e nada! Nem sinal de Aleixo, nem sombra dele! – Era mesmo para uma pessoa danar! Se não quisesse ir, dissesse!" Veio a noite e a madrugada, mas nada do Bom-Crioulo dormir ou afastar do espírito a imagem importuna do ingrato namorado. Essa imagem o torturava, borboleta importuna a voejar em torno do desprezado.[17] (p/79)

Capítulo XI e XII

Amaro fica sabendo pelo marinheiro Herculano que Aleixo está tendo um caso com a portuguesa. O Bom-Crioulo sai do hospital e vai à procura de Aleixo.

---

[16] O que a estética naturalista procura ressaltar sempre é o desejo físico, a atração carnal, e não o sentimento amoroso, como fazia o Romantismo.

[17] A imagem metafórica da borboleta como pensamento ou sentimento incômodo também aparece magistralmente explorada por Machado de Assis no primeiro romance realista brasileiro: *Memórias póstumas de Brás Cubas* (1881).

É bem cedo e há pouco movimento na Rua da Misericórdia. Homens mal vestidos, operários e ganhadores, descem a rua numa lentidão arrastada. A vaca de leite, com as grandes tetas pesadas, passa no seu giro quotidiano, dócil, a baba a escolher-lhe do focinho em fios de espuma. A carroça do lixo anda na sua faina matinal, parando aqui e ali. "Pairava um cheiro forte de urina, assim como uma emanação agressiva de mictório público, envenenando a atmosfera, intoxicando a respiração." (p.97)

Comentário: Aqui temos algumas marcas típicas do gosto naturalista. Ao contrário do escritor romântico que dirigiria o foco de suas lentes para aspectos bonitos e agradáveis da realidade, como que fazendo um cartão postal da cidade do Rio de Janeiro, o naturalista procura registrar o feio, o desagradável, denunciando o que há de errado com a cidade e com seus cidadãos. Não pensem, no entanto, que ele está falseando a realidade, nada disso, ele está registrando com objetividade o fruto de sua observação, como um cientista ou técnico de laboratório ao examinar o material, seja sangue, fezes ou urina. Quem não conhece certos recantos de São Paulo e Rio, em que pela manhã temos de passar com a respiração suspensa por causa do agressivo e desagradável fedor de urina?

Abrem-se botequins preguiçosos, lojas de negócio, e, assim como a luz, o movimento de transeuntes vai aumentando. Daqui e dali, surgem caras estranhas e amarrotadas pelo sono, como abelhas de um cortiço. A vida recomeça. E é nesse quadro que se recorta a figura de Amaro, seguindo em direção ao sobrado. Quando o vê, diminui o passo. Vem-lhe uma saudade! Foi ali que ele viveu o melhor de sua vida. Ali tinha aprendido a amar, a querer bem. Recorda toda sua aventura com o menino bonito. Enchem-lhe os olhos de água. "Começou, de repente, a sentir uma zoada no ouvido, um rumor vago de insetos[18], uma coisa desagradável, incômoda e amofinadora; tremiam-lhe as pernas; ia-lhe faltando a respiração. Era um mal-estar, um nervoso, uma aflição, um delírio, um vago desejo de matar, de assassinar, de ver sangue..." (p.99)

Ao chegar, Amaro depara com a porta do sobrado fechada. Dá meia-volta e vai andando rua acima, meio sem rumo. De repente, dá com a padaria que fica quase defronte da portuguesa. Entra e puxa conversa com o funcionário, perguntando sobre a portuguesa e Aleixo. O que ouve deixa-o estarrecido: "Acordam tarde. Ultimamente a porta vive fechada. Costumam sair juntos à noite..." (p.99) Amaro não quer acreditar e pede mais informações e o outro não se faz de rogado: "Foram ao teatro, ontem, à *Tomada da Bastilha*. Conheço muito a D. Carolina. Dizem até que está amigada com o pequeno..." (p.100)

No exato momento em que estão conversando, o funcionário mostra a Amaro que o rapaz está saindo do sobrado. Bom-Crioulo salta até Aleixo e inicia-se uma discussão de amante desprezado e enciumado, atraindo muita gente, Forma-se

[18] Ao ler *Angústia*, de Graciliano Ramos, procure observar situação semelhante, mais dramática, envolvendo o protagonista Luís da Silva, após ter estrangulado Julião Tavares.

um grande círculo em volta dos dois marinheiros, invisíveis agora. Chegam soltados, marinheiros e policiais. De repente o povo recua abrindo caminho, a portuguesa aparece na janela e grita "Jesus". É que vira o grumete ensangüentado.

"Aleixo passava nos braços de dois marinheiros, levado como um fardo, o corpo mole, a cabeça pendida para trás, roxo, os olhos imóveis, a boca entreaberta. O azul-escuro da camisa e a calça branca tinham grandes nódoas vermelhas. O pescoço estava envolvido num chumaço de panos. Os braços caíam-lhe, sem vida, inertes, bambos, numa frouxidão de membros mutilados."[19] (p.101) A rua enche-se de gente que procura ver o morto, sem que ninguém se incomode com o agressor.

"Ninguém se importava com 'outro', com o negro, que lá ia, rua abaixo, triste e desolado, entre baionetas, à luz quente da manhã: todos porém, todos queriam 'ver o cadáver', analisar o ferimento, meter o nariz na chaga...

Mas, um carro rodou, todo lúgubre, todo fechado, e a onda dos curiosos foi se espalhando, se espalhando, té cair tudo na monotonia habitual, no eterno vaivém." (p.102)

Comentário: A denúncia, a visão crítica, são traços estéticos do Realismo e do Naturalismo. Podemos ver no penúltimo parágrafo uma crítica à curiosidade mórbida das pessoas, a um sadismo praticamente incontrolável.

V - SÍNTESE DO ENREDO

Amaro, escravo fugido, ingressa na Marinha. Tomando como base a vida terrível de escravo na fazenda, ele acha a vida de marinheiro um paraíso. Sente-se livre e feliz, cumprindo bem seus deveres e realizando com qualidade todas as suas obrigações de modo a deixar satisfeitos seus superiores. Torna-se querido por todos. Com o tempo, enfastia-se, já negligencia algumas tarefas, tornando-se como todos os demais marinheiros.

Em uma de suas viagens, Amaro trava amizade com Aleixo. Rapaz branco, bonito, que passa a trabalhar na mesma corveta que ele. Tornam-se amigos. Amaro acumula o rapaz de gentilezas e briga por ele. Ao ser castigado, sensibiliza o grumete, que acaba cedendo aos desejos do negro. Tornam-se amantes.

Aportando no Rio de Janeiro, Amaro monta um quarto para ambos no sobrado de uma amiga sua, a portuguesa D. Carolina. Ali, os dois marinheiros vivem quase um ano de felicidade, mas ordens superiores separam os dois. Aleixo continua na corveta, mas Amaro é designado a servir em um encouraçado, onde passa a ser tratado com rigor. A portuguesa seduz o rapazinho e quando Amaro descobre, mata-o, enlouquecido pelo ciúme.

---

[19] Descrição semelhante pode ser encontrada também em *O Ateneu*, de Raul Pompéia, publicado em 1888.

VI – ESTRUTURA DA OBRA

O romance está dividido em 12 capítulos, apenas numerados sem receber titulação. A linguagem perde muito do pomposo tradicional e procura ser mais fluente, buscando uma aproximação com a fala, com a linguagem coloquial. Isso fica mais claro na reprodução do discurso da personagem: "Tolo era quem se matava. Havia de receber seu soldo quer trabalhasse quer não trabalhasse. – ... que os pariu!" Outro exemplo: "ora triste, ora alegre, é verdade, porque não há nada firme no mundo, mas, enfim, ia-se vivendo... E agora? Agora... hum, hum!... agora não havia remédio: era deixar o pau correr...".

Foco narrativo - O narrador surge como um dos mais tradicionais narradores, empregando o foco em terceira pessoa, revelando-se onisciente, mas, no transcorrer da narrativa, vale-se de uma técnica que muitas vezes faz o leitor reler o texto e, mesmo assim, ficar embaraçado. Isso acontece porque como que abandona seu próprio ponto de vista para fundi-lo com o das personagens, porém sem colocar com precisão absoluta se é pensamento dele ou delas, ficando num campo de dúvida, de probabilidade. Leia o trecho seguinte e observe como isso acontece: "A disciplina militar, com todos os seus excessos, não se comparava ao penoso trabalho da fazenda, ao regime terrível do tronco e do chicote. Havia muita diferença... Ali ao menos, na fortaleza, ele tinha sua maca, seu travesseiro, sua roupa limpa, e comia bem, a fartar, como qualquer pessoa, hoje boa carne cozida, amanhã suculenta feijoada, e, às sextas-feiras, um bacalhauzinho com pimenta e 'sangue de Cristo'... Para que vida melhor? Depois, a liberdade, minha gente, só a liberdade valia por tudo! Ali não se olhava a cor ou a raça do marinheiro: todos eram iguais, tinham as mesmas regalias – o mesmo serviço, a mesma folga. – 'E quando a gente se faz estimar pelos superiores, quando não se tem inimigos, então é um viver abençoado esse: ninguém pensa no dia de amanhã!'". (p.22)

Tempo - A ação passa-se na segunda metade do século XIX, e predomina o tratamento cronológico do tempo, com alguns momentos de retrospectiva ou *flash-back*, que não chegam a quebrar a linearidade do relato. É importante ressaltar que os naturalista procuram trabalhar com temática contemporânea, isto é, com assuntos da mesma época em que o autor está vivendo e escrevendo. O livro foi publicado em 1895, portanto, na mesma época e ambiência de seu conteúdo ficcional.

Espaço - A ação acontece no Rio de Janeiro, destacando-se dois tipos básicos de espaço. O espaço aberto, normalmente com dias claros e quentes, o mar aberto, que podem aparecer sintomaticamente em momentos felizes, como o que exprime a sensação de liberdade do negro fugido ou a manhã após a consumação do ato sexual com o grumete. Aparece também assim, como no início do capítulo III, após a tortura da chibata, para servir de contraponto à situação das personagens, como que dizendo ao leitor que a natureza é indiferente à dor humana. Outro espaço que chama a atenção é o espaço fechado do quartinho alugado por Amaro no sobrado da portuguesa. Tudo nele aponta para o sombrio, o cheiro desagradável, a pobreza, a associação com doença, mas nada disso incomoda Amaro, que se sente ali num verdadeiro paraíso, pois está ao lado de seu amante. O aspecto do espaço fechado associa-se desagradavelmente à relação espúria e antinatural, seja do ponto de vista dos protagonistas da ação ("Como é que se compreendia o amor, o desejo da posse animal entre duas pessoas do mesmo sexo, entre dois homens?"), seja do ponto de vista do narrador ("E consumou-se o delito contra a natureza.").

Ação - É valorizada a ação exterior, com destaque para cenas verdadeiramente cinematográficas, como os momentos de briga de rua, de luta para controlar a embarcação em dia de tempestade ou a cena dos castigos corporais a que deviam ser submetidos os marinheiros que infringiam o regulamento. Merecem o mesmo tratamento as cenas de sexo, que são interrompidas ou não chegam a detalhes explícitos em virtude da moral social que também atinge o escritor e sua preocupação prévia com a reação do leitor. Apesar de o Naturalismo valorizar mais a ação externa e o Realismo a ação psicológica, interior, podemos ver na obra de Adolfo Caminha vários momentos de reflexão interior, tanto de Amaro quanto de Aleixo, para captar e revelar seus conflitos e seus momentos de mudança de atitude.

Personagens:

Amaro, protagonista, ex-escravo, convocado pelo marinha, dá-se bem como marinheiro e conquista fama pela força e valentia, mas também afeição pelo bom comportamento e esforço. Todos comentam que o crioulo é boa pessoa quando não bebe. Fisicamente, trata-se de quase um gigante: "Não havia osso naquele corpo de gigante; o peito largo e rijo, os braços, o ventre, os quadris, as pernas, formavam um conjunto respeitável de músculos, dando uma idéia de força física sobre-humana, dominando a maruja, que sorria boquiaberta diante do negro". Está com trinta anos quando começa a narrativa. Não conseguiu realizar-se sexualmente com mulheres. Duas tentativas renderam-lhe grande decepção que o deixaram frustrado. Só conseguiu êxito com o jovem Aleixo.

Aleixo, grumete, belo rapaz de olhos azuis, que embarca no sul. O garoto de quinze anos que abala a alma de Amaro. Cede aos arroubos e caprichos do Bom-Crioulo, mas troca-o por uma mulher, sem muita resistência, quando aparece a ocasião. Isso o conduz a um destino trágico, é morto pelo amante indignado.

D. Carolina, amiga e rival de Amaro, portuguesa de quase quarenta anos, que mantém uma pensão no sobrado onde mora. Amiga de Amaro, que salvou sua vida em um assalto, mas rival já que resolve depois conquistar o namorado do crioulo.

Herculano, marinheiro de rosto imberbe, dotado de certa melancolia serena e um ar de precoce morbidez sintomática. Tinha unhas desleixadas, sujas de alcatrão. Apresentava um jeito retraído, vivia pelos cantos, evitando a companhia dos outros. É preso e castigado no primeiro capítulo por ter sido apanhado em flagrante masturbação.

Agostinho, o guardião, homem de grande estatura, largo e reforçado, especialista no ofício de aplicar a chibata, robusto e valente, famoso em matéria de **patescaria**[20].

[20] Gíria própria de marinheiros para designar aquele entre eles que permanece a bordo a maior parte do tempo, aquele que ama demais a profissão.

Sant'ana, marinheiro que sofre castigo por ter brigado com Herculano. "Era um pobre-diabo de terceira classe, moreno cor de jenipapo, cabelo rente, à escovinha, olhos negros, nariz acaçapado, cara magra, e cujo nome lá estava no livro de castigos um ror de vezes." Era gago, tinha facilidade em chorar e era manhoso.
Discurso: O narrador faz uso constante do discurso direto, evita o indireto, e aplica um tipo especial de discurso indireto livre.
Direto: Tipo de discurso que consiste em colocar a própria personagem a expressar-se na primeira pessoa: "– Hei de corrigi-los, bradava o comandante, aceso em súbita cólera, mal-humorado sob a luz ardentíssima do meio-dia tropical. – Hei de corrigi-los: corja!"
Indireto: Tipo de discurso que consiste em reproduzir a fala da personagem através do narrador, mas que alerta o leitor, deixando claro que embora o discurso esteja em terceira pessoa expressa pensamento ou fala da personagem: "Depois mandaram-no tirar a roupa do corpo..." (Direto: Depois mandaram: – Tire a roupa do corpo!)
Indireto livre: É o tipo de discurso em que a fala da personagem mistura-se com a do narrador, sem aviso prévio ao leitor. "Ali ao menos, na fortaleza, ele tinha sua maca, seu travesseiro, sua roupa limpa, e comia bem, a fartar, como qualquer pessoa, hoje boa carne cozida, amanhã suculenta feijoada, e, às sextas-feiras, um bacalhauzinho com pimenta e 'sangue de Cristo'... **Para que vida melhor?** Depois, a liberdade, **minha gente**, só a liberdade valia por tudo! Ali não se olhava a cor ou a raça do marinheiro: todos eram iguais, tinham as mesmas regalias – o mesmo serviço, a mesma folga." (p.22) As exclamações são produzidas pelo pensamento do protagonista, mas estão inseridas no discurso do narrador. Algumas vezes, o narrador coloca sinal gráfico (aspas, travessão) para indicar que é fala da personagem, mas coloca a fala na terceira pessoa, como se fosse o narrador que ainda estivesse falando.

VII - ESTILO DE ÉPOCA E ESTILO INDIVIDUAL

O Naturalismo, assim como o Realismo, busca a objetividade e o racionalismo, acrescentando ainda o cientificismo e o determinismo, segundo o qual o homem tem seu comportamento condicionado pela raça ou hereditariedade, pelo meio ou ecologia e pelo momento histórico. Na escolha das personagens, os escritores não só empregam personagens vulgares não idealizadas, mas revelam nítida preferência pelas pessoas marginalizadas, pelas oriundas das mais baixas camadas sociais. É comum, na estética naturalista, a comparação do homem com animal. O homem deixa de ser o herói, o ser digno e superior, o dominador da natureza (como Ubirajara) para ser um animal a mais na luta pela sobrevivência.

Ao contrário do Romantismo que coloca como centro de quase todas as narrativas o sentimento amoroso, a fidelidade dos amantes, os naturalistas preferem ter como tema a infidelidade, o adultério e, principalmente, as taras sexuais, as relações aviltantes e degradantes.

Em vez da psicologia, valorizada pelos realistas, os naturalistas preocupam-se mais com a fisiologia, fazendo, então, que a ação seja mais exterior do que interior, sendo esse um dos raros pontos de contato com a estética romântica. As descrições produzidas pelos naturalistas revelam uma preferência não pelo que é belo, mas pelo que é desagradável e até mesmo repugnante, nauseabundo.

Adolfo Caminha adotou do Naturalismo a atração por temas escabrosos e a crença no determinismo, principalmente na fatalidade do meio, como se pode ver nos seus romances *A normalista* (1893) e *Bom-Crioulo* (1895), cuja narrativa consegue ser mais verossimilhante. Em *Bom-Crioulo,* obra mais enxuta e densa do que a primeira, Caminha constrói com segurança e coerência o personagem Amaro, mulato dominado pela paixão homossexual, que o leva através de caminhos sadomasoquistas à perversão e finalmente ao crime. Caminha soube manejar cenas e personagens com naturalidade, revelando uma efabulação segura. Os caracteres de seus personagens em *Bom-Crioulo* estão mais firmemente recortados do que em *A normalista.*

VIII – TEMÁTICA

O tema fundamental é a dificuldade do amor homossexual, centrado na relação do negro Amaro, homem adulto, com o Aleixo, rapaz branco e bonito. Paralelamente, faz-se presente o tema de que a mulher madura deseja um amante jovem, para atiçar seus desejos ("Queria agora experimentar um meninote, um criançola sem barba, que lhe fizesse todas as vontades."), assim como o adolescente também sente uma recíproca atração por mulheres mais velhas do que ele.

A problemática da vida dos marinheiros: a rígida disciplina, a longa permanência no mar, longe da vida social e da presença feminina, os castigos corporais impiedosos e rigorosos, é temática que se entretece com o tema central, apresentando como ele praticamente uma relação determinante de causa e efeito.

Finalizando, podemos encontrar também uma retratação da falta de higiene nas pessoas urbanas de baixa renda, na dificuldade de uma mulher se manter e de confiar nos homens: "...precisava ir ganhando a vida com um emprego certo, um emprego mais ou menos rendoso para garantia do futuro. Isso de homens não há que fiar: hoje com Deus, amanhã com o diabo". (p.44)

BIBLIOGRAFIA CONSULTADA

Caminha, Adolfo. *Bom-Crioulo.* SP: Ática, 1998. (Empregado para citação)
Pacheco, João. *O Realismo.* SP: Cultrix, 1971.
Chacon, Geraldo. *Síntese da literatura portuguesa e brasileira.* SP: Flâmula, 1996.

BRÁS, BEXIGA E BARRA FUNDA (1927)

de Alcântara Machado
por Geraldo Chacon

I - BIOGRAFIA

Antônio Castilho de ALCÂNTARA MACHADO d'Oliveira nasceu na cidade de São Paulo, no ano de 1901, no seio de uma família ilustre. Formou-se pela Faculdade de Direito de São Paulo e, já nos tempos de estudante, iniciou-se no jornalismo. Em seguida, passou a fazer crônica teatral para o *Jornal do Comércio*. Realizou duas viagens à Europa, tendo colhido na segunda as impressões que foram utilizadas na confecção do livro de estréia *Pathé baby*. Oswald de Andrade assina o prefácio dessa obra, que apresenta um estilo cubo-futurista próximo de, pelo menos, uma das obras mais importantes do prefaciador: *Memórias sentimentais de João Miramar*.

Alcântara Machado foi um dos mais ativos artistas do Modernismo, em sua primeira fase. Como tal, não podia deixar de participar das revistas vanguardistas de seu tempo, pois são elas que mais se prestam à divulgação das novas idéias, tendo colaborado em *Terra roxa e outras terras* (Alcântara foi um dos fundadores), na *Revista de antropofagia* (com Oswald de Andrade) e na *Revista nova*.

Depois de 1932, transferiu-se para o Rio de Janeiro, dedicando-se à atividade política. Faleceu no Rio de Janeiro, em 1935.

II - BIBLIOGRAFIA

Pathé Baby, 1926; *Brás, Bexiga e Barra Funda*, 1927; *Laranja da China*, 1928; *Anchieta na Capitania de São Vicente*, 1928; *Comemoração de Brasílio Machado*, 1929; *Mana Maria*, 1936 (póstuma); *Cavaquinho e saxofone*, 1940 (póstuma).

III - INTRODUÇÃO

Alcântara Machado ficou mais conhecido como cronista e contista, mas também se dedicou à pesquisa histórica. Resulta daí seu trabalho sobre o padre José de Anchieta, publicado em 1928 e sobre seu avô, Brasílio Machado, publicado em 1929. Tentou também o romance, deixando-nos incompleto o *Mana Maria*, narrativa que revela um autor cuidadoso, preocupado com o aprofundamento da análise psicológica, desvendando a alma de uma mulher que, desde menina, após a morte da mãe, recalca sua feminilidade e sensualidade para tomar posse do pai e do lugar da mãe. Esta seria, com certeza, sua obra-prima, caso a morte não lhe ceifasse a inteligência.

Brás, Bexiga e Barra Funda é sua segunda publicação, tendo vindo à luz em 1927, com o subtítulo "Notícias de São Paulo". No prefácio ou nota introdutória que ele, de modo original, chama de "Artigo de fundo", explica:

"Este livro não nasceu livro: nasceu jornal. Estes contos não nasceram contos: nasceram notícias. E este prefácio portanto também não nasceu prefácio: nasceu artigo de fundo. Brás, Bexiga e Barra Funda é o órgão dos ítalo-brasileiros de São Paulo.

Durante muito tempo a nacionalidade viveu da mescla de três raças que os poetas xingaram de tristes: as três raças tristes.

(...)

Então os transatlânticos trouxeram da Europa outras raças aventureiras. Entre elas uma alegre que pisou na terra paulista cantando e na terra brotou e se alastrou como aquela planta também imigrante que há duzentos anos veio fundar a riqueza brasileira.

(...)

Brás, Bexiga e Barra Funda, como membro da livre imprensa que é, tenta fixar tão-somente alguns aspectos da vida trabalhadeira, íntima e quotidiana desses novos mestiços nacionais e nacionalistas. É um jornal. Mais nada. Notícia. Só. Não tem partido nem ideal. Não comenta. Não discute. Não aprofunda".

Continua nessa linha, frisando que procurou captar fatos diversos, acontecimentos próprios de uma crônica urbana, meros episódios de rua. Apesar do humor às vezes amargo, às vezes irônico, que perpassa por seus contos, o autor encerra seu artigo de fundo com o aviso de que a obra não é uma sátira.

IV - RESUMO COMENTADO DOS CONTOS

GAETANINHO

"*– Xi, Gaetaninho, como é bom!*

Gaetaninho ficou banzando bem no meio da rua. O Ford quase o derrubou e ele não viu o Ford. O carroceiro disse um palavrão e ele não ouviu o palavrão.

– Eh! Gaetaninho! Vem prá dentro.

Grito materno sim: até filho surdo escuta. Virou o rosto tão feio de sardento, viu a mãe e viu o chinelo.

– Súbito!

Foi-se chegando devagarinho, devagarinho. Fazendo beicinho. Estudando o terreno. Diante da mãe e do chinelo parou. Balançou o corpo. Recurso de campeão de futebol. Fingiu tomar a direita. Mas deu meia volta instantânea e varou pela esquerda porta adentro.

Eta Salame de mestre!" (p.11)

Gaetaninho era morador da rua Oriente, garoto pobre que, como os outros, sonhava andar de carro, já que ali as pessoas quando muito andavam de bonde. Ele inveja outro menino, o Beppino, que andou de carro, se bem que no enterro da tia dele, Peronetta, o que não era vantagem, mas também não havia outro jeito. Pensando nisso, Gaetaninho adormeceu e sonhou que também acompanhava o enterro de sua tia Filomena... e de carro. As pessoas na calçada o admiravam, mas no meio do sonho foi acordado pela voz alta da tia que cantava, como todas as manhãs. "Tia Filomena teve um ataque de nervos quando soube do sonho de Gaetaninho. Tão forte que ele sentiu remorsos. E para sossego da família alarmada com o agouro tratou logo de substituir a tia por outra pessoa numa nova versão de seu sonho. Matutou, matutou, e escolheu o acendedor da Companhia de Gás, Seu Rubino, que uma vez lhe deu um cocre danado de doído.

Os irmãos (esses) quando souberam da história resolveram arriscar de sociedade quinhentão no elefante. Deu a vaca. E eles ficaram loucos de raiva por não haverem logo adivinhado que não podia deixar de dar a vaca mesmo." (p.12)

Depois, o menino foi jogar bola de meia na calçada, na posição de goleiro. Beppino meteu o pé na bola e cobriu o **guardião**[1]. A bola caiu no meio da rua. "Gaetaninho saiu correndo. Antes de alcançar a bola um bonde o pegou. Pegou e matou." A molecada comenta com humor ao informar aos outros que ele "amassou um bonde". Os adultos não se emocionam mais que as crianças, pois o narrador comenta que eles limpam com benzina suas roupas domingueiras, como se o enterro fosse uma festa ou comemoração para aquelas vidas sofridas e vazias de acontecimentos.

"Às dezesseis horas do dia seguinte saiu um enterro da Rua do Oriente e Gaetaninho não ia na **boléia**[2] de nenhum dos carros do acompanhamento. Ia no da frente dentro de um caixão fechado com flores pobres por cima. Vestia a roupa marinheira, tinha as ligas, mas não levava a palhetinha.

Quem na boléia de um dos carros do cortejo mirim exibia soberbo terno vermelho que feria a vista da gente era o Beppino." (p.13)

Comentário:
Pode-se notar no comportamento dos meninos, ao dizerem "*amassou um bonde*", uma demonstração da impiedade natural que tanto pode ser fruto da própria idade, quanto da vida urbana moderna. Percorre o texto um humor negro, resultado de uma ironia amarga, reforçada no último parágrafo, com a figura do Beppino, vestido de vermelho.

CARMELA

Às dezoito e trinta, Carmela e sua estrábica amiga Bianca saem do serviço e vão pela rua Barão de Itapetininga em direção à praça da República. "As casas de modas (**AO CHIC PARISIENSE, SÃO PAULO-PARIS, PARIS ELEGANTE**) despejam nas calçadas as costureirinhas que riem, falam alto, balançam os quadris como gangorras." (p.13)

---

[1] O mesmo que goleiro.

[2] Cabine do veículo.

Carmela é paquerada por um caixa-d'óculos em seu Buick, mas disfarça, pois sabe que o seu namorado Ângelo Cuoco está esperando-a em algum lugar. Realmente, ele está na praça, com seus sapatos vermelhos de ponta afilada, chapéu à **Rodolfo Valentino**[3], com os olhos "escangalhados de inspecionar a Rua Barão de Itapetininga".

Bianca atrasa o passo, para que a outra possa namorar. O Ângelo briga por causa de ciúmes, enquanto o rapaz do Buick aproveita para falar com Bianca e marcar um encontro com Carmela atrás da Igreja de Santa Cecília. No primeiro encontro, Carmela leva a amiga e só consente entrar no carro, para dar um passeio de cinco minutos, se ele levar também a sua amiga. Ele permite, a contragosto. No segundo encontro, Carmela diz a Bianca que ela não irá desta vez, porque o rapaz pediu assim. Bianca, decepcionada, diz que o rapaz é um pirata e se vinga:

"*– É. Eu sei porque. Piratão. E você, Carmela, sim senhora! Por isso é que o Ângelo me disse que você está ficando mesmo uma vaca*". (p.17)

Carmela parte no carro e Bianca fica roendo as unhas.

"Logo encontra a Ernestina. Conta tudo a ela.

– E o Ângelo, Bianca?

– O Ângelo? O Ângelo é outra coisa. É pra casar.

– Hã!..." (p.18)

Comentário:

Chamamos a atenção para o registro aqui de uma tradição na "paquera" daqueles tempos: a moça feia seguia sempre na carona da bonita, mas ficava para trás (como no começo do conto) quando a outra ia falar com o rapaz, e era deixada de lado, logo que o namoro estava garantido. Note-se também a coloquialidade, característica do Modernismo, permitindo registrar a linguagem viva das ruas: "*está ficando mesmo uma vaca*".

Alcântara Machado revela, de maneira concisa, sugestiva, a psicologia feminina da mulher nesses novos tempos. O amor único, romântico, não é valor fundamental, por isso, Carmela mantém um namorado para casar e outro para divertir-se, mas sem compromisso.

TIRO-DE-GUERRA Nº 35

Aristodemo era a melhor voz de sua classe no Grupo Escolar da Barra Funda. Ao terminar a aula do professor Seu Serafim, ele desembestava com os outros pela Rua Albuquerque Lins, vaiando Seu Serafim. Depois ia para a oficina mecânica do cunhado. Roubava com perfeição no jogo de bolinha, fumava cigarros Bentevi e jogava no Juvenil Flor de Ouro F. C., reserva do primeiro quadro, mas um dia foi expulso por falta de pagamento[4].

---

[3] Famoso ator do início do século, que arrancava suspiros das mulheres daquele tempo.

[4] Há toda uma seqüência de ações, desde o roubo no jogo de bolinhas a fumar, desde cantar bem a vaiar o professor, que procuram caracterizar um menino esperto, ladino, pouco afeito à obediência cega.

Quando completou vinte anos, brigou com o cunhado e foi trabalhar de cobrador na Companhia Autoviação Gabrielle d'Annunzio.

Ao ingressar no Tiro-de-Guerra, teve uma briga com um colega que não cantava o Hino Nacional e ainda debochava. Discutiram, ofenderam-se e Aristodemo meteu-lhe a mão. O sargento escuta as explicações de Aristodemo e promete investigar. A seqüência narrativa vem através da:

"Ordem do Dia

DE CONFORMIDADE COM O ORDENADO PELO EXMO SR. DR. PRESIDENTE DESTE TIRO-DE-GUERRA E DEPOIS DE OUVIR SEIS TESTEMUNHAS OCULARES E AUDITIVAS ACERCA DO DEPLORÁVEL FATO ONTEM ACONTECIDO NESTA SEDE DO QUAL RESULTOU LEVAR UMA LAPADA NA FACE DIREITA O INSCRITO GUILHERME SCHWERTZ, Nº 81, COMUNICO QUE FICA O CITADO INSCRITO GUILHERME SCHWERTZ, Nº 81, DESLIGADO DAS FILEIRAS DO EXÉRCITO, DIGO, DESTE TIRO-DE-GUERRA, VISTO TER-SE MOSTRADO INDIGNO DE OSTENTAR A FARDA GLORIOSA DE SOLDADO NACIONAL PELAS INJÚRIAS INFAMÉRRIMAS QUE OUSOU LEVANTAR CONTRA A HONRA IMACULADA DA MULHER BRASILEIRA E PRINCIPALMENTE DA MÃE, ACRESCENDO QUE COMETEU SEMELHANTE ATO DELITUOSO CONTRA A HONRA NACIONAL NO MOMENTO SAGRADO EM QUE SE CANTAVA NESTA SEDE O NOSSO IMORTAL HINO NACIONAL. COMUNICO TAMBÉM QUE POR NECESSIDADE DE DISCIPLINA, QUE É O ALICERCE EM QUE SE FIRMA TODA CORPORAÇÃO MILITAR, O INSCRITO ARISTODEMO GUGGIANI, Nº 117, ÚNICO RESPONSÁVEL PELA LAPADA ACIMA REFERIDA ACOMPANHADA DE EQUIMOSES GRAVES, FICA SUSPENSO POR UM DIA A PARTIR DESTA DATA. *DURA LEX SED LEX*. APROVEITO PORÉM NO ENTRETANTO A FELIZ OPORTUNIDADE PARA APONTAR COMO EXEMPLO O SUPRACITADO INSCRITO ARISTODEMO GUGGIANI, Nº 117, QUE DEVE SER SEGUIDO SOB O PONTO DE VISTA DO PATRIOTISMO, EMBORA COM MENOS VIOLÊNCIA APESAR DA LIMPEZA, DIGO, DA LIMPIDEZ DAS INTENÇÕES.

APROVEITO AINDA A OPORTUNIDADE PARA DECLARAR QUE FICA EXPRESSAMENTE PROIBIDO NO PÁTIO DESTA SEDE O JOGO DE FUTEBOL. AQUI SÓ DEVEMOS CUIDAR DA DEFESA DA PÁTRIA!

Por orientação do sargento e com seu aplauso, Aristodemo sai da empresa Gabrielle d'Annunzio e vai trabalhar na Sociedade de Transportes Rui Barbosa, Ltda. Na mesma linha: Praça do Patriarca - Lapa.[5]

Comentário:

É comum nas narrativas de Alcântara Machado a incorporação de gêneros não literários como o cartão de propaganda, o bilhete ou carta. Nesse conto, ele

[5] Complementando o patriotismo de Aristodemo, sugere o sargento que ele mude de emprego, procurando outro mais brasileiro, mais nacional. (Compare este conto com "Nacionalidade".)

insere a "ordem do dia", absolutamente integrada como sempre faz também com os outros casos. A ficção de Alcântara Machado, com tais inserções, não só incorpora técnicas das vanguardas européias, como objetiva fazer o registro do viver urbano paulista no início do século XX.

AMOR E SANGUE

Nicolino, aborrecido, entra na barbearia, coloca seu jaleco branco e fica esperando fregueses. Nem dá atenção ao seu Salvador. Entra o Temístocles da prefeitura e pede ao Salvador para fazer uma barba bem caprichada. Enquanto o barbeiro trabalha, fica falando da notícia de um crime passional que leu no jornal. Salvador toma o partido do assassino, acreditando que ele tenha razão. Temístocles protesta:

"*– Qual tinha razão, seu! Bandido! Drama de amor cousa nenhuma. E amanhã está solto. Privações de sentidos. Júri indecente, meu Deus do céu! Salvador, Salvador... – cuidado aí que tem uma espinha – ... este país está perdido*!"[6] (p.23)

Grazia, a moça que Nicolino ama, não quer mais saber dele. Ele insiste, mas nada consegue. Ameaça matar-se, mas ela não se comove. Então ele a apunhala, dizendo depois ao ser preso: "*Eu matei ela porque estava louco, Seu Delegado!*" No dia seguinte todos os jornais estampam essa frase, que fora dita entre lágrimas e vira letra de música:

"*Eu estava louco,*
Seu Delegado!
Matei por isso,
Sou um desgraçado!" (p.24)

Comentário:
Pela forma como a narrativa está estruturada, embora o narrador não diga, deixando em aberto, é fácil o leitor perceber que o ato da personagem foi sugerido pela notícia de jornal comentada por Temístocles.

A SOCIEDADE (na íntegra)

"– Filha minha não casa com filho de **carcamano**[7]!

A esposa do Conselheiro José Bonifácio de Matos e Arruda disse isso e foi brigar com o italiano das batatas. Teresa Rita misturou lágrimas com gemidos e entrou no seu quarto batendo a porta. O Conselheiro José Bonifácio limpou as unhas com o palito, suspirou e saiu de casa abotoando o fraque.

O esperado grito do cláxon fechou o livro de Henri Ardel e trouxe Teresa Rita do escritório para o terraço.[8]

---

[6] Essa intercalação de uma frase, sobre fato que ocorre, enquanto a personagem fala, é comum no discurso de Alcântara Machado. Tal recurso reforça o aspecto estilístico da fragmentação.

[7] Alcunha jocosa com que se designava os italianos, hoje pouco usada.

[8] O esperado som da buzina do carro faz com que a moça interrompa a leitura e apareça no terraço.

O **Lancia**[9] passou como quem não quer. Quase parando. A **mão enluvada**[10] cumprimentou com o chapéu Borsalino. Uiiiiia-uiiiiiia![11] Adriano Melli calcou o acelerador. Na primeira esquina fez a curva. Veio voltando. Passou de novo. Continuou. Mais duzentos metros. Outra curva. Sempre na mesma rua. Gostava dela. Era a Rua da Liberdade.[12] Pouco antes do número 259-C já sabe: uiiiiia-uiiiiia!

– O que você está fazendo aí no terraço, menina?

– Então nem tomar um pouco de ar eu posso mais?

Lancia Lambda, vermelhinho, resplendente, pompeando na rua. Vestido do Camilo, verde, grudado à pele, serpejando no terraço.[13]

– Entre já para dentro ou eu falo com seu pai quando ele chegar!

– Ah meu Deus, meu Deus, que vida, meu Deus!

Adriano Melli passou outras vezes ainda. Estranhou. Desapontou. Tocou para a Avenida Paulista.[14]

Na orquestra o negro de casaco vermelho afastava o saxofone da beiçorra para gritar:

Dizem que Cristo nasceu em Belém...

Porque os pais não a haviam acompanhado (abençoado furúnculo inflamou o pescoço do Conselheiro José Bonifácio) ela estava achando um suco aquela vesperal do Paulistano. O namorado ainda mais.

Os pares dançarinos maxixavam colados. No meio do salão eram um bolo tremelicante. Dentro do círculo palerma de mamãs, moças feias e moços enjoados. A orquestra preta tonitroava. Alegria de vozes e sons. **Palmas**[15] contentes prolongaram o maxixe. O banjo é que ritmava os passos.

– Sua mãe me fez ontem uma desfeita na cidade.

– Não!

– Como não? Sim senhora. Virou a cara quando me viu.

... mas a história se enganou!

---

[9] Alcântara Machado é o mestre da metonímia. Em vez de dizer o rapaz, ou o carro, emprega a marca do carro. Note-se que em vez de dizer que o rapaz passa com jeito de indiferente é o carro que passa como quem nada quer.

[10] Metonímia ou sinédoque, que consiste no emprego de um termo por outro por uma relação de contigüidade. Aqui emprega "mão enluvada" em vez de homem que estava com a mão enluvada.

[11] Emprego de onomatopéia, imitação ou reprodução de sons.

[12] É importante observar com que freqüência o autor se vale do emprego abusivo e constante de frases curtíssimas, criando um discurso fragmentado, de pedaços, como se fosse um quadro cubista.

[13] É marcante o caráter cinematográfico da narrativa. Logo após um *close* no carro, índice de condição econômica do rapaz e arma de sedução, a câmara dirige seu foco para a moça que também está expondo sua arma, o colorido e justo vestido, que se destaca também como num *close*.

[14] Sempre que o autor emprega o duplo espaçamento, quer com isso dizer que vai haver uma mudança significativa de tempo, ou de espaço ou de ambos.

[15] Emprego de metonímia, ou seja, um termo no lugar do outro por relação de contigüidade. Não são as palmas que estão contentes, mas as pessoas que bateram palmas.

As meninas de ancas salientes riam porque os rapazes contavam episódios de farra muito engraçados. O professor da Faculdade de Direito citava Rui Barbosa para um sujeitinho de óculos. Sob a vaia do saxofone: tururuiru-turururum!

– Meu pai quer fazer um negócio com o seu.

– Ah sim?

Cristo nasceu na Bahia, meu bem...

O sujeitinho de óculos começou a recitar Gustave Le Bon mas a destra espalmada do catedrático o engasgou. Alegria de vozes e sons.

...e o baiano criou!

– Olhe aqui, Bonifácio: se esse carcamano vem pedir a mão de Teresa para o filho, você aponte o olho da rua para ele, compreendeu?

– Já sei, mulher, já sei.[16]

Mas era cousa muito diversa.

O *Cav. Uff.* (Cavaleiro Oficial) Salvatore Melli alinhou algarismos torcendo a bigodeira. Falou como homem de negócios que enxerga longe. Demonstrou cabalmente as vantagens econômicas de sua proposta.

– O doutor...

– Eu não sou doutor, Senhor Melli.

– *Parlo* assim para facilitar. *Non* é para ofender. *Primo* o doutor pense bem. E *poi* me dê a sua resposta. *Domani, dopo domani*, na outra semana quando quiser. *Io* resto à sua disposição. *Ma* pense bem!

Renovou a proposta e repetiu os argumentos pró. O conselheiro possuía uns terrenos em São Caetano. Cousas de herança. Não lhe davam renda alguma. O *Cav. Uff.* tinha a sua fábrica ao lado. 1.200 teares. 36.000 fusos. Constituíam uma sociedade. O conselheiro entrava com os terrenos. *O Cav. Uff.* com o capital. Arruavam os trinta alqueires e vendiam logo grande parte para os operários da fábrica. Lucro certo, mais que certo, garantidíssimo.

– É. Eu já pensei nisso. Mas sem capital o senhor compreende é impossível...

– P*er Bacco*, doutor! Mas *io* tenho o capital. O capital *sono io*. O doutor entra com o terreno, mais nada. E o lucro se divide no meio.

O capital acendeu um charuto. O conselheiro coçou os joelhos disfarçando a emoção. A negra de broche serviu o café.

– *Dopo* o doutor me dá a resposta. *Io* só digo isto: pense bem.

O **capital**[17] levantou-se. Deu dois passos. Parou. Meio embaraçado. Apontou para um quadro.

– Bonita pintura!

Pensou que fosse obra de italiano. Mas era de francês.

– *Francese*? Não é feio *non*. Serve.

---

[16] Note-se que o diálogo entre marido e mulher a propósito do namoro da filha deve estar ocorrendo na casa deles, na Liberdade, no mesmo momento em que ela dança com o rapaz na Paulista. É a fragmentação e simultaneidade própria do cinema e incorporada pela estética modernista.

[17] O emprego metonímico de "capital" (coisa possuída) no lugar de homem ou italiano (seu possuidor) adquire aqui um efeito excelente na caracterização da personagem.

Embatucou. Tinha qualquer cousa. Tirou o charuto da boca, ficou olhando para a ponta acesa. Deu um balanço no corpo. Decidiu-se.

– Ia *dimenticando* de dizer. O meu filho fará o gerente da sociedade... Sob a minha direção, *si capisce*.

– Sei, sei... O seu filho?

– *Si*. O Adriano. O doutor... *mi pare... mi pare* que conhece ele?

O silêncio do conselheiro desviou os olhos do *Cav. Uff.* na direção da porta.

– Repito *un'altra vez*: o doutor pense bem.

O Isotta Fraschini esperava-o todo iluminado.

– E então? O que devo responder ao homem?

– Faça como entender, Bonifácio...

– Eu acho que devo aceitar.

– Pois aceite...

E puxou o lençol.[18]

A outra proposta foi feita de fraque e veio seis meses depois.

O Conselheiro José Bonifácio de Matos e Arruda e senhora têm a honra de participar a V. Exa. e Exma família o contrato de casamento de sua filha Teresa Rita com o Sr. Adriano Melli. Rua da Liberdade, n. 259-C.	*O Cav. Uff. Salvatore Melli e senhora têm a honra de participar a V. Exa. e Exma família o contrato de casamento de seu filho Adriano Melli com a Senhorinha Teresa Rita de Matos Arruda. Rua da Barra Funda, n. 427.*

S. Paulo, 19 de fevereiro de 1927.[19]

No chá do noivado o *Cav. Uff.* Melli na frente de toda a gente recordou à mãe de sua futura nora os bons tempinhos em que lhe vendia cebolas e batatas, Olio di Lucca e bacalhau português, quase sempre fiado e até sem caderneta."[20]

---

[18] Aqui o autor substituiu o duplo espaçamento em branco para indicar mudança de tempo, empregando a ação de puxar o lençol para mostrar que o casal está na cama, logo já houve mudança de tempo e de espaço.

[19] É freqüente em Alcântara Machado a incorporação de gêneros não literários, como convite de casamento ou panfleto de propaganda. A colagem é um recurso típico do Modernismo.

[20] Há tanto o que observar nesse fragmento final, mas, para não sermos cansativos, fiquemos só com o toque de humor, a revelação do orgulho paulista minado pela decadência e econômica e o traço pitoresco do imigrante sem elegância, cheio do dinheiro, mas sem nenhum tato ou discrição para o trato social. Por outro lado, seu mesmo gesto pode ser tomado como demonstração de um coração simples, de uma pessoa sem "pose", natural.

Comentário:
É importantíssimo observar, nesse conto, como o autor fragmenta o discurso em pedaços ao modo de azulejos que formam um mosaico. Vejam na descrição do baile, a canção do negro da orquestra é recortada e, entre seus versos, são inseridos os fragmentos que descrevem cenas do salão, enquanto outros fragmentos mostram a disposição da mãe contra o namoro da filha com o filho do italiano. É louvável o modo inteligente como, no final, se justifica o título em suas duas possíveis interpretações: denotativa, com o paulista unindo-se ao italiano para o negócio do terreno; conotativa, com o casamento dos filhos, associando-se assim o paulista de tradição e o imigrante.

LISETTA

A menina Lisetta subiu no bonde e logo viu um urso no colo de uma menina de pulseira de ouro e meias de seda. Colocou o pirulito na boca, mas não chupou, tal o encantamento em que ficou por causa do ursinho que mexia as pernas e a cabeça.

"Lisetta sentia um desejo louco de tocar no ursinho. Jeitosamente procurou alcançá-lo. A menina rica percebeu, encarou a coitada com raiva, fez uma careta horrível e apertou contra o peito o bichinho que custara cinqüenta mil-réis na Casa São Nicolau." (p.29)

Dona Mariana, mãe de Lisetta, sempre admoestando-a em italiano (*Stai ferma, in casa me lo pagherai*), acaba dando-lhe um beliscão, com o que a menina põe-se a chorar alto. A mãe fica mais nervosa e ameaça: "*Stai ferma o ti amazzo, parola d'onore!*".

A menina rica, ao descer, mostrou acintosamente o urso para Lisetta, só de maldade. Ao chegar em casa, dona Mariana bate muito na filha, começando com safanão, depois tabefes e finalmente as chineladas, assistidas de longe pela gurizada de nariz escorrendo, pernas arranhadas e suspensórios feitos de barbante. Lisetta é socorrida por Hugo que lhe dá um ursinho de lata.

"Lisetta deu um pulo de contente. Pequerrucho. Pequerrucho e de lata. Do tamanho de um passarinho. Mas urso.

Os irmãos chegaram-se para admirar. O Pasqualino quis logo pegar no bichinho. Quis mesmo tomá-lo à força. Lisetta berrou como uma desesperada:

– Ele é meu! O Ugo me deu!

Correu para o quarto. Fechou-se por dentro." (p.30)

Comentário:
Cinematograficamente, logo na primeira frase, o narrador revela a condição social por um *close* em partes que revelam o todo: a pulseira de ouro e as meias de seda são índices da condição econômica superior da menina do urso. Nome de lojas e de produtos fazem parte da modernidade da linguagem de Alcântara Machado, mas, ao mesmo tempo, tornam sua obra datada demais e de leitura difícil aos leitores de hoje. Apesar de o autor ter avisado no "artigo de fundo" que não aprofundaria nada, que não tomaria posição política, não podemos deixar

de perceber que, tanto aqui como em outros contos, ele se contradiz ao focalizar com destaque a criança marginalizada pelo adulto, pela cidade e pela condição econômica, sendo levada ao sofrimento e à desilusão muito cedo.

CORINTHIANS (2) VS. PALESTRA (1)

"Prrrrrii!

– Aí, Heitor!

A bola foi parar na extrema esquerda. Melle desembestou com ela. A arquibancada pôs-se em pé. Conteve a respiração. Suspirou:

– Aaaah!

Miquelina cravava as unhas no braço gordo da Iolanda. Em torno do trapézio verde a ânsia de vinte mil pessoas. De olhos ávidos. De nervos elétricos. De preto. De branco. De azul. De vermelho.

Delírio futebolístico no Parque Antártica.

Camisas verdes e calções negros corriam, pulavam, chocavam-se, embaralhavam-se, caíam, cotorcionavam-se, esfalfavam-se, brigavam. Por causa da bola de couro amarelo que não parava, que não parava um minuto, um segundo. Não parava." (p.31)

Rocco comete um pênalti, Biagio cobra e marca o gol da vitória. Miquelina sai arrasada, murcha dentro de sua tristeza.

Comentário:
Assim o narrador, que procura destacar o objeto da narração e não a si mesmo (como costumam fazer os narradores criados por Machado de Assis), vai descrevendo e narrando uma partida de futebol a que assiste Miquelina. Ela torce pelo Palestra. Mas, antes, namorara o Biagio, do Corinthians. Rompeu com ele, porém, e passou a namorar o Rocco e a torcer para o Palestra.

NOTAS BIOGRÁFICAS DO NOVO DEPUTADO

O coronel Juca manifesta certa preocupação ao jantar e sua esposa Nequinha indaga o porquê. Ele tira do bolso uma carta do administrador de sua fazenda Santa Inácia e lê:

"Exmo. Sr. Coronel Juca. Respeitosas saudações. Em primeiro lugar saudo-vos. V. Excia. e D. Nequinha. Coronel venho por meio desta respeitosamente comunicar para V. Excia. que o cafezal novo agradeceu bastante as chuvarada desta semana. (...) Me acho doente diversos incômodos divido o serviço. (...) Em último lugar vos comunico que o seu compadre João Intaliano morreu (...) segunda que passou de uma anemia nos rim. Por esses motivo recolhi em casa o vosso afilhado e 'orpham' Gennarinho. 'Pesso' para V. Excia. que me mande dizer o 'distino' ..." (p.57/58)

Consulta a mulher, que se revela cautelosa a princípio, mas finalmente acabam mandando buscar o menino. "Gennarinho desceu na estação da Sorocabana com o nariz escorrendo. Todo chibante. De chapéu vermelho.

Bengalinha na mão. Rebocado pelo filho mais velho do administrador. E com uma carta para o Coronel J. Peixoto de Faria." (58)

O casal afeiçoa-se ao menino, tratando-o como filho e, como tal, matriculando-o em importante colégio daquele tempo. Após deixar o menino na escola, em seu primeiro dia de aula, o coronel sai pensando em seu futuro. "O Coronel seguiu para o São Paulo Clube pensando em fazer testamento." (p.62) (Para as transcrições desse conto, empregamos a edição da Nova Alexandria, de 1996.)

Comentário:
Mais uma vez, temos o italiano sendo assimilado pela família paulista tradicional. O menino, que parecia destinado a uma vida pobre e triste, ao ter a desgraça de ficar órfão, como que decidiu seu futuro ao captar a simpatia de seu padrinho, que o adota e destina seu amor e seus bens. O menino do relato é o deputado do título. É como se o conto fosse o esboço para a biografia de um homem recentemente eleito para deputado.

O MONSTRO DE RODAS

"O Nino apareceu na porta. Teve um arrepio. Levantou a gola do paletó.

– Ei, Pepino! Escuta só o frio!

Na sala discutiam agora a hora do enterro. A Aída achava que de tarde ficava melhor. Era mais bonito. Com o filho dormindo no colo Dona Mariângela achava também. A fumaça do cachimbo do marido ia dançar bem em cima do caixão.

– Ai, Nossa Senhora! Ai, Nossa Senhora!

Dona Nunzia descabelada enfiava o lenço na boca.

– Ai, Nossa Senhora! Ai, Nossa Senhora!

Sentada no chão a mulata oferecia o copo de água de flor de laranja." (p.39)

O narrador vai registrando cada gesto ou palavra das pessoas envolvidas no velório de uma criança ("caixãozinho cor-de-rosa"). As pessoas não parecem muito emocionadas, muito chocadas com a morte da menina, menos Dona Nunzia. Os comportamentos parecem apenas o cumprimento de mera formalidade, desde os músicos que passam na rua e silenciam seus instrumentos ao passarem frente à casa, até o **grilo**[21] que faz continência, quando passa o cortejo fúnebre. Após o enterro, voltam à sua vida rotineira.

"Aída voltou com a chave do caixão presa num lacinho de fita. Encontrou

[21] Termo empregado antigamente para designar o guarda de trânsito, provavelmente por causa de seu apito de som agudo, estridente.

Dona Nunzia sentada na beira da cama olhando o retrato que a GAZETA publicara. Sozinha. Chorando.

– Que linda que era ela!

– Não vale a pena pensar mais nisso, Dona Nunzia...

O pai tinha ido conversar com o advogado." (p.41)

Comentário:
Perfeita crônica do comportamento popular, registro vivo e dinâmico de um enterro, que simultaneamente é um retrato crítico dos adultos indiferentes à desgraça da criança.

ARMAZÉM PROGRESSO DE SÃO PAULO

"O armazém do Natale era célebre em todo o Bexiga por causa deste anúncio:

Aviso às Excelentíssimas Mães de Família!
O
Armazém Progresso de São Paulo
DE
NATALE PIENOTTO
TEM ARTIGOS DE TODAS AS QUALIDADES
DÁ-SE UM CONTO DE RÉIS A QUEM PROVAR
O CONTRÁRIO

N. B. - Jogo de bocce com serviço de restaurante nos fundos.

Isso em letras formidáveis na fachada e em prospectos entregues a domicílio."

O filho do doutor da esquina questiona a propaganda com humor e consegue cigarro em troca, além da explicação do comerciante de que aquilo é para enganar os trouxas. Continua o narrador a mostrar não só a rotina de trabalho do Natale em seu comércio, mas também o modo como ele fica atento a todas as informações, como no caso da situação do português, dono da Confeitaria Paiva Couceiro, que está em dificuldades. Sua mulher está grávida, com outro filhinho no colo, e ele está com renques de cebolas empatadas e com preço baixo. Natale fica sabendo que o preço da cebola vai subir, por isso vai ao português e arremata todas por um preço barato.

NACIONALIDADE

O barbeiro Tranquillo Zampinetti da Rua do Gasômetro era apaixonado pela Itália. Acompanhava com entusiasmo os comunicados de guerra que apareciam no Fanfulla. Lia em voz alta. Seu desgosto patriótico e doméstico era que os meninos, Lorenzo e Bruno, não queriam saber de aprender o italiano.

Quando chamava o Bruno em italiano, fazia-o muitas vezes e de diversos modos sem que o menino demonstrasse qualquer reação. Por fim perdia a calma e vociferava: “Stai attento que ti rompo la faccia, figlio d’un cane sozzaglione, che non sei altro!” e partia para uma boa surra. O rebelde do menino contestava: “Pode ofender que eu não entendo! Mamãe! Mamãe! MAMÃE!”

O crescimento dos filhos e o progresso de seu patrimônio vão diminuindo seu fervor patriótico e seu desejo de voltar para a Itália.

“Quando o Bruno bacharel em Ciências Jurídicas e Sociais pela Faculdade de Direito de São Paulo ao sair do salão nobre no dia da formatura caiu nos seus braços Tranquillo Zampinetti chorou como uma criança.

No pátio a banda da Força Pública (gentilmente cedida pelo doutor Secretário da Justiça) terminava o hino acadêmico. A estudantada gritava para os visitantes:

– Chapéu! Chapéu-péu-péu!

E maxixava sob as arcadas.

Tranquillo empurrou o filho com fraque e tudo para dentro do automóvel no Largo de São Francisco e mandou tocar a toda para casa.

Dona Emília estava mexendo na cozinha quando o filho do Lorenzo gritou no corredor:

– Vovó! Vovó! Venha ver o tio Bruno de cartola!

Tremeu inteirinha. E veio ao encontro do filho amparada pelo Lorenzo e pela nora.

– Benedetto pupo mio!

Vendo os cinco chorando abraçados o filho do Lorenzo abriu também a boca.

O primeiro serviço profissional do Bruno foi requerer ao Ex.mo Sr. Dr. Ministro da Justiça e Negócios Interiores do Brasil a naturalização de Tranquillo Zampinetti, cidadão italiano residente em São Paulo.”(p.49)

V - ESTRUTURA DA OBRA

O livro é composto de 11 contos, mantendo uma característica fundamental do gênero que é a densidade. Todos são curtos e apresentam os elementos mínimos indispensáveis, sem alongar-se em qualquer descrição de cenário ou de personagem. Apresenta apenas os dados essenciais para que a narrativa possa ancorar no espaço desejado, valorizando o mapeamento da cidade, por isso, são freqüentes as citações de nome de ruas e de bairros.

O espaço é essencialmente urbano, com suas dificuldades e com a luta das pessoas para nele se adaptarem. Podemos dividi-lo em espaço interno, fechado, mostrando as pessoas em casa, no seu viver cotidiano, seja numa condição não muito comum, como o velório, seja na rotina diária, como uma refeição ou conversação informal.

O tempo é cronológico e alguns contos apresentam unidade de tempo, como: Lisetta, Corinthians (2) Vs. Palestra (1), O monstro de rodas, Armazém Progresso de São Paulo, desenvolvendo-se a ação num só dia. Outros contos, porém, já não apresentam essa unidade, com a ação alongando-se por mais de um dia, numa seqüência revelada de modo elíptico, muitas vezes representado simbolicamente pela duplicação do espaço em branco, que separa um parágrafo do outro, uma ação da outra, num corte cinematográfico. Exemplo disso são os contos: Gaetaninho, Carmela, Tiro-de-guerra Nº 35, Amor e sangue, A sociedade, Nacionalidade.

As personagens são apresentadas de modo sumário, rápido e quase superficial, embora não seja uma caricatura, apesar do humor. Alguns são verdadeiros tipos como Carmela e Salvatore Melli, mas outros também apresentam uma base psicológica como Gaetaninho.

O foco narrativo é sempre de terceira pessoa, procurando o narrador manter-se sempre à distância como se fosse uma câmara cinematográfica. Há narradores que, ao registrar os fatos, dão sua opinião, seu julgamento ou avaliação do que acontece. Em Alcântara Machado isso jamais acontece. Nele, a modernidade revela-se através do jogo de fragmentos, como no caleidoscópio, reunindo *flashes* da vida urbana de imigrantes e paulistas tradicionais numa cidade em franco processo de crescimento.

VI - ESTILO DE ÉPOCA E ESTILO INDIVIDUAL

O Modernismo brasileiro teve sua origem nas vanguardas européias, principalmente nas experiências com a linguagem e na crítica às rígidas estruturas mentais das velhas gerações. As principais experiências vanguardistas são:

– 1906 - Cubismo, pintura, movimento estético liderado por Braque e Pablo Picasso, que evitam a arte mimética, partindo para a fragmentação do objeto retratado e para a eliminação da perspectiva.

– 1907 - Dodecafonismo, na música, liderado por Schoenberg.

– 1909 - Futurismo, lançado em Paris pelo italiano Marinetti, que prega o fim da temática lírica passadista, preconizando uma arte voltada para os elementos que compõem a vida urbana moderna do século XX. Trecho do manifesto de Marinetti:

"Adiante os bons incendiários de dedos carbonizados! Aqui! Aqui! Queimai com fogo de vossos raios as bibliotecas. Desviai o curso dos canais para inundar os sótãos dos museus! Que nadem aqui e ali as telas gloriosas! Mãos aos martelos e picaretas! Abalai os cimentos das cidades vulneráveis. Um automóvel de corrida é mais belo que a Vitória de Samotrácia. O tempo e o espaço morreram ontem. Vivemos já no absoluto, pois criamos a eterna velocidade onipresente. Desejamos demolir os museus e as bibliotecas."

– 1916 - Dadaísmo, movimento libertário na arte, liderado por Tristán Tzara, que determina o fim de quaisquer regras e defende a absoluta liberdade e originalidade do artista. Considerado como fruto da selvageria da Primeira Guerra, esse movimento levanta-se fundamentalmente contra as convenções estéticas, contra as formas de organização social, contra o passado, contra tudo, num impulso de revolta e destruição.

– 1924 - Surrealismo, movimento liderado por André Breton, que, com base nas idéias de Freud, defende uma arte voltada para a utilização do inconsciente. O nome que mais se destacou, nessa linha estética, foi o do genial pintor Salvador Dalí.

Como resultado da fusão das propostas vanguardistas européias e de um desenvolvimento próprio nasceu o nosso Modernismo, que na sua fase heróica, à semelhança do Romantismo, marcou-se pela rebeldia e pela liberdade. Por isso, rejeitou as normas estéticas do passado, principalmente do Parnasianismo, e lutou pela liberdade, pelo direito à pesquisa e ao experimentalismo.

Como resultado, surgiu na poesia o verso livre, descobriu-se uma nova utilização da linguagem, mais coloquial, buscando um falar mais brasileiro e desrespeitando as normas de uma gramática muito lusitana e pedante para o gosto dos autores modernos.

Aproximou-se a poesia da prosa e vice-versa. Esse rompimento entre os limites da prosa e da poesia ocorreu também quanto aos gêneros literários tradicionais. Outros traços estéticos marcantes da modernidade foram a fragmentação e simultaneidade, o nacionalismo e o humor, assim como a crítica à burguesia.

Leia os dois fragmentos seguintes para ter uma visão de como os modernistas, sejam europeus ou brasileiros, apresentavam suas idéias:

TEXTO 1

(Trecho do Manifesto Técnico da Literatura Futurista)

"– a destruição da sintaxe, com os substantivos dispostos ao acaso (palavra em liberdade);

– o emprego do verbo no infinitivo para que se adapte elasticamente ao substantivo e possa dar o sentido de continuidade e da intuição que nele se percebe;

– abolição do adjetivo, para que o substantivo guarde sua cor essencial;

– abolição do advérbio, que empresta à frase uma cansativa unidade de tom;

– que cada substantivo venha imediatamente seguido de outro, analógico: homem-torpedeiro, multidão-ressaca;

– supressão dos elementos de comparação, "como", "parecido com";

– substituição dos sinais tradicionais de pontuação por signos matemáticos X, - , +, = , < > e pelos sinais musicais." (1912)

TEXTO 2

(Trecho de *A escrava que não é Isaura*, de Mário de Andrade)

"Começo por conta de somar:

Necessidade de expressão + necessidade de comunicação + necessidade de ação + necessidade de prazer = Belas Artes."

(...)

"O que realmente existe é o subconsciente enviando à inteligência telegramas e mais telegramas..."(...) "E o poeta lança a palavra solta no papel. É o leitor que se deve elevar à sensibilidade do poeta não é o poeta que se deve baixar à sensibilidade do leitor. Pois que este traduza o telegrama!" (1922)

A prosa de Alcântara Machado, imbuída das propostas modernistas, é considerada leve e bem-humorada. Sua linguagem é vigorosa, evitando a perfumaria e o ornamentalismo, bastante comuns no final do século passado e no início do século XX. Alcântara Machado procura sempre empregar o termo direto e utilizar o nome exato das coisas e objetos. Por causa dessa técnica, temos a impressão de que sua frase é telegráfica, sem exagero dramático.

Evitar ao máximo qualquer impressão de pedantismo, seriedade ou gravidade parece ter sido uma de suas grandes preocupações. Junto a esta, ou até maior que esta, era o seu desejo de fundir a língua do imigrante italiano com o falar brasileiro, gerando um falar ítalo-brasileiro, intimamente amalgamado com as sugestões da paisagem urbana e as reações emotivas do novo brasileiro que surgia dos bairros de São Paulo que dão título à obra objeto desta análise.

Outro aspecto de destaque de sua obra é a linguagem elíptica e cinematográfica, valendo-se muito do efeito de corte e simultaneidade, de sinédoques ou metonímias.

EXEMPLOS:

1. Falar ítalo-brasileiro:
– "Stai ferma o ti amazzo, parola d'onore!". (de "Lisetta")
– "– Ia *dimenticando* de dizer. O meu filho fará o gerente da sociedade... Sob a minha direção, *si capisce*." (de "A Sociedade")

2. Metonímias ou sinédoques:
– "Chapéus cumprimentavam dos ônibus, dos bondes." (Pessoas tiravam seus chapéus e com eles enviavam seus cumprimentos.) (p.41)
– "O violão e a flauta recolhendo de farra emudeceram respeitosamente na calçada." (p.40) (Os músicos foram substituídos pelos instrumentos que estão tocando.)

3. Fragmentação e simultaneidade:
"A negra de sandália sem meia principiou a segunda volta do terço.
– Ave Maria, cheia de graça, o Senhor...
Carrocinhas de padeiro derrapavam nos paralelepípedos da Rua Sousa Lima. Passavam cestas para a feira do Largo do Arouche. Garoava na madrugada roxa.
– ... da nossa morte. Amém. Padre Nosso que estais no Céu...
O soldado espiou da porta. Seu Chiarini começou a roncar muito forte. Um bocejo. Dois bocejos. Três. Quatro.
– ... de todo o mal. Amém." (p.40) (de "O Monstro de rodas".

Embora tenha recebido influência da prosa renovadora de Oswald de Andrade, Alcântara Machado revela-se mais espontâneo e comunicativo do que seu modelo. Sempre atento aos pressupostos fundamentais da Semana de Arte Moderna, ele tornou-se o melhor divulgador, em linguagem jornalística, das posturas iconoclastas e da agressiva ironia com que o Movimento, na sua primeira fase, fez o processo de revisão da nossa literatura e da própria realidade brasileira. Vejam esse fragmento, extraído de Cavaquinho e saxofone:

"Mas tudo isso não tem importância. O que tem é o fato de certos cavalheiros haverem resolvido usar do modernismo como de uma tintura para cabelos, por exemplo. Besuntaram-se com ele e ficaram convencidos de sua modernidade. Convencidíssimos.

Esses, sim, são nefastos e merecem ser enforcados na praça pública.

Por mais que se lhes diga e repita que o modernismo não é moda nem convenção, mas sim estado de espírito, eles insistem em se declararem modernos. Pensam que só pelo fato de darem títulos exóticos e longos aos seus romances, de fabricarem as suas peças teatrais de modo absurdo, de não usarem rimas nem versos medidos passam a ser furiosamente vanguardistas.

(...)

São assim. Umas cavalgaduras. Legítimas."

VII - PROBLEMÁTICA E PRINCIPAIS TEMAS

Os temas mais recorrentes nos contos da obra em análise são:

• A luta do Italiano pobre para conseguir seu dinheiro ("Tiro-de-Guerra Nº 35", "Nacionalidade").

• Ascensão social do italiano ("Notas Biográficas do Novo Deputado", "Nacionalidade").

• Integração do italiano com o brasileiro ("A Sociedade").

• O despreparo da cidade e dos adultos com relação à criança que não tem um espaço adequado nem uma atenção necessária, quebrando a cara e a cabeça ("Gaetaninho", "O Monstro de Rodas").

• Crítica social – Embora tenha avisado no "artigo de fundo" que não faria crítica ou denúncia social, podemos dizer que não é verdade, embora não o faça como narrador, mas coloca na boca das personagens várias pílulas críticas como em "O Monstro de Rodas", quando alguém comenta: "Não conhece a podridão da nossa imprensa. Que o quê, meu nego. Filho de rico manda nesta terra que nem a Light. Pode matar sem medo. É ou não é, seu Zamponi?"

• Obra datada – Sua obra fica prejudicada por determinadas técnicas que tornam a obra muito datada, dificultando para os leitores jovens de hoje a sua total apreensão. Algumas dessas técnicas são:

– emprego de gírias que já foram esquecidas (estava achando um suco = achava muito bom);

– nome de produtos que deixaram de ser fabricados (cláxon);

– o mapeamento da cidade de São Paulo (Rua do Gazômetro, Rua do Oriente);

– nomes de firmas ou de lojas que deixaram de existir (vestido do Camilo, Ao Chic Parisiense);
– referências a fatos ou acontecimentos que desapareceram da memória de quase todo mundo.

BIBLIOGRAFIA CONSULTADA

Machado, Antônio de Alcântara. *Novelas paulistanas.* 1976, RJ: José Olympio. (Livro utilizado como referência para citações.)

Machado, Antônio de Alcântara. *Brás, Bexiga e Barra Funda.* 1996, SP: Nova Alexandria.

Teles, Gilberto Mendonça. *Vanguarda européia e Modernismo brasileiro.* 1973, RJ: Vozes.

ANGÚSTIA (1936)

de Graciliano Ramos
por Geraldo Chacon

I – BIOGRAFIA

Graciliano Ramos nasceu em Quebrangulo, interior de Alagoas, aos 27 de outubro de 1892. De 1894 a 1910 mudou-se diversas vezes, com a família, morando no interior do Estado natal e em Pernambuco. Passou a maior parte da infância e adolescência no interior de Alagoas. Em sua *Infância*, obra de memórias, Graciliano confessa que não viveu bem com os pais, sentindo-se um "bezerro-encourado", quer dizer, um filho desprezado. É fácil entender seu sentimento se levarmos em conta que era o primogênito de uma família que tinha dezesseis filhos.

Influenciado por um professor, dedicou-se à leitura muito cedo e gostava de contar histórias para os freqüentadores da venda do pai. Paralelamente aos livros mais superficiais, de seu próprio gosto, seu professor impunha-lhe a leitura de autores profundos, como Machado de Assis, por exemplo, o que inicialmente o aborrecia bastante.

Em 1915, estando no Rio de Janeiro, Graciliano trabalhou para diversos jornais cariocas. No mesmo ano, retornou a Alagoas, fixando-se na cidade de Palmeira dos Índios, onde se tornou pequeno comerciante e se casou. Em 1927, tornou-se prefeito da cidade, tendo-se destacado como excelente administrador. Seus ofícios já revelavam estilo literário, chamando a atenção de um editor carioca, também escritor, que o procurou, oferecendo-se para publicar sua primeira obra. Isso ocorreu em 1933, e seu romance de estréia, *Caetés*, foi logo seguido por *São Bernardo* (1934), *Angústia* (1936) e *Vidas Secas* (1938). Em 1936, durante o governo de Getúlio Vargas, Ramos foi preso em Maceió como comunista e levado para o Rio de Janeiro. Não teve acusação formal ou julgamento. Sofreu diversas privações e teve sua saúde abalada na prisão. Desse período resultou uma de suas obras de memórias de maior vulto, na qual denuncia os arbítrios da ditadura: *Memórias do Cárcere* (1953). Essa obra foi transformada em um belíssimo filme por Nelson Pereira dos Santos. Vale a pena verificar se houve adaptação para vídeo e assistir.

Graciliano era um perfeccionista, daí seu estilo próximo ao de Machado de Assis. À maneira do escritor francês Flaubert, relia e corrigia seus originais até atingir a máxima concisão.

Graciliano transporta sua terra natal para o resto do País, através das personagens e narrativas. Embora tenha vivido no Rio, jamais escolheu qualquer paisagem carioca para cenário de suas narrativas, mantendo-se fiel ao cenário regional do Nordeste.

Em 1952, viajou por Portugal, França, Tchecoslováquia e a antiga União Soviética. Ao regressar dessas viagens, Graciliano adoece gravemente. Viaja para a Argentina e é internado num hospital em Buenos Aires para operar-se, mas sem resultados positivos. Retorna ao Rio de Janeiro, onde seu sexagésimo aniversário é comemorado solenemente. Em 1953, uma piora faz com que seja internado num hospital em Botafogo, onde falece no dia 20 de março, vítima de câncer.

II - BIBLIOGRAFIA

Romances: *Caetés* (1933), *São Bernardo* (1934), *Angústia* (1936) e *Vidas Secas* (1938).
Memórias: *Infância* (1945) e *Memórias do Cárcere* (1953).
Contos: *Insônia* (1947) e *Alexandre e Outros Heróis* (infantil) (1962).
Crônicas: *Linhas Tortas* (1962).
Viagens: *Viagem* (1954).

III – APRESENTAÇÃO

Peço licença aos leitores, mas quero fazer uma apresentação bem subjetiva e pessoal. As primeiras obras de Graciliano que me caíram nas mãos foram *Vidas secas* e *São Bernardo.* Amei as duas e jamais consegui decidir, para mim mesmo, qual é a melhor das duas. Os contos me pareceram pesados demais, pessimistas demais, dolorosos demais e só voltei a reler um deles, que desperta todo meu sentimento, "Minsk". Pérola de beleza, apesar da dor que transmite. Nunca me interessei por *Angústia*, objeto desse nosso estudo. Por isso, quando ainda fazia o curso de Letras na USP, espantou-me um dia ler em uma das obras do professor e crítico Massaud Moisés que, para ele, *Angústia* era a obra-prima de Graciliano. Anos mais tarde, comentei meu espanto com a professora Cláudia Stella Mans, que me disse ter a mesma opinião. Como sempre respeitei essas duas pessoas, dispus-me a ler o livro, mas não consegui. Empacava nas primeiras páginas, sem encontrar interesse que me levasse adiante. Assim, o livro voltou para a estante, onde passou a acumular poeira. Acredito que todo livro tem seu dia de leitura. Se não é hoje, será amanhã ou o ano que vem. Não costumo forçar, a não ser que a vida me force. E foi o que aconteceu. Creio que foi em 1987, quando voltei a lecionar no Colégio Bandeirantes e dividia as turmas de terceiro colegial com a professora Izete, que, ao fazermos a lista de obras a serem lidas pelos alunos , elegeu *Angústia.* O coordenador daquela época era o professor Ubaldo, que sabia de minha dificuldade. Ele olhou-me ironicamente, esperando minha oposição. Não me opus, aceitei a sugestão e iniciei a leitura ao mesmo tempo que meus alunos. Muitos estavam como eu achando a leitura difícil e desestimulante, até que certo dia apareceu um aluno entusiasmado porque havia terminado a leitura e ao retomar o primeiro capítulo notou que tudo estava muito entrelaçado, com fatos do final do relato mencionados abruptamente na primeira página. Só agora, certas referências apareciam carregadas de significado. Ele não chegou a colocar assim, eu é que vislumbrei tudo isso, e antes que ele esclarecesse tudo, pedi-lhe silêncio e discrição para que eu e os demais pudéssemos passar pelo processo de descoberta. Outros alunos presenciaram o diálogo e, em breve, muitos estavam lendo o livro com maior interesse. Engraçado que, só isso, já fez com que passássemos a ter maior motivação e maior prazer na leitura. Hoje comparo esse livro a um cilindro, ou seja, a sua circularidade faz com que após a leitura da última página, possamos iniciar a leitura da primeira e ir realmente sabendo o que está acontecendo a cada passo. Por isso, aconselho você a parar aqui o estudo desse livro e partir para a leitura do original, voltando depois a ler este trabalho, porque talvez aqui eu acabe quebrando sua possível expectativa, amarrando informações veladas (do início) com sua causa (no final).

IV - RESUMO DO ENREDO

"Levantei-me há cerca de trinta dias[1], mas julgo que ainda não me restabeleci completamente. Das visões que me perseguiam naquelas noites compridas umas sombras permanecem, sombras que se misturam à realidade e me produzem calafrios.

Há criaturas que não suporto. Os vagabundos[2], por exemplo. Parece-me que eles cresceram muito, e, aproximando-se de mim, não vão gemer peditórios: vão gritar, exigir, tomar-me qualquer coisa.

Certos lugares que me davam prazer tornaram-se odiosos. Passo diante de uma livraria, olho com desgosto as vitrinas, tenho a impressão de que se acham ali pessoas exibindo títulos e preços nos rostos, vendendo-se. É uma espécie de prostituição. Um sujeito chega, atenta, encolhendo os ombros ou estirando o beiço, naqueles desconhecidos que se amontoam por detrás do vidro. Outro larga uma opinião à-toa. Basbaques escutam, saem. E os autores, resignados, mostram as letras e os algarismos, oferecendo-se como as mulheres da Rua da Lama.

Vivo agitado, cheio de terrores, uma tremura nas mãos, que emagreceram. As mãos já não são minhas: são mãos de velho, fracas e inúteis. As escoriações das palmas cicatrizaram.[3]

Impossível trabalhar. Dão-me um ofício, um relatório, para datilografar, na repartição. Até dez linhas vou bem. Daí em diante a cara balofa de Julião Tavares aparece em cima do original, e os meus dedos encontram no teclado uma resistência mole de carne gorda[4]. E lá vem o erro. Tento vencer a obsessão, capricho em não usar a borracha. Concluo o trabalho, mas a resma de papel fica muito reduzida." (p.7)

---

[1] Esse é o tempo transcorrido após o final do livro, ou seja, o protagonista termina o relato em um estado febril, delirando. Na releitura, fica-se com uma forte sensação que essa primeira página é verdadeiramente o final da história.

[2] Influenciado por um outro vagabundo, que aparece no desfecho da narrativa, e que pode representar perigo para o protagonista em seu remorso e sentimento de culpa pelo que praticou.

[3] No desfecho, por um "acidente" que vamos evitar revelar, uma corda praticamente rasga as mãos do protagonista.

[4] Tanto o antagonista Julião Tavares quanto a sensação de carne gorda e mole sob as mãos também estão relacionados com o desfecho da narrativa.

Assim, empregando foco narrativo em primeira pessoa, um narrador que ainda não conseguimos identificar, vai patenteando seus pensamentos. Paulatinamente, os fragmentos de lembranças e reflexões vão construir perante o leitor a vida e a psicologia do protagonista-narrador. À noite ele se senta à mesa, mas seu pensamento viaja longe do artigo que lhe pediram para o jornal. Vitória resmunga na cozinha e ratos remexem latas e embrulhos. Fica duas hora sem conseguir escrever nada a não ser um nome: Marina. A partir das letras desse nome, escreve: ar, mar, rima, arma, ira, amar. Lembra-se de uma porção de caras de pessoas e das contas que precisa pagar: o aluguel para o Dr. Gouveia, a conta de luz, o Moisés das prestações para quem assinou uma promissória de quinhentos mil-réis. Refugia-se o narrador no álcool e no cigarro, mas quando bebe e fuma muito sente que sua tristeza aumenta. Voltam a girar em sua cabeça as caras de pessoas, entre elas a de Julião Tavares.

Comentário: O narrador atira-nos nomes como se já os conhecêssemos. Vitória, por exemplo, deve ser sua empregada. Marina, pelo jogo com as letras, é mulher que ocupa muito sua mente, talvez amada. Julião Tavares é a figura que parece mais desagradável e a que mais se repete. Diferentemente do romance *São Bernardo*, em que o narrador Paulo Honório está escrevendo sua história e de *Grande sertão: veredas*, em que Riobaldo está contando verbalmente a um interlocutor, em *Angústia* ficamos com a sensação de estarmos dentro da cabeça da personagem, vendo seus pensamentos no momento mesmo em que eles estão se processando.

***

O narrador diz que, se pudesse, largaria tudo e recomeçaria suas viagens. Trabalha todo dia das nove ao meio-dia e das duas às cinco, considerando essa vida estúpida uma vida de **sururu**[5]. Pensa de novo em Marina. Imagina-se morto, cadáver magríssimo com os dentes arreganhados. Volta a lembrança de Julião Tavares.

"À medida que o carro se afasta do centro sinto que me vou desanuviando. Tenho a sensação de que viajo para muito longe e não voltarei nunca. Do lado esquerdo são as casas da gente rica, dos homens que me amedrontam, das mulheres que usam peles de contos de réis. Diante delas, Marina é uma **ratuína**[6]. Do lado direito, navios." (p.10)

Recorda que há quinze anos era diferente. O seu quarto ficava no primeiro andar, fazia muito calor. Dividia o quarto com estudante de medicina, o Dagoberto. A dona da pensão, Aurora, ficava de olho nos hóspedes que comiam demais e nos que atrasavam. O protagonista retorna à cidade. Passa pelos fundos do tesouro. "É ali que trabalho. Ocupação estúpida e quinhentos mil-réis de ordenado." (p.11)

"O bonde roda para oeste, dirige-se ao interior. Tenho a impressão de que ele me vai levar ao meu município sertanejo. E nem percebo os casebres miseráveis

---

[5] Molusco bivalve típico de Alagoas, importante na alimentação do povo dali.

[6] Regionalismo. Significa prostituta reles.

que trepam o morro, à direita, os palacetes que têm os pés na lama, junto ao mangue, à esquerda. Quanto mais me aproximo de Bebedouro mais remoço. Marina, Julião Tavares, as apoquentações que tenho experimentado estes últimos tempos, nunca existiram." (p.11) Recorda-se o narrador de sua infância na fazenda do avô Trajano Pereira de Aquino Cavalcante e Silva, velhíssimo e a fazenda decadente. Recorda-se também de seu pai, Camilo Pereira da Silva, fazendo cigarros na rede, inativo.

Após a morte do avô, foram morar na vila e ele foi matriculado na escola de seu Antônio Justino, para desasnar "... pois, como disse Camilo quando me apresentou ao mestre, eu era um cavalo de dez anos e não conhecia a mão direita. Aprendi leitura, o catecismo, a conjugação dos verbos. O professor dormia durante as lições. E a gente bocejava olhando as paredes, esperando que uma réstia chegasse ao risco de lápis que marcava duas horas. Saíamos em algazarra. Eu ia jogar pião, sozinho, ou empinar papagaio. Sempre brinquei só." (p.13)

Comentário: O espaço físico delineia-se como que acidentalmente por referências que desponta aqui e ali, sem parar para fazer uma descrição como nos romances *Ubirajara* ou *Bom-Crioulo*. Depois de ruídos de ratos e resmungos de Vitória, temos o carro e o bonde. Então, essa personagem está em movimento e o que apresenta maior interesse não é o movimento exterior, como nos dois romances anteriormente citados, mas o interior, os pensamentos. Podemos perceber uma pessoa atormentada por problemas econômicos, ressentida contra aqueles que têm aquilo que lhe falta; dinheiro.

***

"Uma chuvinha renitente açoita as folhas da mangueira que ensombra o fundo do meu quintal (...) qualquer coisa desagradável persegue-me sem se fixar claramente no meu espírito." (p.13) Sob a neblina da chuva quase não consegue ver as roseiras da casa vizinha. Procura escrever um artigo para não descontentar o Pimentel. "Felizmente a idéia do livro que me persegue às vezes dias e dias desapareceu." (p.13) Lembra-se de conhecidos já falecidos. A chuva a peneirar oculta a casa vizinha. Pensa que se Marina fosse banhar-se ali, não seria vista por ele. Lembra-se o narrador de como gostava de tomar banho de chuva quando era menino. Por associação, lembra-se do pai a enfiá-lo na água para aprender a nadar. Puxava-o para cima e deixava-o respirar um instante. Em seguida repetia a tortura. "Se eu pudesse fazer o mesmo com Marina, afogá-la devagar, trazendo-a para a superfície quando ela estivesse perdendo o fôlego, prolongar o suplício um dia inteiro..." (p.15) Entre vários fragmentos de recordações várias, ele se lembra da "figura sinistra de seu Evaristo enforcado e os homens que iam para a cadeia amarrados de cordas". (p.16) Entre as lembranças voltam: a escola, as roseiras, a casa vizinha. "Foi entre essas plantas que, no começo do ano passado, avistei Marina pela primeira vez, suada, os cabelos pegando fogo." (p.16) A lembrança provoca-lhe desejo. Volta a recordar-se do pai e de vozes inexplicáveis que lhe causavam medo quando menino: "Um alarido, um queixume, clamor enorme, sempre no mesmo tom". (p.17) Termina dizendo que tem se esforçado para voltar a ser criança e como resultado mistura coisas atuais a coisas antigas.

Comentário: Agora o narrador está em sua casa. O espaço continua aparecendo como que acidentalmente no discurso do narrador, que não pára para descrever, mas vai inserindo o quintal, o muro, a mangueira, todos elementos importantes para o relato. Continuam os fragmentos juntando-se de maneira aparentemente alucinada, na cabeça de uma pessoa atormentada, desequilibrada talvez por algo que a atormenta e que evita ("qualquer coisa desagradável persegue-me sem se fixar claramente no meu espírito"). O leitor pode, no entanto, observar que predominam imagens e lembranças que se associam à morte. A última acrescenta a idéia de corda, de enforcamento.

***

"Penso na morte de meu pai." Recorda-se dos pés aparecendo sob o lençol, que só cobria o corpo do defunto enorme. A casa sendo invadida pelos outros para cuidar do enterro: "Rosenda lavadeira, padre Inácio, cabo José da Luz, o velho Acrísio". O narrador tenta chorar, mas não consegue sentir a morte de quem o afogava nas águas do poço da Pedra. Está com catorze anos, conhece a mão direita e sabe os verbos. Sua maior emoção, nesse dia, é ser acordado por Rosenda que lhe levou uma xícara de café. Com isso chorou: "... até hoje, que me lembre, nada me sensibilizou tanto como aquele braço estirado, aquela fala mansa que me despertava". (p.19) No dia seguinte, os credores passaram a mão no que puderam. O menino passou a noite com medo da alma de Camilo Pereira da Silva.

***

"Seu Ivo, silencioso e faminto, vem visitar-me." O narrador evita vê-lo. De onde está, olha por sobre o muro, vendo a mangueira e "um homem triste que enche **dornas**[7] sob um telheiro, uma mulher magra que lava garrafas". (p.20) O narrador fala de um número enorme de pessoas: do barbeiro André Laerte que discute com o negociante Filipe Benigno, do seu Batista e de dona Conceição, mulher de Teotoninho Sabiá, do Carcará e do juiz de Direito que conta histórias de onça ao vigário.

"O sino da igrejinha bate a primeira pancada das ave-marias.

Não, não é o sino da igreja, é o relógio da sala de jantar. Oito e meia. Preciso vestir-me depressa, chegar à repartição às nove horas. Apronto-me, calço as meias pelo avesso e saio correndo. Paro sobressaltado, tenho a impressão de que me faltam peças do vestuário. Assaltam-me dúvidas idiotas. Estarei à porta de casa ou já terei chegado à repartição? Em que ponto do trajeto me acho? Não tenho consciência dos movimentos, sinto-me leve. Ignoro quanto tempo fico assim. Provavelmente um segundo, mas um segundo que parece eternidade. Está claro que todo o desarranjo é interior. Por fora devo ser um cidadão como os outros, um diminuto cidadão que vai para o trabalho maçador, um Luís da Silva qualquer. Mexo-me, atravesso a rua a grandes pernadas.

Tenho contudo a impressão de que os transeuntes me olham espantados por eu estar imóvel." (p.22)

---

[7] Grande vasilha de madeira, redonda, usada para pisar uvas.

A partir da idéia de imobilidade, passa a pensar no pai morto e imóvel no túmulo. Imagina o pai no purgatório pagando o pecado da preguiça, causa de tantas vezes ter agüentado fome. Começa a andar depressa com medo de já terem fechado o ponto e não poder trabalhar. Segue pensando em defuntos.

Comentário: Novamente o protagonista apresenta um nítido estado de desequilíbrio emocional, psicológico. Pela primeira vez, porém, ele se identifica: Luís da Silva. É interessante pensar que o nome longo e pomposo do avô, foi reduzido no filho Camilo e, no neto, então podemos dizer que além de reduzido (encurtado) foi reduzido quase a substantivo comum "um Luís da Silva qualquer". Esse estado de hesitação entre o mundo real objetivo e o mundo subjetivo fantasioso foi explorado pelo autor através de Paulo Honório em *São Bernardo*, que também está fazendo um balanço de sua vida em momento de decadência e depressão. Vamos tentar sintetizar o relato empregando o mesmo foco narrativo da obra e empregando os mesmos termos.

***

"Este mês fiz um sacrifício: dei uns dinheiros ao Moisés das prestações para amortizar a minha conta. Vou atrasar o aluguel. Dr. Gouveia que espere. O Moisés avisou-me que os produtos eram caros. Mas eu estava na pindaíba e precisava adquirir os trapos para Marina. Quando atraso, Moisés foge de mim. Como paguei, o constrangimento acabou. Sentamos no bar para conversar. Ele comenta o jornal. Nunca vi ninguém ler com tanta rapidez, passando o dedo pelas colunas. Prega a revolução e traz os bolsos cheios de folhetos incendiários, mas esconde-se quando aparece o chefe de polícia. Eu me alegro ao poder conversar com ele, porque andava muito solitário, tanto que ficava grato quando os passageiros me pisavam os pés, nos bondes, só porque falavam atenciosos comigo: 'Perdão! Faz favor de desculpar'. Entra o dr. Gouveia e peço a Moisés para escaparmos. Dois minutos depois estamos num banco da Praça Montepio. Vejo namorados atracados e tremo de indignação. Cães! Penso que vi Marina entre as ramas de umas árvores. Ilusão. Conto a Moisés minha vida de fazenda em fazenda, como mestre de meninos. Depois o serviço militar. Evito contar algumas coisas, como minha chegada difícil em Maceió, dormindo em banco de praça, sendo incomodado pelo guarda, de quem acabava ganhando algum dinheiro ao contar minha situação: 'Trago um romance entre os meus papéis. Compus um livro de versos, um livro de contos. Sou obrigado a recorrer aos meus conterrâneos. Até que me arranje, até que possa editar as minhas obras'." (p.28) Depois a procura de emprego pelas repartições na caça ao pistolão. "Afinal, para se livrarem de mim, atiraram-me este osso que vou roendo com ódio." (p.28) Lembra-se e narra ao amigo como seu avô soltou um cangaceiro da cadeia. Diz que seus relatos vêm misturados com ficção: "Dificilmente poderia distinguir a realidade da ficção".

***

A minha criada Vitória anda em cinqüenta anos, é meio surda e possui um papagaio inteiramente mudo. Vitória gosta de ler nos jornais os nomes dos navios que chegam e dos que saem. Não gasta nada do salário que recebe. Enterra tudo perto da cerca da horta. Da minha cadeira vejo-lhe o cocó grisalho, escavando a terra, fingindo tratar dos canteiros. Nem à noite ela descansa, durante os cinco dias após receber o pagamento. Depois a agitação passa e ela volta ao normal. Assustei-me quando ela começou a pegar meu dinheiro. Escolhi as palavras, disse-lhe que talvez tivesse perdido o dinheiro pela casa e que se ela encontrasse guardasse para mim. Ela disfarçou e trouxe as moedas. "Estão aqui. Não sei quando o senhor quer tomar jeito. A vida inteira perdendo dinheiro!

Guardo algumas pratas e deixo o resto em cima da mesa. Não há perigo. Receio é que Vitória se engane nas contas e me traga mais que o que tirou." (p.33)

***

Em janeiro do ano passado eu estava no quintal, fumando e lendo um romance idiota. "Os livros idiotas animam a gente. Se não fossem eles, nem sei quem se atreveria a começar." (p.33) Eu estava debaixo da mangueira, de onde via através da cerca baixa o banheiro da casa vizinha, paredes pegadas com o meu, algumas roseiras e um vulto que se mexia, mas não era a senhora idosa como antes. Era uma sujeitinha vermelhaça, de olhos azuis e cabelos tão amarelos que pareciam oxigenados. Não havia nada interessante nela. Devia ser moradora nova. Cabelos pegando fogo e a cara pintada. Lambisgóia, falei comigo mesmo. Depois notei que ela me observava. Encabulei. Sou tímido. Sei que sou feio. Olhos baços e boca muito grande, além de um nariz grosso. Depois perguntei a Vitória pela senhora idosa e fui informado de que havia morrido. No dia seguinte, era sábado e não havia serviço à tarde, voltei a sentar-me à sombra da mangueira. A coisinha loura tornou a aparecer. Comecei a lembrar-se de meus casos com mulheres, como quando convidei a D. Aurora e sua neta para ir ao cinema. Na sala de projeção a neta de d. Aurora meteu a minha perna entre as dela. A moça tinha as pernas frias. Aquela que estava ali cortando os ramos das roseiras devia ser quente demais. Lembrei-me de uma mulher que havia no Cavalo Morto que amava aos gritos: "Rasga, diabo! Vai fazer isso com tua mãe, peste!" Teve também a alemãzinha bonita, também tinha as unhas pintadas. Aquilo arranhava docemente. Foi a primeira mulher de jeito com quem me atraquei. Bonitinha, Berta. Era engraçada, lourinha, gordinha, voz suave, apesar dos rr.

"A mocinha, no lado de lá da cerca, não me dava atenção. Perua. Cabelos de milho, unhas pintadas, beiços vermelhos e o pernão aparecendo." (p.38) Deitei-me cedo, mas não consegui dormir. Pensava no cabelo e na perna da vizinha. "Aquilo devia ser uma pimenta. Passei a noite imaginando cenas terríveis com ela. No outro dia levantei-me aperreado." (p.39)

***

"Ainda não disse que moro na Rua do Macena, perto da usina elétrica. Ocupado em várias coisas, freqüentemente esqueço o essencial." (...) "Não esperem a descrição destas paredes velhas que dr. Gouveia me aluga, sem remorso, por cento e vinte mil-réis mensais, fora a pena de água." (p.39)

Comentário: Já havíamos chamado a atenção para o fato de que o narrador não interrompia seu relato para fazer descrição do espaço físico, que aparecia de vez em quando como que acidentalmente, como agora aparecem as "paredes velhas" da casa. Já o endereço aparece de modo acintoso. O que desperta a nossa atenção, no entanto, não é explicitar o endereço, mas sim a expressão "ainda não disse" e pouco depois "não esperem", indicando pela primeira vez que ele está se dirigindo a um interlocutor (no caso, nós leitores).

"Afinal, para a minha história[8], o quintal vale mais que a casa." (p.39) Foi ali que vi Marina pela primeira vez e ali nos tornamos amigos. Certamente começamos por olhares, movimentos de cabeça e sorrisos. Depois, palavra puxa palavra e criamos intimidade. Logo notei que era frívola e tinha inclinações imbecis ou safadas, como quando disse-me que eu devia mandar fazer um *smoking*. Ou então, quando elogiou d. Mercedes que chamou a atenção de todo mundo na igreja por causa de sua roupa. D. Mercedes é uma espanhola madura da vizinhança, amigada, que passa os dias olhando-se no espelho ou polindo as unhas. Quando eu criticava a mulher "bicha feia e velha, um couro, um canhão", Marina logo a defendia: "Que couro, que nada! D.Mercedes é uma senhora vistosa, bem conservada, muito distinta. E rica. Tem filha no colégio e manda dinheiro ao marido." Vejam[9] que miolo e que tendências. Eu, se não fosse um idiota, tinha logo cortado relações com aquela criatura.

Certo dia, vendo-me enfiado na leitura, Marina indagou sobre o livro e como não respondi, disse: "Eu também estou lendo um livro interessante, da biblioteca das moças[10]. Muito penoso".

Quando entro em casa, minha criada está resmungando: "Franguinha assanhada. Cochichando com um homem no escuro! Cabrita enxerida" (p.43) Só então noto que já anoitecera. Muitas vezes ficamos conversando até tarde. Penso na vizinha, estúpida. Lê notas sociais, estúpida. Penso no dinheiro enterrado de Vitória. A quanto subiria sua fortuna? Penso na Marina espiando os móveis de d. Mercedes.

"Para o diabo. Aqui me preocupando com aquela burra! Unhas pintadas, beiços pintados, biblioteca das moças, preguiça, admiração a d. Mercedes – total: **Rua da Lama**[11]. Acaba na Rua da Lama, sangrando na **pedra-lipes**[12]. Vamos deixar de besteira, seu Luís. Um homem é um homem." (p.45)

***

"Foi por aquele tempo que Julião Tavares deu para aparecer aqui em casa. Lembram-se dele? Os jornais andaram a elogiá-lo, mas disseram mentira. Julião não tinha nenhuma das qualidades que lhe atribuíram. Era um sujeito gordo,

---

[8] Primeira referência explicitamente metalingüística. O texto que até aqui comportava-se como uma transposição imediata e direta dos pensamentos do narrador, agora revelam uma intenção do próprio em organizar sua narrativa, compondo-a como um romance. Porém, ainda não forneceu dados que nos permitam saber o "como" isso se dá: escrevendo? Gravando? Vamos continuar a leitura e observar se novos elementos aparecem.

[9] Novamente aparece o leitor. Quando há essas colocações, podemos dizer que se trata de leitor incluso, ou diálogo com o leitor.

[10] Tipo de leitura igual a essas novelinhas vulgares que se vendem em banca de revistas, na linha de *Sabrina* e *Bianca*.

[11] Zona, rua onde há vários prostíbulos.

[12] Vitríolo azul (sulfato de cobre).

vermelho, risonho, patriota, falador e escrevedor." (...) "Cumprimentava-se de longe fingindo superioridade. Linguagem arrevesada, muitos adjetivos, pensamento nenhum." Conheci numa festa de arte no Instituto Histórico, onde entre as apresentações de piano e declamações de poesia ele apareceu fazendo um discurso furioso e patriótico. Na saída, deu-me um encontrão, segurou-me para eu não cair e acabamos saindo juntos. Conversamos, apresentamo-nos. Ele era de família rica. Tavares & Cia, negociantes, donos de prédios, eram uns ratos. Esse Julião, literato e bacharel, tinha os dentes miúdos, afiados e devia ser um rato, como o pai. Reacionário e católico. Livrei-me dele, pegando o primeiro bonde, mas dias depois fez-me uma visita.

Habituei-me a escrever, embora nunca tenha estudado. Sou um ignorante. Escrevi duzentos sonetos que julgo não terem qualidade. Mesmo assim, na pensão de d. Aurora, o meu vizinho Macedo ofereceu por um deles cinqüenta mil-réis. Desde então tenho vendido poemas para moços ingênuos. Assim, o antigo volume está reduzido a um caderno de cinqüenta folhas amarelas e roídas pelos ratos. Trabalho num jornal, onde escrevo crítica encomendada por políticos. Além disso, recebo de casas editoras de segunda por traduções de livros idiotas desses que Marina aprecia. Foi essa vida rotineira que Julião veio perturbar. Sua visita atrasava meu trabalho. As visitas de Moisés, seu Ivo e Pimental em nada me incomodavam. Continuava escrevendo como se estivesse sozinho. Julião, não, atrapalhou-me a vida e separou-me dos meus amigos.

***

Moisés defendia suas posições revolucionárias, que foram refutadas por Julião: "História! Esta porcaria não endireita. Revolução no Brasil! Conversa! Quem vai fazer revolução? Os operários? Espere por isso. Estão encolhidos, homem. E os camponeses votam com o governo, gostam do vigário." (p.49)

Ivo escancarava a boca e estirava os braços musculosos de uma força inútil. Talvez houvesse também alguma inteligência perdida por detrás daqueles olhos mortos pela cachaça. Outra coisa inútil que nos apareceu era muito diferente: gordo, bem-vestido, perfumado e falador, tão falador que ficávamos enjoados com as lorotas dele. Não podíamos ser amigos. Era amável em demasia. Só casca.

Antes, sem ele, nossas conversas eram naturais. Não temos papas na língua. Quando eu lia um livro ruim, protestava: "Que sujeito burro! Puta que o pariu! Isto é um cavalo". Julião Tavares veio tornar impossíveis expansões assim. Comecei a odiar Julião Tavares. Tudo nele era postiço, tudo dos outros.

***

Agora eu já conhecia mais ou menos d. Adélia e seu Ramalho, pais de Marina. Uma tarde, depois de muitos rodeios, falando sobre a carestia, d. Adélia acabou pedindo-me para conseguir um emprego para Marina. Seu Ramalho chegou a tempo de ouvir o final da conversa e protestou, alegando que a filha só queria saber de pintar a cara e comprar sapato. "História, murmurou seu Ramalho com desânimo. Aquela não dá para nada. O homem que casar com ela faz negócio ruim." (p.57)

Depois de uma semana, consegui emprego numa loja, mas quando contei, Marina demonstrou não gostar de tal serviço. Disse-lhe que se não queria estava acabado, pois só me empenhara porque a mãe dela tinha pedido e porque lhe queria bem. Ela estendeu-me a mão em agradecimento. O contato daquela pele quente acendeu meus desejos brutais. Apertei-lhe a mão, mordi e como ela só protestasse com palavras, mas sem sair do lugar, arranquei umas estacas podres da cerca e "puxei Marina para junto de mim, abracei-a, beijei-lhe a boca, o colo. Enquanto fazia isto, as minhas mãos percorriam-lhe o corpo. Quando nos separamos, ficamos comendo-nos com os olhos, tremendo. Tudo em redor girava. E Marina estava tão perturbada que se esqueceu de recolher um peito que havia escapado da roupa." (p.64) Ela se pôs a choramingar e convenceu-me de sua inocência. Falei em casamento, ela se acalmou, mas aceitou o pedido sem muito entusiasmo. Seu Ramalho a chamou. Antes que entrasse, pedi que ela voltasse ali à meia-noite quando todos estivessem dormindo.

***

Muda-se para a vizinhança uma família estranha. As três filhas não saem de casa e o pai sai, mas nunca fala com ninguém, olhando sempre para os próprios pés. Seu Ramalho, Marina, d. Mercedes, todos ficam muito curiosos e logo aparecem boatos de que o homem transava com as filhas. Colocam-lhe o apelido de Lobisomem. Marina encontra-se todas as noites com Luís, mas defende sua virgindade com unhas e dentes. Insiste que o namorado deve oficializar seu pedido de casamento e alega que não tem roupa. Ele promete que falará no dia seguinte e que lhe dará suas economias para fazer o enxoval, mas preocupa-se com os gastos. "É o diabo, Marina. Vamos ver se arranjamos isto com simplicidade." (p.71)

***

No outro dia retirou quinhentos mil-réis do banco e foi à casa vizinha comunicando a d. Adélia sua intenção e pedindo que a transmita ao marido: "Explique a seu Ramalho. Esse negócio de pedido de casamento é muito pau, não tenho jeito". Luís entrega o dinheiro a Marina, que o recebe sem constrangimento. Ele interpreta essa naturalidade como identificação com ele. Marina fala em casamento com "decência", mas Luís contrapõe que pretende um casamento com "modéstia", deixando-a trombuda.

"Alguns dias depois Marina me chamou para mostrar os objetos que tinha comprado. Não era quase nada: calças de seda, camisas de seda e outras ninharias." (p.74) E assim, todo o dinheiro dele se vai, liquidando a sua conta no banco, para comprar roupas, móveis. Marina exige que ele também se transforme, trocando desde o paletó até o sapato. Luís gasta mais dinheiro na compra de um presente para Marina: um relógio-pulseira e um anel. Para pagar suas despesas normais durante o mês o protagonista espera pedir dinheiro emprestado a Moisés.

"Ao chegar à Rua do Macena recebi um choque tremendo. Foi a decepção maior que já experimentei. À janela da minha casa, caído para fora, vermelho, papudo, Julião Tavares pregava os olhos em Marina, que, da casa vizinha, se derretia para ele, tão embebida que não percebeu a minha chegada. Empurrei a porta brutalmente, o coração estalando de raiva, e fiquei em pé diante de Julião Tavares, sentindo um desejo enorme de apertar-lhe as goelas."

Comentário: Reveja a nota 4 , em que o narrador comenta que ao datilografar aparece a cara de Julião Tavares e sente no teclado uma resistência de carne mole e gorda. Agora, encontramos uma referência mais explícita a evento que ainda vai se realizar. É também nesse exato momento que se instaura o conflito central e Julião revela-se como o antagonista de Luís da Silva.

Luís pergunta irritado a Julião se tem algum negócio com ele, mas está tão furioso que não chega a ouvir o outro que se põe numa falação infindável. Falar é o seu forte. Luís sem dar-lhe atenção põe-se a recordar da fazenda do avô, cheia de cobras, as quais ele matava a pedradas. "Certo dia uma cascavel se tinha enrolado no pescoço do velho Trajano, que dormia no banco do **copiar**[13]. Eu olhava de longe aquele enfeite esquisito." Entre os pensamentos de Luís, surge o de que Julião tinha acabado de sofrer um processo por ter deflorado uma moça. Lembra-se também o narrador de seu pai, na fazenda, vestido de vaqueiro. Sai Julião e Luís toma duas doses de aguardente, saindo depois também para a rua, nervoso. Passou por Marina que estava à janela, sem falar com ela, que exclama: "Não matei seu boi não, moço. Me largue."

Luís vai ao cinema, mas nem presta atenção ao que acontece na tela. "Nunca presto atenção às coisas, não sei para que diabo quero olhos." Ao sair encontra Moisés lendo um jornal e diz-lhe para largar aquilo, que não presta: "A linguagem escrita é uma safadeza que vocês inventaram para enganar a humanidade, em negócios ou com mentiras" e complementa: "Uma criança mete a gente num chinelo, Moisés; qualquer imbecil mete a gente num chinelo, Moisés". (p.82)

Depois de separar-se do amigo, vai a um bar e convida uma prostituta magra a sentar-se com ele. Lembra-se de que ainda dispõe de uma nota de vinte mil-réis e manda servir um petisco à mulher, que repete o prato. Terminado o café, vão para a casa da mulher, que logo tira a roupa, revelando uma "carcaça comida pelo **treponema**[14]". O narrador nota que "na mesinha da cabeceira essências ordinárias disfarçavam um cheiro forte de esperma". Enquanto conversa com a mulher sobre sua vida dura e mal paga, Luís aperta no bolso a caixinha com os presentes para Marina. Pensa na admiração da noiva pela d. Mercedes, que é sustentada pelo amante. Vê-se traído no futuro e decide romper com Marina. "Magnífica solução. Liberdade, liberdade completa." Põe-se até a cantar. Ao sair deixa dez mil-réis, que a prostituta recusa alegando que não fizeram nada e que, além disso, ela tinha jantado à custa dele. Luís se exalta: "A senhora é relógio para trabalhar de graça? A senhora tem obrigação de andar nua diante de mim? Duas horas de chateação, de conversa mole! A senhora é relógio? A senhora não é relógio". (p.85)

"A mulher recebeu o dinheiro, espantada. Julgou-me doido, suponho. Realmente as últimas palavras me haviam tornado furioso." (p.86)

---

[13] O mesmo que alpendre, varanda contígua à casa.

[14] Um tipo de bactéria, causadora da sífilis e da bouba.

***

"Marina me explicou muito direitinho que eu não tinha razão. O que tinha era falta de confiança nela. Chorou, e fiquei meio lá, meio cá, propenso a acreditar que me havia enganado.

– Posso obrigar uma pessoa a não olhar para mim? Posso furar os olhos do povo?" (p.86)

Luís acaba aceitando as desculpas, mas observa que, durante o período em que fica com Marina, na casa dela, a moça demonstra-se muito fria e distante. Fala na pressa que tem de casar-se logo e ela alega que ainda faltam coisas. Ele pede para ela fazer uma lista, apesar de alertar que está sem dinheiro. Mesmo assim, ela pede coisas absurdas, com um risinho perverso, fazendo com que ele não se contenha ao pedir tapetes e tapeçarias. Sem, dar atenção às tapeçarias e tapetes, compra tudo fiado com o tio de Moisés, apesar do amigo avisá-lo que os preços eram horríveis. "Assim, acabei de encalacrar-me. Marina recebeu os panos friamente, insensível ao sacrifício que eu fazia, aquela ingrata." (p.88) . Além disso, Luís nota que a moça não está usando o relógio nem o anel que ele dera antes. As entrevistas no quintal, à noite, sob a mangueira, parecem-lhe agora coisas muito antigas. Despede-se dela, que nada faz para que fique mais um pouco. Sai resmungando:

"– Escolher marido por dinheiro. Que miséria! Não há pior espécie de prostituição". (p.89)

***

"Por que foi que aquela criatura não procedeu com franqueza? Devia ter-me chamado e dito: – 'Luís, vamos acabar com isto. Pensei que gostava de você, enganei-me, estou embeiçada por outro. Fica zangado comigo?' E eu teria respondido: –'Não fico não, Marina. Você havia de casar contra a vontade? Seria um desastre. Adeus. Seja feliz.' Era o que eu teria dito. Sentiria despeito, mas nenhuma desgraça teria acontecido."[15] (p.89)

O namoro cai numa rotina tediosa. Toda tarde a mesma coisa, mas pela manhã Marina ia para a janela e "enxeria-se com Julião Tavares". Uma vez por semana, Luís sai do serviço antes do meio-dia e flagra os dois. Julião, que está de relações cortadas com ele, vira as costas e se vai. O narrador reclama com a sogra, mas d. Adélia alega que são coisas da mocidade, que com o casamento passa. Luís alega que desse jeito Marina nunca vai arrumar casamento. D. Adélia fica chocada e faz a observação de que ele tem um compromisso apalavrado. Luís é direto e franco na resposta: "D. Adélia, olhe para a minha cara. A senhora me acha com jeito de corno?"

Luís procura afastar-se daquela gente, refugiando-se em suas atividades corriqueiras, como o trabalho e a leitura. Sobre sua obrigação de ler e comentar romances, reclama que o gosto que se tem pela leitura desaparece. "Mas quando aquilo se torna obrigação e é preciso o sujeito dizer se a coisa é boa ou não é e

[15] Aqui encontra-se mais um índice do que vai acontecer depois, no desfecho, em conseqüência do conflito estabelecido. Sabemos que vai ser uma "desgraça", só precisamos acompanhar pela leitura a seqüência dos fatos para descobrir qual será ela e como se efetuará.

porque[16], não há livro que não seja um **estrupício**[17]." (p.91) A atenção do relato volta-se para o interior doméstico, com Luís descrevendo seu problema com os ratos. O fedor de ratos mortos no armários dos livros. "Os miseráveis escolhiam para sepultura as obras que mais me agradavam." (p.92) Também de fora da casa vem incômodo: "O gato amava nos telhados, gato ordinário.[18] Uns miados estridentes, indiscretos: – 'Rasga, diabo!' Marina, quando se excitava, enrolava-se como uma gata e miava. Miava baixinho, para não acordar a vizinhança." (p.92) Também o irrita o som do ranger dos armadores de rede, vindo da casa vizinha, onde imagina Marina dormindo nua por causa do calor.

***

Pouco a pouco cria-se uma grande distância e em um mês tornam-se inimigos. Pensa Luís que não faltam mulheres e passa a procurar outras. Sente-se atraído por uma datilógrafa de olhos verdes que tem encontrado ocasionalmente várias vezes. Cumprimentam-se já de tanto se encontrarem, mas de uma hora para outra perde contato com a jovem e não mais a vê. Fica só fantasiando a seu respeito. Comenta o narrador que Julião já é freqüentador assíduo da casa de Marina, deixando seu Ramalho aborrecido a ponto de procurar Luís e dizer-lhe: "Não se case, seu Luís. É o conselho que lhe dou". Refugiado em sua casa, vista como lugar sujo e decadente do qual fica pensando sair, mas não faz nada para mudar-se como que atraído para tudo que acontece na casa vizinha. Acompanha tudo pela audição. Fica ouvindo o ruído de talheres, conversas e risos, enquanto anda pelo corredor e observa um cano na parede: "O cano estirava-se como uma corda grossa bem esticada, uma corda muito comprida. Eu andava para cima e para baixo, o ouvido atento aos mais insignificantes rumores da casa vizinha. Preocupava-me sobretudo o silêncio."[19] (p.97) É que o silêncio para ele é interpretado como sinal de que Julião e Marina estão na safadeza, para usar sua própria linguagem.

Comentário: A idéia de corda (cano, cobra) repete-se insistentemente revelando que não é acidental, mas deve ter um caráter especial. O leitor já sente que algo deverá acontecer e elucidar o mistério dessa atenção especial que é dada a tal fator, como se fosse (no caso de linguagem cinematográfica) um *close* constante em determinado objeto. Essa insistência, essa repetição é chamada de *leitmotiv*.

Luís procura desviar seu pensamento para outras coisas como os crimes depois da revolução de 1930 e fatos insignificantes do seu cotidiano. Ivo roubara-lhe uns pratos, a datilógrafa que desaparecera, a magricela da Rua da Lama que agora estava no hospital com doença venérea. Seu pensamento, no entanto, acaba

[16] Mantivemos a grafia original da edição consultada, embora esteja incorreta, porque nesse caso em que está implícita a idéia de "por que motivo" ou "por que razão", o termo não deveria estar junto "porque", mas separado.

[17] O mesmo que asneira, asnice, asnidade, tolice, coisa complicada ou de grandes dimensões, estrovenga.

[18] Diversas vezes, em diversas situações, sempre que aparece sexo ou sensualidade erótica, o narrador assume uma postura de muito preconceito, julgando os atos como coisa suja, errada.

[19] O narrador já comentou anteriormente que parece não ter uma visão bem desenvolvida, mas deixa grande quantidade de indícios de que sua audição é o seu sentido mais explorado e desenvolvido.

voltando-se para seu rival: "O que ficava era aquela gordura que se derramava pelas paredes". E fixa seu olhar com insistência no cano esticado na parede como uma corda.

***

Aos domingos, Luís vê Julião levar Marina ao cinema. Fica imaginando o passeio dos dois, nos mínimos detalhes. A todo instante, em seu longo monólogo, o narrador pergunta-se por onde andaria a datilógrafa. Lembra-se de seu tempo de miséria, de suas fantasias malucas de como conseguir dinheiro, de sua procura por qualquer tipo de emprego. Depois, a pensão de d. Aurora, com a cama cheia de pulgas e os ossos do esqueleto do estudante Dagoberto. A atração pelas mulheres que passavam na rua, com seus odores fortes, e ele de narinas muito abertas.

***

"D. Rosália era casada, mas eu não conhecia o marido dela, caixeiro-viajante que andava sempre no interior. Conhecia a voz." (p.104) Luís passa a relembrar as noites em que o homem voltava e transava ruidosamente com a mulher, não permitindo que Luís dormisse. "Parecia-me que o meu quarto se enchia de órgãos sexuais soltos, voando." Lembra-se de seu temor fantasioso de que Julião entrasse em sua casa e roubasse em sua ausência o que ainda lhe restava. Por isso quase não saía. Sonha reatar com Marina. "Que me importava que Marina fosse de outro? As mulheres não são de ninguém, não têm dono." (p.105) Reclama das pulgas e entre suas lembranças e sonhos recorda que d. Rosália dissera que "Marina dera com os burros na água". Pergunta-se sobre o que isso significa, mas parece não querer entender realmente o que seja. Retorna à fornicação exagerada de d. Rosália com o marido e diz que desejava apertar o pescoço do homem. "Os meus dedos continuariam crispados, penetrando a carne que se imobilizaria, em silêncio. (...) Não me lembrava de **Julião Tavares.**[20] (..) Enfim desejava matar um homem que me roubava o sono." (p.110)

***

D. Adélia torna-se antipática, mas seu Ramalho, pelo contrário, torna-se íntimo de Luís, mantendo com ele na calçada longas conversas, em que entram críticas à safadeza das mulheres modernas e anedotas de vinganças terríveis do passado, coibindo as safadezas. Destaca-se a história do castigo aplicado a um negrinho que deflorara a filha de um senhor do engenho. O narrador fica vendo o rapaz mutilado, ensangüentado ali mesmo na calçada em que estão. Aos poucos, a figura imaginária vai deixando de ser negra e se torna um homem branco e gordo. "O homem tinha os olhos esbugalhados e estrebuchava desesperadamente. Um pedaço de corda amarrado no pescoço entrava-lhe na carne branca, e duas mãos repuxavam as extremidades da corda, que parecia quebrada." (p.115)

---

[20] Não é a primeira vez que aparece a idéia de estrangular alguém. Notem que agora, ao lembrar-se, diz que quando teve tal pensamento, não se lembrou de Julião Tavares. Não é curioso esse ato falho? Quer dizer, então, que agora não pôde evitar a lembrança, por associação. O leitor já entendeu onde ele quer chegar, mas ainda não se atreve a concluir? Vai adiar a confissão até quando puder agüentar.

***

Chega uma companhia lírica para apresentar-se na cidade. Roupas novas e sapatos novos chegam à casa de Marina. Vem até uma modista e também seu Chico, o carteiro, que sabe cortar o cabelo de senhoras. Luís preocupado com suas dívidas, três meses de aluguel atrasado, acompanha todo o movimento. À noite, aparece Julião numa *limousine*, cuja buzina faz sair Marina, deixando na rua um cheiro de perfumes e pó-de-arroz, que se mistura com o de gasolina do veículo. Durante cinco dias a mesma coisa todos os dias. O casal vai ao teatro e Luís da Silva angustia-se pelas ruas, parando pelos botequins e tomando cachaça. "O último dia foi medonho." O narrador sente vontade de também ir ao teatro, mas não tem dinheiro para o ingresso. Pensa em pedir emprestado, Recorda os encontros noturnos com Marina, despida sob a mangueira: "Beijara-a da cabeça aos pés, sentira nos beiços os carocinhos que se formavam na pele macia. Ela curvava-se e cobria os peitos com as mãos." (p.124/5) Recorda-se ainda que perto da mangueira ficava o lugar onde Vitória enterrava seu dinheiro. Imagina uma revolução futura que teria como conseqüência o enforcamento de Julião e Marina teria que trabalhar no asilo das órfãs.

Luís da Silva, cheio de remorso e de culpa, desenterra dinheiro da criada, prometendo-se interiormente que vai devolver o dobro. Coloca no lenço vinte e seis mil-réis em prata e num sapato duas libras esterlinas de ouro. Pergunta-se onde Vitória teria arrumado essas moedas de ouro. Tempo depois, o narrador devolve o dinheiro pagando cem por cento. Só que Luís colocar as moedas empilhadas, como num cartucho, fazendo Vitória ficar desconfiada. A agitação da mulher torna-se dolorosa. Vitória desconfia de que alguém a está roubando. Conta e reconta o dinheiro inconformada. A velha passa a noite angustiada, contando dinheiro. "Levantei-me cedo e encontrei Vitória muito velha e muito bamba." (p,132)

***

As visitas de Julião à casa de Marina vão diminuindo. "Uma tarde encontrei Marina engulhando junto ao mamoeiro. Eram arrancos que a sacudiam toda, a faziam torcer-se agarrada ao tronco, o rosto contraído, muito descorado." (p.133) Luís não compreende a razão do vômito e ressentido pensa: "Ótimo! Está muito bem assim. Que se lixe.". No outro dia, Luís, na rua, dá uma topada em uma mulher gorda, amarela, mal-vestida, grávida, com uma barriga monstruosa. "Findo o primeiro momento, aquela figura me provocara cócegas na garganta e um desejo idiota de rir." (p.135) Depois, atenta na gravidez e perde a vontade de rir. "Na calçada um ventre extraordinário ia inchando, ventre que tomava proporções fantásticas. Os transeuntes atravessavam aquela barriga transparente, às vezes paravam dentro dela, e isto era absurdo, dava-me a idéia de gestações extravagantes." (p.136) Em seguida, a imagem da mulher funde-se em sua imaginação com a de Marina, também de uma forma surrealista: "A bochecha era pintada, a metade da boca excessivamente vermelha, o olho único muito azul".

***

Alguns dias depois, Luís achava-se no banheiro, nu, fumando como sempre costumava fazer, enquanto alimentava suas fantasias de publicar um livro de sucesso. Comenta essa sua mania e a de acompanhar tudo o que acontece no banheiro contíguo por meio da audição.

"O banheiro da casa de seu Ramalho é junto, separado do meu por uma parede estreita. (...) Seu Ramalho chega tossindo, escarra e bate a porta com força. Molha-se com três baldes de água e nunca se esfrega. Bate a porta de novo, pronto. Aquilo dura um minuto. D. Adélia vem docemente, lava-se docemente e canta baixinho: – 'Bendito, louvado seja...' Marina entra com um estouvamento ruidoso. Entrava. Agora está reservada e silenciosa, mas o ano passado surgia como um pé-de-vento e despia-se às arrancadas, falando alto. Se os botões não saíam logo das casas, dava um repelão na roupa e largava uma praga: – 'Com os diabos!' Lá se iam os botões, lá se rasgava o pano. Notavam-se todas as minudências do banho comprido. Gastava dez minutos escovando os dentes. Pancadas de água no cimento e o chiar da escova, interrompido por palavras soltas, que não tinham sentido. Em seguida mijava. Eu continha a respiração e aguçava o ouvido para aquela mijada longa que me tornava Marina preciosa. Mesmo depois que ela brigou comigo, nunca deixei de esperar aquele momento e dedicar a ele uma atenção concentrada. Quando Marina se desnudou junto de mim, não experimentei prazer muito grande. Aquilo veio de supetão, atordoou-me. E a minha amiga opôs resistência desarrazoada: cerrava as coxas, curvava-se, cobria os peitos com as mãos, e não havia meio de estar quieta." (p.138/9) Comenta que os rumores, ultimamente, estão diminuindo, e hoje, pelo pouco que ouve, toma consciência de ela realmente está grávida: "Estava agora ali, enojada, cuspindo, apalpando a barriga e os peitos intumescidos". Marina chora e a mãe vem perguntar o que está acontecendo. As duas conversam e Marina, ironicamente, sarcasticamente, deixa claro que está grávida: "Coitadinha! Não via, não sabia. Tão inocente! Agora já sabe. Pois é. Escangalhada, com um filho na barriga. Não faça essa carinha de santa não. É o que lhe digo. Estou mentindo? Arrombada, com um moleque no bucho. Não quer ouvir não? Tape os ouvidos". (p.143) As duas choram e o narrador diz que também tem vontade de chorar, tanto por lamentar a sorte das duas mulheres quanto pela sua própria sorte.

***

O estranho para o narrador é que as mulheres sequer aludiram uma única vez a Julião Tavares, o causador de tudo. Marina acabara numa resignação estúpida e sua mãe não responsabilizara ninguém.

Julião acabara como se fosse uma viga que tombou do andaime e rachou a cabeça do passante. A viga não pode ser culpada. Ele que entrara na vida de todos sem ser chamado, fizera o dano e se mandara, receando talvez que a moça cometesse um desatino e atrapalhasse sua vida. Mas não haveria desatino, as duas eram fatalistas e queixavam-se da sorte, mas não de Julião. Luís conclui que Julião deveria morrer. Marina e a mãe não tinham culpa. Estavam absolvidas. Já via Julião cortado em pedaços, como o moleque da história que seu Ramalho lhe contara.

Seu Ivo aparece para pedir comida e sem qualquer motivo dá de presente a Luís uma peça de corda que fica sobre a mesa, alucinando o narrador. Despertando-lhe sentimentos contraditórios. Vitória põe comida para seu Ivo. Horror e lembranças se misturam na mente do narrador, mas com o tempo o horror que a corda lhe inspirava foi diminuindo. Seu Ivo come tudo e Vitória retira o prato. Luís lembra-se de Fabrício, amigo e compadre de seu pai, morto a facadas, e de José Baía. Recorda-se do tratamento dado na cadeia aos assassinos, eram mais respeitados do que os ladrões e praticantes de delitos menores. Vitória retira o prato e limpa a toalha, fazendo a corda desenrolar-se. Lembra-se o narrador de seu Evaristo que se enforcou quando precisou pedir esmola e foi humilhado. "A corda que o sustinha, apenas visível de longe, fininha como aquela que ali estava em cima da mesa, torcia-se e destorcia-se." (..) "Seu Ivo dormia encostado à parede, com a boca aberta. Agarrei a corda, fiz dela um bolo, meti-a no bolso." (p.158/9)

***

"Julião Tavares entrava no café. Ia sentar-se longe dele, voltava-lhe as costas, mas examinava o espelho coberto de letras brancas." Luís da Silva vai ao mesmo café, senta-se perto do espelho e fica a ler os anúncios que ali havia. Juntava letras das palavras mais compridas e formava nomes novos. Esse passatempo dá-lhe uma espécie de anestesia: esquece as humilhações e as dívidas. Depois que Julião deixara de freqüentar a casa vizinha, qualquer ausência de Marina, para Luís, era interpretada como sendo para encontrar-se com o rival. Seguia-a e ficava com a impressão de que também ele estava sendo seguido: "Julião Tavares me vigiava de longe, parando, escondendo-se". Agora, no café, Luís procura no bolso um cigarro e encontra a aspereza da corda. As letras dos anúncios desaparecem e sua atenção concentra-se toda em Julião Tavares. O chefe de polícia também está tomando café ali perto. Luís pensa: "Que é que me podia acontecer? Ir para a cadeia, ser processado e condenado, perder o emprego, cumprir sentença. A vida na prisão não seria pior que a que eu tinha". Examina seus sentimentos para ver se tem medo. Inicialmente, acha que não, mas finalmente conclui que tem medo de tudo: "Era um medo antigo, medo que estava no sangue e me esfriava os dedos trêmulos e suados". (p.163) Encerra, dizendo que fazia receio matar um sujeito importante como Julião Tavares.

***

Nas horas de serviço o narrador consegue distrair-se. Era na repartição que obtinha algum sossego. Logo que se afastava da repartição, tudo mudava. Imaginava o que teria podido acontecer nas três horas em que estava trabalhando e já aterrorizava-se. Chegando em casa, Vitória dizia que ele estava magro e que precisava comer. Para evitar a conversa da criada, manda-a comprar cigarros. Come um pouco e dez minutos depois já está no café. Julião lá estava também na prosa. Chegam Pimentel e Moisés, que se põem a conversar com o narrador, mas este não lhes dá muita atenção. Às vezes, Luís sai repentinamente e vai até sua casa, andando pelos cômodos até ter sinais da presença de Marina. Então voltava à conversa interrompida com os amigos. "Quando não encontrava Julião Tavares, detinha-me um instante à porta, depois saía pelas ruas, a procurá-lo."

Comentário: Já está demasiadamente claro que o protagonista está com uma idéia fixa, uma obsessão. O leitor mais desatento já deverá ter previsto que ele pretende e espera uma ocasião para cometer o delito. Há em todo o texto elementos suficientes para concluir que a morte será por enforcamento com a corda que leva sempre consigo. Resta então esperar para ver como e quando isso será feito.

"Marina caminhava depressa, virava esquinas, voltava-se, como se tivesse medo de ser perseguida." E foi realmente seguida pelo protagonista até uma casinha baixa, em que havia uma placa azul com letras brancas: "Albertina de tal, parteira diplomada". (p.171) Luís da Silva entra em um bar próximo e tenta inutilmente estabelecer um diálogo com o comerciante. Tenta falar de política por causa de uma pichação comunista ali em frente. Enquanto toma aguardente, Luís fica imaginando o diálogo entre Marina e a parteira, assim como cada gesto das duas. Conclui: "O filho de Julião Tavares não viria ao mundo penar, cantar na escola o hino do Ipiranga, mover-se no exercício militar, curtir fome nos bancos dos jardins, amolar-se nas repartições, adular nos jornais o governo".[21] Quando Marina sai, Luís vai ao encalço de Marina e procura falar com ela, que o evita inutilmente. Isso o irrita.

"– Está bem. Ninguém tem nada com isso, não é? Vamos andando. Puta!

Dizia-lhe o insulto, mas estava cheio de piedade. Não sentia cólera, o que sentia era desgosto." (p.180) Vão caminhando lado a lado, com ele insultando-a muitas vezes e ela implorando que a deixasse em paz, até chegarem na cidade, quando então se separam.

***

"Descobri por acaso que Julião Tavares tinha feito nova conquista. Foram duas ou três palavras soltas na rua que me deram a revelação." (p.186) Inicialmente, pensa Luís que pode ser a datilógrafa de olhos verdes, ou então uma das filhas do lobisomem, mas segue o rival e descobre que se trata de "uma criaturinha sardenta e engraçada que trabalhava numa loja de miudezas". (p.188) Certa noite, debaixo de uma vontade louca de fumar, segue Julião depois deste sair da casa da nova namorada. Já é madrugada. "Julião Tavares parou e acendeu um cigarro. Porque parou naquele momento? Eu queria que ele se afastasse de mim. Pelo menos que seguisse o seu caminho sem ofender-me. Mas assim... Faltavam-me os cigarros, e aquela parada repentina, a luz do fósforo, a brasa esmorecendo e avivando-se na escuridão, endoidecia-me. Fiz um esforço desesperado para readquirir sentimentos humanos..." (p.197) De um salto, como uma onça, o narrador pula sobre Julião e o estrangula com a corda que ganhara do seu Ivo. Depois de muito pensamento e desespero, resolve que a melhor solução é amarrar o cadáver a uma árvore, como se tivesse sido um suicídio. Com grande sofrimento físico e psíquico, ferindo as mãos com a corda, Luís consegue elevar o pesado corpo e

[21] Interessante notar que em sua raiva, o narrador está falando é de seus sofrimentos já passados. Está projetando no aborto a sua vida.

deixá-lo ali. Desce da árvore, alucinado, temendo a descoberta, a prisão: "As carapanãs esvoaçavam-me em torno da cabeça e picavam-me a carne moída. Encontrei um chapéu, que não dava para mim, era pequeno demais. Atirei para longe, cheio de repugnância, o chapéu de Julião Tavares". (p.207) Sai dali perseguido pelos pensamentos atormentadores. No caminho encontra um vagabundo a quem pede cigarro: "Estirei a mão ensangüentada e recebi o cigarro de fumo picado que se desmanchava". Examina sua roupa: "Estava imunda, com um rasgão no joelho, desarranjado". Luís chega em sua casa e manda a criada sair para telefonar para sua repartição, avisando que ele está com febre e não vai trabalhar. Enquanto isso, ele procura eliminar tudo que possa incriminá-lo: terra nas unhas, a roupa suja de lama e rasgada.

Os pensamentos e as lembranças giram na cabeça do narrador como se fosse um daqueles brinquedos de parque de diversões. "A placa azul de d. Albertina escondia-se a um canto, suja de piche. Todo aquele pessoal entendia-se perfeitamente. O homem cabeludo que só cuidava da sua vida, a mulher que trazia uma garrafa pendurada ao dedo por um cordão, Rosenda, cabo José da Luz, Amaro vaqueiro, as figuras do reisado, um vagabundo que dormia nos bancos dos jardins, outro vagabundo que dormia debaixo das árvores, tudo estava na parede, fazendo um zumbido de carapanãs, um burburinho que ia crescendo e se transformava em grande clamor. José Baía acenava-me de longe, sorrindo, mostrando as gengivas banguelas e agitando os cabelos brancos." (p.234/5)

Comentário: Assim termina o relato de Luís da Silva, um verdadeiro delírio febril, cheio de sentimento de culpa. Se voltarmos a ler a primeira página encontraremos os principais componentes de seu drama pessoal: Marina, o objeto de seu desejo; Julião, o antagonista que rouba a mulher desejada e vítima de seu ódio assassino, as mãos já curadas e os erros no serviço. Isso é um dado muito importante porque confirma que a morte de Julião foi aceita como suicídio e que o assassino está em liberdade. Ficamos, no entanto, sem saber explicitamente como a história de Luís chegou-nos à mão. Pode ser que este livro seja aquele que ele diz estar escrevendo. Ou então, como sugerimos no início do trabalho, podemos ficar com a impressão de que estamos lendo seus pensamentos diretamente enquanto ele recorda os fatos ligados ao crime cometido, sendo o tormento dessas recordações o seu grande castigo.

V – SÍNTESE DO ENREDO

Luís da Silva recorda acontecimentos de sua vida passada. Todos os acontecimentos da infância têm a ver com morte ou pessoas já falecidas. O avô Trajano, o pai Camilo e pessoas conhecidas.

Entre as figuras que despontam nas recordações, duas são insistentes e estão ligadas a fatos mais recentes em sua vida: Marina e Julião Tavares. Aos poucos, vamos descobrindo que Marina tornou-se sua vizinha e o conquistou. Chegou a pedi-la em casamento, mas a união não se realizou porque entrou em cena Julião Tavares, gordo e rico, que roubou Marina de Luís, mas também não se casou com ela. Depois de engravidá-la, Julião parte para novas conquistas, abandonando-a como se fosse um brinquedo pelo qual tivesse perdido o interesse. Marina aborta. Luís insulta-a e põe-se a seguir Julião que já está seduzindo outra moça pobre. Certo dia, quando o gordo comerciante volta da casa da namorada, é seguido por Luís, que traz consigo uma corda. Tomado de raiva e indignação, Luís estrangula Julião com a corda, deixando-o depois pendurado em um galho de árvore como se tivesse sido suicídio. Após o crime, Luís recolhe-se a sua casa e fica doente, febril, delirando. Um mês depois, recupera-se e é o momento em que começa sua narrativa.

VI – ESTRUTURA DA OBRA

Foco narrativo - Graciliano que tão bem utilizou o foco narrativo em terceira pessoa para construir a saga de uma família de nordestinos em *Vidas Secas*, retomou como em *São Bernardo* o foco em primeira pessoa, construindo um narrador e uma narrativa de elevada complexidade e forte envolvimento, pois o fluxo de consciência do protagonista e narrador, Luís da Silva, faz com que o leitor passe por um intenso sentimento de angústia. O embaralhar dos fragmentos de lembranças, sensações, reflexões e sentimentos obrigam o leitor a um constante exercício da atenção, para não perder o fio da meada. O narrador, a certa altura, como que alerta o destinatário para isso: "Há nas minhas recordações estranhos hiatos. Fixaram-se coisas insignificantes. Depois um esquecimento quase completo. As minhas ações surgem baralhadas e esmorecidas, como se fossem de outra pessoa. Penso nelas com indiferença. Certos atos aparecem inexplicáveis". (p.110)

Tempo - Os fatos acontecem durante o primeiro governo de Vargas, pois o narrador faz referências aos crimes após a revolução de 1930: "Muitos crimes depois da revolução de 30. Valeria a pena escrever isto? Impossível, porque eu trabalhava em jornal do governo." (p.98). Predomina o tempo psicológico, pois o que prevalece durante toda a leitura é a ação interior, os pensamentos do protagonista. O enredo arrasta-se moroso, de modo bastante aborrecido e aborrecedor, confirmando o título da obra. O próprio protagonista como que define o tempo psicológico, mostrando que sua duração pelas sensações da personagem (ou do leitor durante a leitura) difere do tempo objetivo registrado pelo relógio: "Provavelmente um segundo, mas um segundo que parece eternidade". No entanto, informações espalhadas aqui e ali permitem saber que os fatos primordiais aconteceram no intervalo de um ano: "Foi entre essas plantas que, no começo do ano passado, avistei Marina pela primeira vez, suada, os cabelos pegando fogo." (p.16) A recordação de tudo, portanto o primeiro capítulo, inicia-se um mês depois da recuperação de Luís da Silva após ter assassinado Julião Tavares: "Levantei-me há cerca de trinta dias, mas julgo que ainda não me restabeleci completamente." O conhecimento com Madalena deu-se um ano antes: "Em janeiro do ano passado..." (p.33)

Espaço - A ação acontece na capital de Alagoas, Maceió. Além de ruas, cafés e casa de prostituição, predomina o espaço doméstico, em que se pode notar um cheiro de decadência. A casa tem paredes sujas e com reboco descascado, deixando ver o cano de água. Os cômodos estão infestados de ratos e a cama de pulgas.

Ação - Predomina a ação interior, o que provoca certa morosidade, com a leitura arrastando-se por duas ou mais páginas entre uma ação externa e outra. Um exemplo disso é quando o seu Ivo atira um rolo de cordas na mesa de Luís. Podemos relacionar três ações externas, cinematográficas, fundamentais: 1. Vitória serve comida ao Ivo. 2. Vitória tira a louça. 3. Vitória limpa a toalha da mesa. Todas elas são referenciadas pelo narrador em uma frase curta, mas os pensamentos e sensações que o assaltam entre uma dessas linhas e a seguinte ocupam às vezes duas páginas.

Personagens principais:

Luís da Silva, protagonista e narrador, intelectual frustrado, sempre a sonhar que vai escrever e ficar famoso com suas obras literárias. Odeia os ricos e fala com grande desprezo dos pseudo-intelectuais. Complexado, tímido, acha-se feio e não consegue lidar com o prazer e a sexualidade que vê nos outros, julgando tudo sórdido e animalesco. Ele, no entanto, vive carregado de desejos a cheirar os odores das mulheres na rua e pensando indecências como ele mesmo diz.

Trajano, avô do protagonista, foi fazendeiro dos tempos antigos. Valente e rico, mas terminou seus dias esclerosado e em estado de decadência econômica.

Camilo, pai do protagonista, sujeito rude que para ensinar o filho a nadar enfiava-o na água, segurando por um braço, até quase afogar. Era preguiçoso e é acusado pelo narrador de ser responsável por muita fome que passou.

Marina, vizinha, namorada do protagonista. Moça vaidosa e superficial, interesseira e vazia. “Era uma sujeitinha vermelhaça, de olhos azuis e cabelos tão amarelos que pareciam oxigenados. Cabelos pegando fogo e a cara pintada.” Deixou-se seduzir por Julião sem qualquer resistência.

Julião Tavares, antagonista de Luís da Silva. “Era um sujeito gordo, vermelho, risonho, patriota, falador e escrevedor.” “Cumprimentava-se de longe fingindo superioridade. Linguagem arrevesada, muitos adjetivos, pensamento nenhum.” Era literato e bacharel, tinha os dentes miúdos, afiados e devia ser um rato. Reacionário e católico. Aproveitando-se de sua condição econômica, o gordo rico seduz as moças pobres e depois as abandona, até que é assassinado por Luís Tavares.

Moisés, figura interessantíssima, judeu que não sabe cobrar, morre de vergonha de ter que cobrar o amigo Luís. Quando este atrasa o pagamento, o judeu foge dele, evitando-o na rua. É um sujeito de ombros estreitos, corcunda, dentes que se mostram num sorriso parado, voz silabada, socialista e pessimista, vive a anunciar desgraças. “Moisés é uma coruja. Acha que tudo vai acabar, tudo, a começar pelo tio, que esfola os fregueses."

Vitória, criada de Luís da Silva, velha de cinqüenta anos, cheia de pelancas no pescoço engelhado, como o pescoço de um peru. Tem pêlos no buço e duas verrugas escuras. É terrivelmente feia. Tem mania de esconder todo o dinheiro que pega, seu ou do patrão.

D. Adélia, mãe de Marina, mulherão sardento, pessoa humilde, que desculpa as falhas da filha dizendo que é coisa da mocidade.

Seu Ramalho, pai de Marina, sujeito calado, sério, asmático, eletricista da Nordeste. É quem mais censura o comportamento da filha

Discurso: O narrador faz mais uso do discurso direto do que do indireto:

Direto: "Moisés fala em políticos reacionários. Encho-me de ferocidade:

– Malandros! Ladrões!" (p.27)

Indireto: "Agora, depois de receber o cobre, declarou-me que as mercadorias já tinham sido pagas." (p.25)

O discurso Indireto livre, que era praticado com intensidade em *Vidas secas*, em *Angústia* perde a importância para a captação do fluxo de consciência e dos monólogos interiores do protagonista: "A cadeira perto da cama, o livro fechado sobre a palha. – 'A calça está rasgada. Cosa o rasgão com uma corda.' Albertina de tal, parteira diplomada. Escuridão. Um estremecimento, uma queda. Ia cair da cama, o chão se abriria, eu rolaria pelos séculos dos séculos fora disto. O espírito de Deus boiava sobre as águas. Livrava-me do susto, pouco a pouco ia resvalando no entorpecimento." (p.231)

VII - ESTILO DE ÉPOCA E ESTILO INDIVIDUAL

Graciliano Ramos é um dos autores mais importantes do Modernismo no Brasil, estando inserido na segunda fase ou geração, surgida na década de trinta. Por isso mesmo, pode ser denominada "Geração de 30", ou "Pós-Modernismo", como o faz Alfredo Bosi em seu *História Concisa da Literatura Brasileira.* Outra denominação que se lhe pode dar é a de Neo-Realismo, pela quantidade de traços estéticos semelhantes. Assim como o Realismo e o Naturalismo, os escritores modernistas da segunda fase valorizam a temática contemporânea e uma visão mais objetiva e crítica das relações sociais, Também valorizam a preocupação com a forma e focalizam o homem vulgar com seus defeitos e covardias, ou seja, em vez do herói romântico que vence, mesmo quando morre; temos o anti-herói, que mesmo dominador, como Paulo Honório, é um vencido, é um derrotado.

Dessa mesma fase, participaram os prosadores Jorge Amado, José Lins do Rego, Rachel de Queiroz, José Américo de Almeida (do grupo nordestino) e Érico Veríssimo e Dionélio Machado (ambos do sul).

A literatura em prosa desse período marcou-se por um profundo regionalismo e pela sua postura ideológica, colocando o ato de escrever e a obra literária como arma de combate contra a opressão e a exploração do homem pelo homem. Em vez do humor e da carnavalização da primeira fase, o escritor de agora adota um tom sério, mais adequado ao seu engajamento político-social, que o leva a fazer profundas denúncias das injustiças sociais, retratando os sofrimentos dos oprimidos.

Graciliano ultrapassa as tendências meramente regionalistas da sua geração. Seu regionalismo tem um aspecto generalizante e universal a partir de suas perspectivas psicológicas. Não há espaço para sentimentalismo, mas para o analista ou cientista que procura dissecar e observar criticamente a realidade humana, partindo do individual para compreender o social. Seus enredos nascem do nexo entre as personagem, a paisagem e a realidade socioeconômica. Seu realismo, no sentido comum do termo, não é orgânico, nem espontâneo, mas crítico. Sua escrita nasce sob o signo do conflito. Seu herói (anti-herói) é sempre um problema, pois não aceita o mundo, as pessoas ou a si mesmo.

O estilo de Graciliano é sempre conciso, seco, de vocabulário econômico, de sintaxe rigorosa. Esse rigor e o profundo mergulho na análise psicológica das personagens faz com o associemos sempre a Machado de Assis. A concisão e o perfeccionismo, assim como a análise psicológica colocam-no acima dos demais regionalistas de 30.

A sintaxe de Graciliano privilegia a frase sintética, com poucos termos acessórios, valorizando as orações simples e os períodos coordenados. "Cheguei-me à mesa, bebi mais um trago de aguardente e tomei o caminho da rua." (p.81) "E afastei-me, sentei-me na cama, sem tirar o chapéu." (p.83) A linguagem coloquial (conquista da primeira fase modernista) é eleita como a mais adequada ao texto literário, alcançando em *Angústia* uma elevado nível de dureza, coerente com a psicologia do narrador, chegando diversas vezes ao calão, ao nível chulo.

Exemplos da linguagem empregada pelo narrador:

Coloquial: "Não matei seu boi não, moço.", "Me largue.", "...estou embeiçada por outro".

Regionalismos: "Certo dia uma cascavel se tinha enrolado no pescoço do velho Trajano, que dormia no banco do **copiar**."

Linguagem objetiva: É traço estético característico fundamental do estilo de Graciliano a linguagem concisa, seca, sem derramamentos verborrágicos: "A mulher recebeu o dinheiro, espantada. Julgou-me doido, suponho. Realmente as últimas palavras me haviam tornado furioso." (p.86)

VIII – TEMÁTICA

Dois temas centrais se entrelaçam na composição da narrativa: a leviandade e fraqueza moral da mulher e o poder de corrupção do dinheiro. A visão um tanto determinista da influência do cinema e da leitura de romances sentimentalóides, que muda as mulheres sérias do passado em mulheres vaidosas, fáceis, sensuais e irresponsáveis. Essa tese é defendida pelo narrador e se faz presente, mas não se pode afirmar ou negar que representa o ponto de vista do autor.

Crítica à intelectualidade, notadamente à linguagem escrita como meio de poder e de dominação: "A linguagem escrita é uma safadeza que vocês inventaram para enganar a humanidade, em negócios ou com mentiras" e complementa: "Uma criança mete a gente num chinelo, Moisés; qualquer imbecil mete a gente num chinelo, Moisés". (p.82)

Encontra-se também a crítica à leitura obrigatória. O gosto que se pode ter pela leitura desaparece quando esta se torna obrigatória: "Mas quando aquilo se torna obrigação e é preciso o sujeito dizer se a coisa é boa ou não é e porque, não há livro que não seja um estrupício". (p.91)

Outro tema que percorre a narrativa é a dificuldade de encontrar a felicidade amorosa: 'O amor para mim sempre fora uma coisa dolorosa, complicada e incompleta". (p.106)

BIBLIOGRAFIA CONSULTADA

Ramos, Graciliano. *Angústia*. 1987, RJ: Record. (Utilizado para citações.)

O AMANUENSE BELMIRO (1937)

de Cyro dos Anjos
por Geraldo Chacon

I – BIOGRAFIA

Cyro Versiani dos Anjos nasceu na cidade mineira de Montes Claros, em 5 de outubro 1906. Na cidade natal, Cyro passou a infância e parte da adolescência. Em 1923, mudou-se para a capital mineira com o propósito de estudar humanidades e fazer o curso de Direito. Viveu muitos anos em Belo Horizonte, onde freqüentou os jornais e trabalhou como funcionário público. Foi na imprensa da capital mineira que Cyro, oculto sob o pseudônimo de Belmiro Borba, publicou suas primeiras crônicas, consideradas como esboço do seu primeiro romance.

Em 1932, Cyro terminou o curso superior e licenciou-se do emprego para voltar à cidade natal, onde se dedicou, por pouco tempo, à advocacia. Retornou a Belo Horizonte em menos de um ano. Nesse período que vai de 1933 a 1946 exerceu, entre outros cargos, o de diretor da Imprensa Oficial e o de presidente do Conselho Administrativo do Estado. Sua estréia, em 1937, com *O amanuense Belmiro* deu-se ainda em Minas. Mais tarde (1946), mudou-se para o Rio de Janeiro, afastando-se temporariamente do exercício da literatura em virtude do excesso de trabalho em altos postos na administração federal. Em 1945, publicou *Abdias*, conseguindo um raro êxito de crítica. O sucesso junto ao público veio com *A montanha*, 1956, discutido *best-seller* cujo conteúdo trata da vida política brasileira, que ele tão bem conheceu.

Cyro dos Anjos integrou o grupo de escritores da segunda fase modernista, despontando em 1937, quando produziu sua primeira obra de ficção: *O amanuense Belmiro*. De outro escritor do período, Carlos Drummond de Andrade, mereceu o seguinte comentário elogioso: "Cyro dos Anjos figura hoje entre os quatro ou cinco escritores de ficção que realmente escrevem, no Brasil. A maioria, mesmo assistida por imaginação e idéias, não domina o instrumento".

II – BIBLIOGRAFIA

Romance: *O amanuense Belmiro* (1937); *Abdias* (1945); *A montanha* (1956).
Ensaio: *A criação literária* (1954).
Memórias: *Explorações no tempo* (1952).
Poesia: *Poemas coronários* (1964).

III – APRESENTAÇÃO

Em uma de suas entrevistas, Cyro dos Anjos revelou a um jornalista o que pensava de suas duas primeiras obras: "*O amanuense Belmiro* foi um repositório de minhas experiências da adolescência e da entrada na maturidade. *Abdias* foi, por sua vez, o prolongamento de temas não inteiramente esgotados no romance de estréia. Porque a verdade é que havia ainda resíduos afetivos que pediam a sua expressão. O *Amanuense* tem muitos defeitos, mas, em compensação, trouxe o cunho de autenticidade que há nas coisas que jorram de um jato. Se fosse rescrevê-lo, eu o melhoraria, com a experiência que o tempo e os trabalhos me trouxeram. Mas por certo lhe tiraria o frescor, o viço. É impossível reproduzir em outra época da vida, o que houve de genuíno em nossas vivências de um período distante. *Abdias* é obra mais disciplinada e mais amadurecida. Enquanto o *Amanuense* foi escrito em pouco mais de um mês, *Abdias* consumiu quase dois anos de trabalho".

O crítico Antonio Candido assim se refere a essa obra: "A impressão de acabamento, de segurança, de equilíbrio, de realização quase perfeita, revelam o artista profundamente consciente das técnicas e dos meios do seu ofício, possuidor de uma visão pessoal das coisas, lentamente cristalizada no decorrer de longos anos de meditação e estudo. Porque esse romance é o livro de um homem culto."

IV – RESUMO DO ENREDO

1. MERRY CHRISTMAS! e 2. O "EXCOMUNGADO"

"Ali pelo oitavo chope, chegamos à conclusão de que todos os problemas eram insolúveis. Florêncio propôs, então, o nono, argumentando que esse talvez trouxesse uma solução geral.

Éramos quatro ou cinco, em torno de pequena mesa de ferro, no bar do Parque. Alegre véspera de Natal! As mulatas iam e vinham, com requebros, sorrindo dengosamente para os soldados do Regimento de Cavalaria. No caramanchão, outras dançavam maxixe com pretos reforçados, enquanto um cabra gordo, de **melenas**[1], fazia a vitrola funcionar." (p.5) É véspera de natal e o "proletariado negro" procura divertir-se, o que alegra o alemão do bar, que se multiplicava em chopes.

Comentário: O narrador apresenta-se como personagem-narrador, foco narrativo em primeira pessoa ("chegamos", "éramos") e coloca em cena um grupo de homens numa mesa de bar, bebendo e discutindo, portanto uma cena banal, corriqueira. Já podemos perceber, como em outras narrativas que os elementos fundamentais vão se apresentar gradativamente, sendo esse um dos ganchos para prender o leitor. Por exemplo, ainda não ficamos sabendo quem é o narrador, nem qual é o assunto da discussão, mencionado apelas pela palavra "problemas", de modo genérico e impreciso.

---

[1] Cabelo longo e solto, madeixa.

Florêncio, Silviano, Redelvim e Glicério, o mais novo integrante dessa roda de amigos, não chegam a um acordo. Silviano acredita que a solução está na conduta católica, que recomenda fugir do agitação mundana e refugiar-se na reflexão interior. O narrador para provocar alega que isso não é solução, mas, negação da vida. Glicério concorda, mas Silviano não lhe dá atenção, chamando de "menor". Continua debatendo com o narrador a sua tese. Florêncio ironiza, perguntando: "Estamos ruinzinhos hoje, hein? A pequena deu o fora?" (p.6) O narrador propõe novo chope e como que numa retrospectiva o narrador informa ao leitor:

"Para serenar a roda, propus novo chope, no que fui aplaudido calorosamente por Florêncio. Aqui escreverei[2] que a razão estava com este último. Silviano anda em crise aguda. Jandira, que de tudo sabe, contou-me que o filósofo, já à beira dos quarenta, retrocedeu aos vinte; está amando as moças em flor. O pior é que a mulher, em vez de irritar-se, vive a ridicularizá-lo. Às voltas com os filhos, Joana diz não ter tempo para se ocupar dele. É uma sólida filha de fazendeiro, raça teimosa e viril. A princípio, andou tendo ciúmes e fazia cenas. Depois, fincou pé e deliberou não tomar conhecimento desses descaminhos que, se arranham a fé conjugal, mais arranham ainda as veleidades do quarentão. Pois Jandira acrescentou que, de suas sortidas, o nosso Dom Juan traz mais **baldões**[3] do que troféus." (p.6)

Redelvim reclama que Belo Horizonte não tem lugar para se divertir e é contrariado por Silviano que retoma o problema da vida interior: "... o problema é puramente interior, entende? Não está fora de nós, no espaço!" (p.7) Todos acabam dando muita risada, aborrecendo o filósofo. O narrador, para evitar um final desagradável, propõe que se retirem, pois está na hora de jantar. No caminho, tenta pensar na tese de Silviano, mas o efeito do chope não deixa: "A euforia que o chope traz! A vida se torna fácil, fácil." (p.7) No bonde Calafate, parece-lhe que todos lhe sorriem. Antes do seu ponto, ouve um *Merry Christmas* cumprimento do vizinho Prudêncio Gouveia que tem mania de falar inglês, o que deixa orgulhosa sua mulher Juliana.

O narrador tenta entrar em casa sorrateiramente para não chamar a atenção das velhas, mas o vento faz bater a porta e Emília grita: "O Excomungado já vem!" Para provocar, o Excomungado ironiza: "Boa noite, meninas! Trouxe aqui umas lembrancinhas de Papai Noel para vocês. Ou de Vovô Índio, conforme preferem os nacionalistas". (p.9) Emília chama-o de doido e o papagaio Tomé, tenta atacá-lo quando passa no corredor, repetindo o "Excomungado", que aprendera com a velha. A outra velha, Francisquinha, é "perturbada de nascença". (p.9) Esse foi o grande desgosto do velho Borba e da velha Maia. Não puderam mandá-las para o Colégio de Diamantina e as duas viveram sempre na fazenda como bicho-do-mato. Quando os velhos morreram e a fazenda foi à praça "recebi-as como

[2] Metalinguagem. Ocorre quando o narrador deixa de contar os fatos para referir-se à própria atividade de escrever, ao processo compositivo.

[3] Contrariedade, desventura, azar.

herança"[4]. "Ainda assim, tão distantes de mim, encheram minha vida, e Emília é, nesta casa, uma presença vigorosa e viril, que restabelece a atmosfera moral da fazenda." (p.9)

3. O BORBA ERRADO e 4. QUESTÃO DE OBSTETRÍCIA

Sentado em uma velha cadeira austríaca, no alpendre de sua casa, na rua Erê, o narrador olha os transeuntes e pensa em outros tempos: "Vila Caraíbas e seu cortejo de doces fantasmas. A garganta se me apertava, e eu sentia os olhos se umedecerem comovidos. Que diria o Glicério, com sua suficiência? Rir-se-ia de mim: 'Você é um homem errado, Belmiro!'" (p.10)

Relembra que frustrou os sonhos do pai, o velho Belarmino, que o queria ligado à terra, à fazenda, como agrônomo, mas ele acabou mais metido com serenatas e literatos do que com qualquer outra coisa. Tornou-se um amanuense, um burocrata, um Borba falido. Alega que o pai, no fundo, já revelava um desvio da terra com seu gosto pelos clássicos, citando Vergílio e sua predileção por Horácio. Os vizinhos saem para a missa do galo e o amanuense resolve também retirar-se. Lembra-se de outras missas e exclama: "Como esta vida vai correndo, vai correndo... Um dia sentiremos uma sacudidela, tal como no poema:

Stop.
A vida parou
ou foi o automóvel?" (p.12)

Comentário: Finalmente ficamos sabendo o nome do narrador e sua profissão, que já devíamos prever por estarem ambos no título da obra. Descobrimos ainda sua origem rural e seu desvio do destino sonhado pelo pai. Ficamos sabendo também de sua predileção por poeta contemporâneo, pois o poema citado é de autoria de Carlos Drummond de Andrade, escritor mineiro moderno da mesma geração de Cyro dos Anjos. Com os dados que temos da vida do autor e os poucos já mencionados pelo personagem-narrador, podemos crer que Belmiro é um *alter ego* de Cyro dos Anjos.

Em uma digressão no estilo de Machado de Assis, Belmiro diz que se deita, mas não dorme de imediato, ficando a pensar. Analisa como se sente o corpo e as reminiscências. "De corpo e espírito, achava-me, pois, preparado para o repouso e já me aconchegava, repetindo, instintivamente, as posições do embrião no ventre materno, quando, arrancando-me daquele quebranto, o cão dos fundos se pôs a ladrar, com um método que indicava disposição sólida de latir pela madrugada toda." (p.12) Tomado de fúria, o narrador levanta-se, toma um sapato e o atira furioso à rua, lugar sabido em que o cão não está. Explica, digressivamente, que não pretendia mesmo acertar o cão, mas só extravasar sua raiva. Que isso é próprio do seu sangue, dos Borbas. Acaba agradecendo ao sapato: "Graças a

[4] Temos aqui uma ironia, pois em vez de receber herança em dinheiro, já que o velho Borba estava falido com a fazenda sendo arrematada em leilão, o narrador recebeu essa carga, essa responsabilidade.

ele, aqui estou calmo a escrever estas linhas, em que vai toda a história de mais um natal que passa. É plano antigo o de organizar apontamentos para umas memórias que não sei se publicarei algum dia". (p.14) Compara sua situação com a de uma gestante que sente o filho agitar-se no ventre, "qualquer coisa que já me está mexendo no ventre e reclama autonomia no espaço". (p.14) Diz que não sabe o que vai sair, mas que pretende não ficar no presente como até agora nesses capítulos, mas que pretende reviver o pequeno mundo caraibano. "Minha vida parou, e desde muito me volto para o passado, perseguindo imagens fugitivas de um tempo que se foi. Procurando-o procurarei a mim próprio." (p.15)

5. ANO-BOM e 6. CARNAVAL

Confessa o narrador que tem andado inquieto como galinha sem ninho. Quando tenta mergulhar no passado, o presente se impõe, mas se tenta manter-se no presente, algum elemento o atira para as lembranças do passado. Exemplo disso é que hoje estava indo em busca de um bonde e de Jandira, quando ouviu uma sanfona e esqueceu-se de tudo. Ficou ali a ouvir a música, mas com o espírito no passado, ouvindo outro sanfoneiro, em outra rua, ou melhor, numa ladeira, a ladeira da Conceição, por onde "passava Camila, tão leve, tão casta, depois da missa das nove, na igreja do Rosário". (p.15)

Assim, preso nas malhas do tempo, quase faltou ao rito de costume, que é comemorar a passagem de ano com uma ceia em casa do Florêncio e de Mariana. Compareceram Redelvim e Silviano, mas faltou Glicério, que tinha ido a um baile universitário. Jandira também faltou, o que lhe pareceu de bom tato já que "Mariana olha-a com reservas, com aquele instinto infalível e feroz da boa matrona que quer conservar o seu homem para si." (p.17)

Observa Belmiro ao rever os fragmentos de sua vida que não se prende ao tempo cronológico, talvez por ser sua vida insignificante e rotineira. Nota que seus fragmentos estão ligados a datas de festa coletiva, como a passagem de ano e, agora, o carnaval de 1935. Diz que não consegue deixar-se levar pelos sentimentos coletivos. "Quero rir, chorar, cantar, dançar ou destruir, mas ensaio um gesto, e o braço cai, paralítico." (p.18)

Encerra o capítulo dizendo que o Belmiro homem sofre e o Belmiro amanuense põe a alma no papel. "Eis que o amanuense é um esteta: ao passo que há nele um indivíduo sofrendo, outro há que analisa e estiliza o sofrimento".[5] (p/18)

7. A DONZELA ARABELA e 8. O LUAR DE CARAÍBAS TUDO EXPLICA...

Retomando o fio da narração, conta Belmiro que foi arrastado por um cordão de foliões, na praça Sete[6]. "Imagino a figura que fiz, de colarinho alto e *pince-nez*,

---

[5] Mais uma digressão, de cunho metalingüístico. O narrador interrompe a narração de fatos efetivos e se compraz numa dissertação em que se analisa e assim explica o fato de registrar mais os dias de festa coletiva sem dar muita atenção aos outros momentos de sua vida.

[6] Principal praça e centro geográfico de Belo Horizonte. O plano da cidade é uma imitação do projeto de Paris, com a Praça Sete ocupando o centro e as avenidas saem dela como se fossem os raios de um sol estilizado.

no meio daquela roda alegre, pois os foliões se engraçaram comigo, e fui, por momentos, o atrativo do cordão.[7]" (p.19) Bebendo e cheirando éter[8] que lhe atiravam, o amanuense acaba em grande excitação e, sem saber como, entra num salão: "entrei no salão de um clube, acompanhando a massa na sua liturgia pagã". (p.19) Lá dentro, seu braço é agarrado por uma mão branca e fina de donzela, que ele associa a um mito de infância: "a branca Arabela, a donzela do castelo que tem uma torre escura onde as andorinhas vão pousar". (p.20)

Chega a quarta-feira de cinzas e nota o narrador que está entrando em uma nova fase da sua vida. O espírito abre mão de suas conquistas e o homem busca na infância as remotas origens do ser. Considera que está em estado de entrega às emoções e à sensibilidade.

"Há três ou quatro semanas não tenho tocado nestas notas senão ligeiramente, para acrescentar uma ou outra linha a esta ou àquela página." (p.21) Ao reler seus apontamentos, Belmiro nota que não está conseguindo manter seu plano ou propósito de recompor o pequeno mundo do passado em Vila Caraíbas. O presente insinua-se no passado a todo momento, por isso decide que doravante vai refletir seus sentimentos com toda a espontaneidade.

Confessa que há dois motivos para ter abandonado por algum tempo seus escritos: as velhas e a moça. Passou dias agitados por causa da moça. "Depois da quarta-feira de cinzas veio-me uma aura romântica que me pôs meio lunático, trazendo-me dias agitados." (p.22) O seu estado era tão evidente que o chefe fez com que ele tirasse férias do serviço público.

Em nova digressão, retifica o que dissera antes sobre o fato do amanuense (racional) observar analiticamente o homem (emocional), pois notou que quando se está apaixonado ninguém consegue se desdobrar. A alma e o corpo se solidarizam. "Eu pediria inutilmente o socorro do bom senso ou da análise nas horas em que vivi a perseguir uma imagem que teria um terço de realidade e dois de fábula." (p.23) Procurou Arabela por toda a cidade. "É extraordinário que nesta altura da vida me tenham acontecido tais coisas, mas o luar de Vila Caraíbas tudo explica, e o adolescente permanece no adulto." (p.23)

Quando a crise passou e pretendia retomar as notas, precisou dedicar seu tempo e sua atenção às velhas.

9. AS VELHAS e 10. UMA CASA, NUMA RUA

As velhas adoeceram, Emília com uma crise de gota ciática e Francisquinha, por causa do agravamento de sua loucura, precisou ser mantida presa em um quarto. "Finalmente, a crise passou, e Francisquinha foi melhorando. Deu para coisas que até me fizeram rir." (p.24) Uma dessas coisas foi cuidar de uma ninhada

---

[7] A imagem de um sujeito seriamente vestido, assim como o amanuense, em contraponto à descontração dos foliões, não deixa de ser divertida e ridícula. Assim, paradoxalmente, sua roupa normal parece transformar-se em uma fantasia.

[8] Naquele tempo, não havia proibição nenhuma a respeito, e qualquer pessoa podia desfilar na rua com um lança-perfume na mão.

de ratos com carinhos maternais, a ponto de fazer mingau para os bichinhos. Com a calmaria, pode o narrador voltar aos seus apontamentos.

"A meu pedido, Carolino, contínuo da Seção, trouxe-me blocos de papel em quantidade, e acho-me abastecido para o que der e vier. O timbre da Seção do Fomento encima estas páginas. Viva a seção que me dá o pão e o papel.[9]" (p.25)

"Há, sem dúvida, uma trama secreta que, encadeando os acontecimentos, envolve uma química, uma física e uma economia social extremamente sutis para que a ciência humana possa penetrá-las." (p.25) Relembra Belmiro que há dois anos passara pela Rua Paraibuna e resolveu procurar um farmacêutico que viera de Vila Caraíbas. Bateu na casa errada e uma criada atendeu e esclareceu o equívoco. Duas impressões o marcaram profundamente nessa ocasião: o agradável perfume da planta dama-da-noite que aí havia e a doce voz de uma jovem que cantava como um anjo.

Agora, volta a passar pelo mesmo lugar em companhia do amigo Glicério a quem pergunta pela moça que ali morava. A resposta do amigo lança uma suspeita na mente do narrador. "Não a conhece? Deveras? É a Carmélia Miranda. O pai, Dr. Aurélio, morreu há um mês. Ela vive com a mãe e um irmão pequeno." (p.26)

Ao deixar o amigo, Belmiro volta sobre seus próprios passos. Passa frente à casa e vê a moça à janela. É nada menos que sua fantasia "Arabela". Vai para casa transtornado. Ao chegar encontra sua amiga Jandira, que lhe diz: "Que susto me pregou, entrando aqui com esta cara de alma do outro mundo!". (p.27) Ele fica esperando que a amiga lhe diga a que veio, mas ela parte sem lhe pedir nada.

"Talvez tenha vindo apenas mostrar-me seu vestido novo, realmente encantador e provocante. As mulheres inteligentes não têm nisso menor prazer do que as outras." (p.28)

11. O AMANUENSE AMANDO ESTÁ e 12. CONVERSAÇÃO COM JANDIRA

Belmiro constata que está apaixonado. Em sua mesa de trabalho, tenta com sacrifício compor um poema. O chefe percebe, mas finge não notar. O amanuense observa seus colegas de repartição. Tirante o Glicério que é novo de idade e de vida burocrática, os demais são velhos e podem ser classificados em dois grupos. O primeiro é o grupo da burocracia triunfante, aqueles que se integram de corpo e alma e se sentem satisfeitos como o Filgueiras, que manda os peticionários selarem a petição e voltarem, querendo[10]. Para Filgueiras "o processo é sua religião e o senhor diretor é a instância suprema". (p.29) Quando franze a cara, Filgueiras é como um "edifício público, e sente-se que, atrás dele, está todo um sistema de leis fiscais, com multas e penas". (p.29) O outro grupo é o da "burocracia militante e inconformada", aqueles que envelhecem e se aposentam

[9] Além da aliteração "pão e papel", destaca-se nesse fragmento o humor satírico, a ironia, com que o narrador faz uma caricatura das repartições públicas e dos servidores públicos.

[10] Há um toque de humor e de ironia. O funcionário só faz isso, manda selar e voltar. O "querendo" revela o absurdo da rotina burocrática que acaba fazendo muitos desistirem.

ou morrem sem assumir o emprego, sonhando sempre com outras profissões ou carreiras que gostariam de exercer ou de ter exercido, como Romualdo, que acredita ter jeito para político ou o velho que se senta ao lado de Belmiro que acredita ter nascido para o "brilho e a dignidade da igreja".

Belmiro situa-se entre os triunfantes, que pensam numa aposentadoria condigna e imagina-se, no futuro, sexagenário e sem interesse pelo amor e sem o sofrimento dessa necessidade de compor um poema. "Aos sessenta anos, um Belmiro triste, céptico, mas pacificado, já não sofrerá donzelas, nem arabelas." (p.30)

Jandira conseguiu um emprego e os amigos resolveram fazer uma comemoração, ou **bebemoração**[11] como gosta de dizer o Florêncio. Foram todos, além de um desconhecido e, até, o Silviano, que mentiu para a esposa dizendo que iria ficar no jornal, fazendo uma revisão de texto. "A presença de Silviano era, realmente, de se notar. Joana embora conformada com as extravagâncias do marido, não abre mão dos direitos de exercer sobre ele uma fiscalização contínua." (p.31) Como de hábito, os amigos discutem. Redelvim deixa transparecer o desprezo que sente pelo Silviano e pelo Glicério.

"Desde muito, as discussões vêm azedando nossa pequena roda e vejo que ela não tardará a dissolver-se, pois há forças de repulsão, mais que afinidades, entre estes inquietos companheiros. Enquanto Glicério e Silviano se inclinam para o fascismo, Redelvim e Jandira tendem para a esquerda. Só eu e o Florêncio ficamos calados, à margem." (p.33) Por causa disso, a reunião terminou cedo e quando o amanuense ia sair, Jandira pediu para que ficasse mais um pouco para conversarem a sós.

***

"Já é tarde e Emília chama por mim, no quarto. Certamente precisa de algum remédio. Fica para amanhã cedo o relato da conversa com Jandira." (p.34)

Comentário: Podemos notar aqui um estilo narrativo que segue a tradição machadiana que o adotou de seus predecessores Manuel Antônio de Almeida (Brasil), Garrett (Portugal) e Laurence Sterne (Inglaterra). Esse último parágrafo apresenta várias funções, uma delas é trazer o leitor para o presente, para o momento mesmo da narração. Outra, é dar um cunho de veracidade para o relato. A ficção apresenta-se, assim, paradoxalmente, como não ficção, como a própria realidade. Paralelamente, também, tem a função de atrair o leitor para o narrador e para seu trabalho. É o que a crítica já denominou de "texto opaco", em oposição ao "texto transparente", como o de *Ubirajara* e *Bom-crioulo* em que narrador e texto procuram passar despercebidos para destacarem o que é narrado e não a narração.

13.A CONFIDÊNCIA e 14. ANALGÉSICO, ETC

Jandira confidencia que o desconhecido a quem os amigos não prestaram muita atenção é um velho rico que insistentemente tem pedido sua mão em

[11] Neologismo criado pela somatória dos verbos "beber" e "comemorar".

casamento. A partir dos comentários de Belmiro, Jandira diz que não pretende aceitar, mas que também está cansada de ser desejada por todos e não contar com nenhum apoio a não ser ela mesma. "Eu tenho de reagir sozinha, todo dia, todo dia. E às vezes sinto-me fraca, tenho medo de ceder. A gente é de carne e osso, e as mulheres também estão sujeitas a certas exigências. Ouça, Belmiro, preciso de um homem, mas não este. Preciso, com urgência, de um homem." (p.35)

O amanuense diz-lhe que é bonita e jovem, tendo portanto pela frente um mundo grande, cheio de possibilidades. Com isso, ela parece acalmar-se e volta a brincar com ele. Na despedida, até brinca: "Belmiro, meu anjo, como você é analgésico". (p.36)

"Relendo a página escrita ontem, volto a remoer o adjetivo analgésico, com que Jandira me brindou." (p.36) O narrador acaba concordando interiormente que deve ser isso que as mulheres pensam dele. Redelvim julga-o um céptico pequeno burguês e Silviano acha que ele é um homem fraco. "Afinal, todos, exceto eu, sabem o que sou..." (p.36)

15. MISSA DE TRIGÉSIMO DIA e 16. UM SÃO JOÃO QUE VAI LONGE

Desde a noite da reunião em casa de Jandira, que o amanuense deixou de pensar em Arabela, isto é, Carmélia, mas ao ler o jornal *Minas Gerais* e encontrar um aviso "convidando os amigos e parentes do saudoso Dr. Aurélio Miranda para assistirem à missa de trigésimo dia" (p.37) teve uma recaída. Mesmo não sendo parente, ou amigo, foi à missa e ficou esperando depois para ver a moça. "Carmélia, de chapéu e luto fechado, parecia mulher feita e nela mal reconheci a misteriosa moça em flor da noite de carnaval". (p.38) Sente o narrador que já deseja mais a pessoa do que o mito. Apesar disso, sua timidez não lhe dá forças para encarar a moça de frente. Depois fica recriminando-se e se dizendo que é um sonho impossível: "Lembra-te, Belmiro, de que essas bodas são impossíveis". Comenta que já conta trinta e oito anos e ainda fica com essas veleidades. Conclui o capítulo com outra advertência a si mesmo: "Amigo Quixote, todos os cavaleiros andantes já se recolheram e não há mais dulcinéias." (p.38)

É noite de São João e Belmiro passa junto de uma fogueira, apreciando a festa alegre e buliçosa, cheia de balões e de vozes gratas da infância. Perde-se em reflexões digressivas, líricas, numa quase crônica. Assim como o Natal, o São João é uma festa com poesia própria, que resiste ao tempo e a todas as agressões dos principiantes das letras, que tanto escrevem sobre ambas. Elas permanecem com sua força evocativa e com sua "pontualidade inexorável para vir lembrar-nos que estamos envelhecendo irremediavelmente."

A festividade faz com que Belmiro se lembre de outra festa passada. "Certo São João de Vila Caraíbas é um fenômeno que não se reproduzirá jamais." (p.39) Como é comum na crônica moderna, o narrador acaba dialogando com o tempo, personificando-o e concretizando-o (num procedimento que lembra de novo Machado de Assis).Convoca o tempo a ficar de braço dado com ele, lembrando-se "daquela moça de cabelos de retrós e de brancas vestes, que cantava inefável modinha". (p.40) Relembra vagamente o conteúdo da cantiga e encerra invocando novamente o tempo. "Tempo velho. Moço Belmiro. Vamos perambular pela rua, contemplando as fogueiras e cantando certa modinha que ninguém ouvirá." (p.40)

17. QUE OS BORBAS ME PERDOEM e 18. UM BAILE DAS MOÇAS EM FLOR

Belmiro revela que pretende atingir Carmélia por meio de Glicério. Confessa que não simpatizou com o rapaz, quando entrou na repartição, há quatro anos, mas agora, vive bajulando o moço. "Perdoem-me os Borbas velhos, que sempre foram grandes amorosos e hão de compreender-me." (p.4l)

O rapaz apresenta Belmiro às pessoas da alta sociedade, que freqüenta, como um dos componentes de um círculo de monstros literários inacessíveis, que só admitem em seu seio a ele, Glicério.

Glicério leva Belmiro a uma reunião na casa de seu protetor, senador Furquim, dizendo que é pessoa simples e que jogariam pôquer, com apostas baixas. Chegando lá, porém, jogaram aproximadamente uma hora e tiveram de parar, porque era uma data aniversária na casa e as moças e moços pediram para dançar. Arrastaram os móveis, puseram-se a dançar. O narrador, isolou-se num canto a meditar. Concluiu mais uma vez, vendo os jovens, que o tempo é inexorável. "Nada mais depressivo que sentir outras gerações surgirem depois da nossa e nos disputarem espaço." (p.42)

19. IDIOTA, IDIOTA, IDIOTA e 20. SILVIANO E O PROBLEMA FÁUSTICO

Glicério comunica ao narrador que passará uma semana no Rio. Belmiro se aborrece, pois fica sempre ao lado do rapaz para ver se consegue alguma informação sobre Carmélia. O pior é que por causa da diferença de idade (ele tem 38 e a moça ainda não deve ter chegado aos 20), ele ainda não teve coragem de contar nada ao amigo, nem de lhe pedir qualquer informação. Fica esperando que isso aconteça por acaso. Acha ridícula sua situação de namorado aflito. "Eu próprio me tenho rido, muitas vezes, quando não me enojo, e escrevo, à margem destas páginas: idiota, idiota, idiota." (p.44) Compara-se a Francisquinha e julga que é menos equilibrado do que ela.

Glicério parte e, no dia seguinte, Belmiro passa todo o dia a escrever no papel: "Arabela Borba. Carmélia Miranda Borba. Carmélia Borba" (p.44). À noite, com medo da solidão, vai à casa de Silviano. Joana informa que o marido não está, mas deve chegar logo. Enquanto espera, Belmiro vai folheando livros ao acaso e acaba encontrando um diário do amigo, de onde copia algumas anotações como esta:
Data: – Domingo, 23 de agosto de 1935.
Problema: – O eterno, o Fáustico – O amor (vida) estrangulado pelo conhecimento.

Comenta o narrador que o amigo é estranho e complexo. "E há de tudo nele, desde o ridículo até o espantoso." (p.46) Ao contrário de todos que vêem nele o mentiroso, acredita Belmiro que não seja bem isso. "Se nos dá uma versão dupla, tripla, quíntupla de um fato, é porque realmente dois, três, cinco Silvianos presenciaram aquele fato, cada um a seu modo." (p.46) Conclui que o amigo é um recriador que vê as coisas não como se apresentam, mas como gostaria que elas se apresentassem.

Silviano chega alegre, com aquela beatitude que o sexto ou oitavo chope proporciona. Declara a Belmiro que julga o mito da Donzela Arabela um símbolo fáustico. Acaba lendo e traduzindo para o amigo um trecho de *Also sprach Zarathustra*[12]. Entusiasmado com a beleza do texto, exclama Silviano: "Isso deveria ter sido escrito por mim. Por mim! Fui roubado!" (p.49)

21. UMA DATA IMPORTANTE e 22. ONDE SE APRESENTA UM REVOLUCIONÁRIO

"Vinte e cinco de agosto de 1935. Eis uma data importante neste solar da Rua Erê: completo 38 anos." (p.50) Belmiro faz um balança da vida e acredita que o déficit é grande. Acrescenta que acordou melancólico e com uma "inquietação fáustica". (p.50) Emília não se esqueceu da data e preparou o tradicional peru, "comemoração a que os Borbas varões têm direito, no dia natalício". (p.51) Também foi servido vinho do Rio Grande e Emília não usou o rotineiro anteparo de papelão que sempre coloca entre ela e o narrador, durante o jantar, para evitar vê-lo. Tudo o comove e deixa feliz. Comenta que bastou isso e já deixara de ser o triste que era pela manhã. Chegam os amigos e comemoram o aniversário com uísque e cerveja. "Nada houve de especial na reunião e a conversa correu alegre, entre anedotas." (p.52)

"Uma conversa com Redelvim, na manhã de hoje, deixou-me apreensivo." (p.52) Disse o amigo ao narrador que os acontecimentos estavam precipitando-se e logo poderia ocorrer uma revolução proletária. A polícia havia fechado a sede do Partido e apreendido documentos em que seu nome estava incluído. Parte Redelvim revoltado com Belmiro, porque este está preocupado somente com a pele do amigo, atitude pequeno burguesa, e não com a massa, com o movimento como um todo.

Confessa o narrador ao leitor que como "falido poeta lírico" não consegue pensar em "unidades mecânicas de massa" como os outros, mas apenas em homens, "criaturas que sentem e pensam". Julga uma crueldade do destino perder-se um homem como Redelvim, sensível e inteligente em nome de uma **quimera**[13]. O amanuense encerra o capítulo comentando que não acredita de verdade no ativismo partidário do amigo. "E ele me parece mais anarquista, que comunista. Um **anarquismo**[14] lírico, que não dá para atirar bombas nem praticar atentados." (p.54)

[12] *Assim falou Zaratustra*, obra de Nitche.

[13] Fantasia, utopia, sonho.

[14] É recomendável aos estudantes a leitura do livro *O que é Anarquismo*, da coleção Primeiros Passos. O Anarquismo defende a idéia de que qualquer forma de governo interfere prejudicial e injustamente contra a liberdade individual.

23. CHUVAS DE SETEMBRO e 24. ANÁLISE ESPECTRAL DE CARMÉLIA

Chove e o cheiro que emana do solo desperta em Belmiro o homem rural que estava adormecido. Pede desculpas prévias a possíveis leitores futuros pela subjetividade, pelas confidências íntimas. "Quem escreve um Diário (afinal, estou escrevendo um...) não se pode furtar à sua própria contemplação. É um narcisismo a que ninguém escapa." (p.55)

Glicério volta de viagem e é tratado com certa aspereza pelo narrador, porque este já não se sente mais preso ao sonho da Arabela. "A Carmélia que amei não existe. Nada tem com ela a formosa senhorinha da Rua Paraibuna, distinto ornamento do nosso *set*, como dizem os cronistas sociais." (p.56) Belmiro resolve fazer alguma coisa e vai tomar um sorvete.

25. GIOVANNI E PIETRO e 26. NOVA CONVERSAÇÃO COM JANDIRA

Após uma noite mal dormida, Belmiro é chamado à casa do vizinho Giovanni, que está chorando desesperado com um bilhete na mão. O filho, Pietro, após uma surra, fugira de casa. O garoto, de doze anos, tinha sido preso com outros rapazes e liberado depois pela polícia, com a condição de ficar retido em casa sob responsabilidade do pai. Furioso, Giovanni deu uma surra no filho com vara de marmelo. "Enquanto apanhava, a criança gritava que não tinha culpa; acompanhara os mais crescidos, porque lhe chamaram 'mocinha', medroso, e lhe mandaram vestir uma saia; quando foi ao botequim a porta já havia sido forçada; nada furtara, limitando-se a ver os companheiros beberem e tirarem cigarros." (p.58) Dois dias depois disso o filho fugiu deixando o bilhete que agora o pai tem na mão.

O amanuense promete ajudar a encontrar o filho e pensa que se isso não acontecer a vida do italiano está destroçada, porque só tem a ele. A mulher e a filha morreram.

Belmiro consegue de um investigador a informação de que Pietro deve ter fugido para Diamantina, onde mora seu padrinho. Nesse caso será fácil recambiar o menino para casa. Como já queria ter feito no capítulo anterior, vai o amanuense procurar Jandira, mas não a encontra. A tia Hortênsia informa que ela tem ficado fazendo serão com o Dr. Pereirinha, para datilografar uns textos. O narrador logo se põe a imaginar coisas, mas quando encontra Jandira e insinua suas suspeitas, a moça explode (esquecendo-se do que já havia lhe dito sobre necessidade de homem): "Vocês acreditam que são absolutamente necessários? Não se pode viver sem homens? Cada qual é mais grosseiro, vulgar...". (p.60) O narrador fala então de sua preocupação com ela por causa da conversa que teve com Redelvim, mas Jandira também o tranqüiliza a esse respeito. "Voltei tranqüilo para casa. Nada terei que temer, em relação a Jandira. Ela não o confessa, mas está sem nenhuma disposição de meter-se em conspirações. E, quanto ao Dr. Pereirinha... Bem, não sejamos apressados em conclusões." (p.61)

27.IDÉIAS DA EMÍLIA e 28. PROBLEMAS DE PROLETÁRIA

"Havendo Francisquinha piorado de novo, Emília, desde alguns dias, insistia em promovermos a expulsão do **espírito**." (p.62) Para ver-se livre dos pedidos de Emília e por sugestão de Josefa, fazem uma sessão espírita, em que um médium recebe o espírito Pai João que dá um passe em Francisquinha. Belmiro, depois da sessão, vai sair para seu giro habitual, quando ouve Emília dizer: "**Chica vai melhorá com o dijitório**[15] **de Deus. O esprito saiu**. Pobre mana!" (p.63)

Jandira espera Belmiro para irem jantar juntos. Por eles, passa lentamente de carro, duas vezes, o Dr. Pereirinha. Jandira conta ao narrador que durante meses ele a tem assediado, jurado amor e nos últimos dias tem sido mais afoito. Hoje ele chegou a abraçá-la à força e tentou beijá-la. Por isso pediu a conta.

O casal amigo resolve conversar um pouco no bar do parque até que chegue a hora de jantar. Ela novamente reclama do cansaço de ter de resistir aos assédios: "E amanhã será a mesma coisa, com outro Pereira qualquer". (p.64) O narrador, com suas brincadeiras, acaba melhorando o humor de Jandira. "Afinal, quando fomos jantar, já não havia nuvens em Jandira e o repasto foi alegre, regado a vinho. Despedimo-nos, depois, ficando combinado que serei mais assíduo em sua casa, pelo menos durante a crise atual." (p.65)

29. É UM ESPÍRITO REALISTA e 30.A PROPÓSITO DE GLICÉRIO

No outro dia bem cedo, Belmiro antes de ir para o trabalho dirige-se à casa de Jandira para levar o livro *Hamlet*, de Shakespeare, que lhe havia prometido no capítulo anterior. Durante o trajeto, folheia o livro, e diz que sua amiga, tendo um espírito realista, não deverá aceitar a idéia de que Ofélia, no momento de morrer afogada, cante em vez de gritar. "Não a encontrei em casa e deixei o livro com D. Hortênsia. Havia ido a uma aula de taquigrafia." (p.66)

"Glicério olha-me espantado, sem saber a que atribuir minha súbita mudança de atitude." (p.66) Tendo diminuído o entusiasmo pela jovem Carmélia, o narrador corta quase de chofre suas relações com o janota, mas resolve mudar de atitude já que o rapaz é boa pessoa e foi o único de seus amigos que conseguiu a simpatia de Emília. Até o papagaio o aceitou, talvez por solidariedade com a velha.

O velho Giovanni procura o narrador e informa delirante de alegria que o filho está na casa do padrinho em Diamantina. Espera receber amanhã uma carta do compadre. Se não receber irá para lá no "noturno do Norte". (p.68)

31. UM DIA BEM-HUMORADO e 32. OS ACONTECIMENTOS CONDUZEM OS HOMENS

Belmiro reaproxima-se de Glicério e conta-lhe toda sua história. O rapaz lhe diz que é extraordinário como conseguiu criar tanta fantasia em torno de uma

---

[15] Assim como "melhorá" e "esprito", "dijitório" é forma popular incorreta do termo "adjutório", que significa ajuda, auxílio, socorro.

pessoa tão simples quanto Carmélia. Acrescenta que se tivesse sabido o que ele desejava, já o teria levado à casa da viúva Miranda, que costumava freqüentar. Só não lhe tinha dado notícias da jovem porque nem de leve poderia imaginar o interesse do amanuense. Diz que moça tem muitas qualidades e provavelmente ficaria contente de conhecê-lo. Belmiro diz que agora já perdeu a motivação, mas o amigo garante que se mudar de idéia é só falar e não lhe será difícil ajudá-lo. O narrador não sabe se foi pelas notícias ou por ter reatado com Glicério, mas "o certo é que tive uma tarde bem-humorada". (p.70)

"Assim vai a vida... Os acontecimentos que até aqui se desenrolaram e em que desempenhei ora o papel de ator principal, ora o de espectador, mudaram, por completo, as intenções deste livro." (p.70) Retoma o narrador sua problemática de não conseguir recuperar o passado de Vila Caraíbas, pois o presente se impõe com maior força. Cita Gide, escritor francês, que afirmava serem as personagens que conduziam o autor. Continua todo o capítulo, nesse digressão, dando voltas ao assunto, sem nada acrescentar à narrativa, como tal. "Em vão, tento uma sondagem em Vila Caraíbas, naquele ano extraordinário de 1910. Baldo esforço: como resistir a personagens e fatos que, a cada instante, incidem no plano de nossa consciência? Às vezes ainda me vem a necessidade angustiosa de rever antigas paisagens, evadir-me para uma região que realmente já não se acha no espaço, e sim no tempo. Mas, no comum dos dias, agora é o presente que me atrai." (p.71)

33. RITORNELO[16] e 34. "DESCULPEM A POEIRA"

"Escapou-me ontem, à noite, esta lamentação: acham-se no tempo, e não no espaço, as gratas paisagens. Verifiquei esse angustiante fenômeno quando, em 1924, fui à Vila pela última vez." (p.71) O velho Borba já tinha morrido, mas Camila ainda vivia. Belmiro esforça-se por encontrar o passado no presente, mas nada consegue. Não capta o mundo como antes, fosse iluminado por clara luz de um sol festivo de 1910 ou apenas esboçado por um luar como em certa noite de 1907. "O que a meus olhos surgiu foi a sombra miserável de um tempo que morreu. O sertão estraga as mulheres e a pobreza as consome." (p.72) "Na verdade, as coisas estão é no tempo, e o tempo está é dentro de nós." (p.73)

Uma semana depois dos últimos apontamentos, o amanuense volta a lê-los e de novo comenta seu processo de trabalho, que julga muito irregular e sem método. Assim, diz ele, como os caminhões que passam levantando poeira, mas costumam ter escrito atrás "Desculpem a poeira", pede também desculpas aos possíveis leitores futuros. Duvida que possa ter muitos leitores, mas acredita que possa haver uma ou duas *âme-soeur*[17] que possam identificar-se com sua história

[16] Termo italiano, próprio da linguagem musical, que pode designar coisas diferentes (uma delas é o estribilho), mas que apresenta sempre a idéia de repetição, de retorno a um tema ou assunto.

[17] O termo em francês é registrado sem hífen *âme soeur* e significa, ao pé da letra, "alma irmã", isto é, pessoa que tem os mesmos gostos e interesses.

e nela encontrar algum prazer. Apesar disso, afirma que não vai alterar seu modo de registrar tudo, pois deve mostrar-se como realmente é. "Publique ou não, terei de dar-me como sou." (p.74)

35. FRANCISQUINHA PIORA e 36. DE NOVO, CARMÉLIA

Francisquinha piora bastante e Belmiro a coloca num Instituto de Alienados, medida que tem tomado somente em caso extremo nesses doze anos em que vive com as manas. O menino Pietro volta e o pai está em estado de grande alegria. Belmiro encontra na rua os amigos Silviano e Jandira. "Informados de que eu me achava preocupado com a situação doméstica, limitaram-se a pedir notícias da mana e a oferecer os préstimos." (p.76)

Belmiro faz uma divagação sobre o fato de deitarmos um e acordarmos outro, como se deitássemos como Arlequim, mas ao dormir, durante o sono, alguém vem e troca a fantasia. Assim, quando acordamos, sem que o quiséssemos, notamos que somos Pierrot. Diz isso, porque sonhou com Carmélia durante a noite e agora está pensando nela. Há coisa de quinze dias disse ele que já a apagara da idéia, agora vai com a mão esquerda apagar o que a direita tinha escrito. Em um dos seus sonhos, Glicério estava apaixonado por Carmélia, desde que ele lhe havia confessado tudo. Belmiro vai mais cedo para a repartição e espera ansioso pelo Glicério. Conversam durante todo o período, mas Belmiro não tem coragem de lhe falar dos sonhos nem de sua recaída. À tarde, despede-se do amigo com raiva, como se a culpa fosse dele.

37. O "PERREXIL" e 38. PARABOSCO & FERRABOSCO LTDA

Belmiro resolve dar um passeio ao acaso e pega o bonde que vai para o bairro Floresta. De volta, encontra Silviano, com quem almoça e acaba passando o dia todo. À tarde, Silviano diz que tem convites para ir ao *Country Club*, solicitando ao amigo para sair e, da rua, telefonar para a Joana, dizendo ser secretário do Reitor da Universidade, que pede o comparecimento urgente de Silviano para uma entrevista.

Ambos chegam ao clube e Silviano diz que vai procurar "Perrexil", mas volta decepcionado, dizendo que "Perrexil" não está mais. Decide partir, mas Belmiro diz que precisam esperar uma hora, que é quando virá o carro para buscá-los. "Silviano olhou com ternura o litro de Mc Callum's, passou-lhe a mão pelo gargalo e disse-me: 'Está bem. Já que os deuses não são propícios, bebamos.'" (p.81)

Comenta o narrador que não pôde terminar o relato da conversa com Silviano no capítulo anterior porque precisou dar uma colher de xarope para Emília, que não se sentia bem. Depois adormeceu. No outro dia, apanhou a narrativa no ponto em que a deixara. Perrexil é na verdade uma jovem de nome Dolores, filha de um espanhol rico, e dona de uns olhos excepcionais, segundo Silviano, que os associa a um verso de Baudelaire e à doença "gota-serena". A moça lhe fora apresentada pelo irmão, que era seu aluno. Desde esse dia, passou a enviar-lhe presentes.

Quando ela perdeu a mãe, escrevera uma longa carta. Um dia, sabendo que ela estava em casa, sozinha, foi até lá e confessou que era quem enviara os presentes e a carta. Declarou seu amor, tentou abraçá-la, mas ela fugiu. E agora, escapava-lhe mais uma vez.

Após o sétimo uísque, Silviano passa a contar uma história que Belmiro não sabe se deve acreditar. Silviano diz que anda sonhando acordado. Imagina, todo dia, mantendo a seqüência uma história romanesca de dois italianos e duas moças órfãs, que vivem na maior pobreza. Um dos italianos, o Ferrabosco, apaixona-se pela mais velha e foge com ela para a Itália. Depois de algum tempo, o italiano volta e reconcilia-se com sua família, enquanto a órfã fica por lá nos cabarés de luxo.

39. NO INSTITUTO e 40. CHOQUES

Belmiro vai ao Instituto dos Alienados e, no caminho, encontra Glicério que resolve acompanhá-lo. O amanuense encontra Francisquinha bem melhor. Com um sorriso a doida diz que "a guerra iria acabar" e logo poderia voltar para a Rua Erê. O narrador comenta que "aludia, suponho, a coisas passadas há cinco anos, na revolução de Trinta". (p.85) Apressado para contar as boas novas a Emília, Belmiro recusa convite do amigo Glicério para ficar mais tempo na Avenida.

Belmiro vai à casa de Jandira e lá encontra Redelvim. Os dois parecem desapontados com sua visita e interrompem a conversa que estavam tendo. Redelvim provoca uma discussão chamando o amanuense de "pequeno burguês". Belmiro, para provar o contrário pede cem mil-réis emprestado. Redelvim insiste na agressão, mas o narrador evita o choque, porque, segundo ele, as discussões de nada servem. Além disso, explica que faz tudo para conservar os amigos. "Sei que, apesar de tudo, é meu amigo e pensará de outra forma, agora ou mais tarde." (p.85) Com relação ao socialismo, e a todos os ismos, acredita que as idéias da gente podem não comportar-se dentro dessas divisões arbitrárias. Acrescenta que não acha justo exigirem de nós uma definição quando a procuramos e não encontramos. Explica-se ao amigo e diz que se vier a revolução, não precisam deportá-lo porque é um "sujeito inofensivo, para todos os regimes".

Sai, por fim, sem nada conseguir do amigo: Para preservar a amizade, Belmiro tem procurado pouco o Redelvim ultimamente. Encerra afirmando numa pergunta retórica de que o choque entre amigos não vale nada e se auto-define: "Sou apenas um poeta lírico, em prosa, e só desejo que me deixem sossegado". (p.88)

Do "41. MATINADA" ao "45. EXTRAORDINÁRIAS DECLARAÇÕES DE GLICÉRIO"

Na madrugada de 12 de outubro, compõe Belmiro um hino ao Dia no alto estilo de Zaratustra, mas rasga-o e atira fora, concluindo: "A posteridade ficará, pois, privada desse documento". (p.88) Como perdera o sono e levantara muito cedo, resolveu dar um passeio até o Morro dos Pintos de onde ficou contemplando, maravilhado, o amanhecer de Belo Horizonte. Ao retornar, provocou o espanto dos vizinhos Giovanni e Prudêncio Gouveia, por vê-lo de pé tão cedo. Tomou café com eles e Giovanni contou alegre que conseguira colocar Pietro no colégio, semi-internado.

Ao sair da secretaria, Belmiro encontra-se com Prudêncio com quem passa a tarde bebendo. Diverte-se com as anedotas novas do amigo e diz que ele é um homem linear, sem abismos, talvez o único amigo a lhe restar após o afastamento dos outros. Jandira é mulher, poderá acabar casando-se e então terá tempo só para o marido. Pensa o amanuense também em casar-se, por um segundo, mas julga que é tolice. "A possível esposa morreu em 1925, e está num cemiteriozinho branco, no Largo do Cruzeiro, em Vila Caraíbas. Por que te deixei, Camila? Na verdade, eu te amava. O que amo nessa Carmélia, que não atinjo, é, talvez, apenas a tua imagem." (p.91)

Comenta o narrador que quase terminou o último capítulo em pranto, parecendo herói de Lamartine, escritor romântico francês. Faz uma longa reflexão sobre sua origem ("Desse consórcio de Maias com Borbas foi que surgiu o amanuense, sem a virilidade destes e sem a polidez daqueles.") e sobre a impossibilidade do seu consórcio com Carmélia ("O sistema Carmélia e o sistema Borba se repelem."). (p.93)

Depois de quatro dias sem dedicar-se ao seu caderno de anotações, Belmiro volta a escrever que tem lido muito. Livros de autores gregos que o seu amigo professor, Silviano, emprestou: "...estou atacando a *Ilíada*, que nunca pude ler de fio a pavio". Acrescenta que foi visitar Jandira, depois de uns oito ou dez dias de afastamento. Ela mandara um bilhete para que ele aparecesse. Chegando lá, a moça pediu desculpas por não tê-lo defendido contra os ataques de Redelvim. Explica que ele estava nervoso e preferiu deixá-lo desabafar. O nervosismo era conseqüência do fato de a polícia ter feito batida em sua casa e levado seus livros e um diário. Belmiro registra que já conhecia e tinha lido tal diário, assim como fizera com o de Silviano. O aborrecimento maior de Redelvim era porque no diário estavam registrados versos e casos íntimos de amor, que muito o envergonhavam: "Não permite que se lhe fale nos amores, nem nos poemas". (p/95) Finalmente, Jandira pede a Belmiro que tente recuperar na polícia os pertences do amigo. "Era, pois, este o objetivo de Jandira, ao chamar-me." (p.96) Encerra o capítulo a informação de que Jandira conseguira emprego num escritório comercial, cujo patrão era idoso e sem filhos.

Glicério tem freqüentado a casa de Carmélia e fala longamente da moça ao amanuense, que conclui estar vendo nessas declarações uma obra sua, uma criação literária sua. Glicério revela que falou de Belmiro para Carmélia e que ela se lembrou dele. "Contei-lhe apenas que você a achou linda e muito 'distinta'. Depois de tentar lembrar-se do episódio, ela disse que se recordava. Um homem de *pince-nez*, magro, alto, meio maduro (Glicério sorriu com malícia neste ponto). Estava muito triste, olhando o salão como se olhasse para o mar. Ela ficou com pena e quis alegrá-lo." (p.99) Glicério encerra seu quase monólogo, revelando ao amigo que Carmélia pediu que o levasse algum dia a sua casa. Belmiro olha o relógio fingindo ansiedade e corta a conversa do amigo, dizendo que precisa correr ao banco para pagar uma conta e sai precipitadamente.

Do "46. UM BELMIRO OCEÂNICO" ao "50. UMA SEMANA QUE PASSA"

Belmiro deita-se pensando nas palavras que ouvira de Glicério. Umas lhe doem, outras dão prazer. "Esqueceram-me todas as mágoas, e comecei a gostar desse Belmiro que olhava para o salão como se estivesse contemplando o mar. Um Belmiro oceânico, irremediavelmente oceânico, eis o que Carmélia pressentiu em mim, denunciando-me a existência de Belmiros ainda inexplorados." (p.101) Lembrou-se também de um primo mencionado por Glicério e já começa a fantasiar um possível envolvimento com Carmélia.

"Quando, ao chegar à porta da Secretaria, encontrei Glicério, fitei-o com pena e, ao mesmo tempo, com uma sensação de vitória: 'Ora, também não será você, pensei. Lá se foi ela com o moço 'distinto'. Bem feito. Nós ficamos com o mito, e ele, com a pequena. Não será minha, mas também não será sua." (p.102) Conversam e Glicério dá mais informações sobre o primo, que se chama Jorge de Figueiredo, vai montar um serviço de radiologia, muito viajado (Alemanha, Rio, SP). Espanta-se incrédulo o Glicério quando Belmiro fala que Jorge e Carmélia ainda vão unir-se. O narrador, no entanto, está convencido disso: "Dei para vidente. Ora bolas, que se casem e sumam." (p.104)

Depois de cinco dias sem tocar em seus assentamentos, Belmiro retoma seus registros. Andou lendo, esteve duas ou três noites bebendo com Florêncio. Visitou a mana que está melhor. "Talvez possamos trazer a mana para casa no fim desta semana." (p.104)

Chega o dia de finados e à tarde o amanuense vai ao cemitério com a esperança de encontrar Carmélia. Está ocorrendo um sepultamento e o narrador põe-se a comparar o comportamento sinceramente emocionado do coveiro de Vila Caraíbas com o modo indiferente desse coveiro da capital, que olha insistentemente para ele. "Parecia dizer-me: 'Não demorarás a vir também, seu **manguarão**[18]!' Havia qualquer coisa de triunfante e de perverso naquele olho aguado. Um calafrio correu-me pela espinha, e deixei o cemitério com o espírito opresso." (p.106)

Belmiro vai à casa de Jandira informar que conseguiu, através do Senador Furquim, conhecido do Glicério, que a polícia devolva o diário de Redelvim. Acrescenta que o diário não é problema, mas sim as cartas, com informações revolucionárias. O amigo deverá ficar sob vigilância constante e não poderá mudar-se ou se ausentar sem antes informar a polícia. Jandira revela que Redelvim não tem mais ligação com o partido e parece andar decepcionado com os antigos companheiros. O narrador comenta que Jandira "aos vinte e cinco anos, tem a mesma graça leve e a mesma carne ágil dos dezenove". (p.108)

"Nada de novo nesta semana, a não ser a volta de Francisquinha." (p.109)

Do "51. JÁ ANDAM JUNTOS PELA RUA." ao "55. REDELVIM VAI PRESO."

Belmiro sai do serviço, acompanhado de Glicério, e contrariamente a seus hábitos vai tomar sorvete com o amigo em uma sorveteria onde se reúnem as

---

[18] Homem alto e magro.

pessoas elegantes de Belo Horizonte. Estando de costas para a entrada, não vê as pessoas que Glicério cumprimenta cheio de mesuras. Sente forte emoção, quando o amigo informa que os recém-vindos são Carmélia, a mãe e...o Dr. Jorge de Figueiredo. "Embebi-me na sua contemplação através do espelho, sempre transido de temor cada vez que os seus olhos, dirigindo-se para um ponto ou outro, me davam a impressão de que ela estava notando a insistência do meu olhar." (p.110) Quando Glicério decide ir à mesa delas, para cumprimentar, Belmiro mente que tem um encontro urgente com Redelvim e parte. À noite, escreve no diário que já está conformado com o casamento de Carmélia. "Pois o casamento se dará, com toda a certeza. Já andam juntos pela rua." (p.111)

Belmiro fica três dias sem sair de casa. Franscisquinha teve uma recaída, saiu quase nua e foi postar-se de cócoras no quintal, junto ao muro, numa madrugada de chuva fria. Alegou que havia uma mula-sem-cabeça dando coices debaixo da cama. Emília cuida da Chiquinha como excepcional enfermeira, "sua rudeza cedeu lugar à ternura". Silviano visita Belmiro, mas vendo suas preocupações não disse o motivo de sua visita.

Francisquinha morre sete dias depois, vítima de uma pneumonia. Emília revelou grande força moral, cuidando de tudo, sempre dizendo: "Deus chamou a coitada!" O velho papagaio perdeu o humor, mantendo-se triste, cochilando o dia todo e deixando a maior parte da comida que lhe dão.

Dá-se a missa de sétimo dia. Belmiro mantém-se encerrado por algum tempo, sem conseguir fixar atenção a coisa alguma. Nesses dias, em estado de quase vigília e muito de sonolência, vêm-lhe com freqüência as imagens de Carmélia e Camila, muitas vezes, misturadas. Não há sensualidade, são amores castos. Sobre essas "visitas" e a figura mítica da moça da rua Paraibuna comenta: "A Carmélia real, inatingível, será de outro, casará, terá filhos. Mas a que construí será sempre minha, e o tempo não exercerá sobre ela sua ação desagregadora, porque está fora dos domínios do tempo." (p.114)

Jandira procura Belmiro para informar aflita que Redelvim está preso e incomunicável. "Pela madrugada, havia rebentado uma revolução comunista no Rio, depois de termos vivido dois dias de inquietação, com a notícia das sublevações de Recife e Natal. Foi sufocado o levante, após duros combates cujos pormenores os cartazes dos jornais ainda estão registrando febrilmente." (p.115) Jandira insistiu e ambos foram à delegacia falar com o delegado, mas este mostrou-se intransigente. Apenas garantiu que não fariam mal ao preso. Quando saíam, o delegado chamou Belmiro e mandou que voltasse mais tarde, sozinho, acrescentando ameaçadoramente: "aviso-o de que nada lhe adiantará fugir, pois teremos meio de encontrá-lo". (p.116)

Do "56. ENTRE LUNFAS" ao "60. O QUE SILVIANO ME FALOU"

Conforme assumido, Belmiro comparece à delegacia, sendo elogiado pelo delegado: "Estou bem impressionado com o senhor. Foi pontual e procedeu corretamente em casa. Não tentou destruir papéis, como outros..." (p.117) Belmiro fica sabendo que o seguiram e observaram durante todo o tempo. Afirma ser pessoa inofensiva, mas o delegado pergunta-lhe como se explica o fato de ser ele o responsável por levar livros extremistas ao preso Redelvim. Depois de muito examinar a memória, Belmiro lembra-se e conta ao delegado que recebeu uma encomenda pelo correio e foi levar ao amigo sem saber do que se tratava. Mesmo assim, vai ser mantido preso até que vasculhem sua casa para ver se nada há de suspeito ou comprometedor. Belmiro pede que isso seja feito pelo investigador Parreiras, que é seu conhecido, e que seja acompanhado pelo colega do serviço público, o Glicério, para que a velha Emília não se assuste. Enquanto isso, o amanuense é recolhido a uma cela de presos comuns, sendo chamado por um deles de "**lunfa**[19] de penosa", gíria que não conhece e o deixa intrigado: "Na gíria policial 'pinta' é aparência, jeito, e 'lunfa' é ladrão. A combinação 'lunfa de penosa' era-me, porém, estranha". (p.119)

Eram onze da noite quando o investigador o retirou da cela e levou ao delegado, que o esperava com seu diário na mão. Entregou-o, dizendo que o que ali estava escrito salvava-o de qualquer suspeita. Ao despedi-lo, aconselha-o a ser menos platônico e mais direto, ousado. Termina por solicitar: "Se publicar as memórias, mande-me um exemplar...". (p.121) Sai o narrador, acompanhado pelos amigos Silviano e Glicério. Silviano parte, pedindo um encontro para o dia seguinte. Glicério ainda continua com o amanuense e ao se despedir entrega-lhe um papel: "Nesse documento se atestava nada haver contra mim e que minha detenção fora, apenas, para colher depoimento sobre terceiro". "Ótimo rapaz, o Glicério." (p.122)

Manhã de 3 de dezembro. Belmiro lê no jornal *Minas Gerais* a notícia do futuro casamento de Carmélia e Jorge. "Que se casem, tenham numerosos filhos, e Jeová lhes abençoe a prole. O que me deve interessar, na hora que passa, é a situação do Redelvim. Farei com que lhe entreguem, hoje, livros e frutas, para ir passando o tempo. Jandira foi quem o supriu, ontem, de uma coisa e outra." (p.124)

Noite de 3 de dezembro. Glicério revelou-se bastante despeitado com a notícia sobre Carmélia, mas Belmiro conseguiu distraí-lo e até fazer rir. Afinal, concluiu o rapaz: "No fundo estamos despeitados, mesmo. O melhor é tomar um chope e mandar um telegrama de parabéns. Você quer assiná-lo também?" (p.126) Belmiro recusa, alegando que não mantém relações com a família. Depois do expediente, conversa com Silviano e ouve dele uma confidência que há dias quer fazer, desde quando foi à Rua Erê e encontrou o narrador preocupado com a doença de Francisquinha. Está de nova paixão, uma mulher miudinha a quem seguiu pelas ruas e lojas um dia. "Imagino esse gordanchudo Dom Juan a dobrar o passo, resfolegando, para não perder de vista a presa. Ao fim de certo tempo, a moça o percebeu e deu-lhe corda. Travou-se namoro." (p.127) Silviano disse à moça que se chamava Aristóteles de Estagira, tendo feito até cartão de visita, que ele mandou imprimir para convencer a moça. Seguem-se encontros em ruas mal iluminadas, sessões de cinema, e bilhetes ridículos que a moça envia: "Meu gatinho: – Você é muito gostoso. Estou mortinha de saudades. Por que não vem ver a sua

[19] Parece redução de "lunfardo", termo dicionarizado que significa ladrão, marginal.

gatinha? Por que não foi à matinée do cine Brasil? Estou com a unhazinha afiada para arranhá-lo, ingrato. Enjoado!" (p.128) Silviano retoma aquela conversa mantida no início do relato, no Parque, no último Natal. "Hoje, quase um ano depois, retomou ele o fio da conversação, então cortado. Tive a impressão de que a vida havia parado, e não transcorrera todo um agitado ano entre aquela tarde natalina e a de ontem." (p.129) A síntese de sua proposta continua a mesma, abandonar os prazeres carnais e adotar uma vida de asceta: "E o grande caminho é a **ascese**[20]". (p.130)

Do "6l. 'RODA MORENA'" ao "65. E O CASAMENTO É PARA JÁ"

À noite, Belmiro saiu a passeio pelo bairro Carlos Prates e ao passar pela Rua Serpentina viu uma "roda morena", como assim a chamavam na sua Vila Caraíbas. Era uma dança, em que moças de braços dados cantavam antigas modinhas. "Uma ia ao centro do círculo, a cantar em solo, enquanto as outras faziam coro, no estribilho." (p.131) A imagem do presente funde-se com a que lhe vem do passado, de Vila Caraíbas, em que ranchos femininos desprendiam beleza e inocência. O narrador faz uma digressão, ou divagação (como ele a denomina) em que analisa um *insight* ou **epifania**[21]: no exato momento em que vemos algo não lhe percebemos a carga poética, lírica. Só depois de passado o tempo, ao recuperar a cena pela memória, notaremos a substância rica de poesia.

Belmiro, depois de um afastamento de dois meses, vai visitar Jandira. Os quatro ou cinco encontros que tiveram nesse tempo foram rápidos e para tratar de problemas dos outros. Chegando na casa dela, sentiu frieza no tratamento. Estavam jogando cartas e ela não lhe fez a festa de costume. Apresentou-o polidamente aos outros: a professora Anita, sua recente amiga; o professor Barroso, conhecido por "Almirante"; e o doutorando Azevedo Leão, por quem o narrador sentiu imediata aversão. O Almirante era divertido e foi o que distraiu o amanuense em sua visita. Depois de duas horas, sapeando o jogo, Belmiro partiu magoado, porque Jandira nem sequer perguntara pelo Redelvim. Pressente o narrador que Jandira não tardará a desertar de seu grupo de amigos.

Belmiro recebe duas visitas: Florêncio e Parreiras. Florêncio queixa-se de que o médico cortou-lhe a bebida e a mulher, Mariana, conspira com os médicos e vive a espioná-lo. Parreiras comunica a Belmiro que já pode ver Redelvim. Belmiro pergunta-lhe o que significa a gíria "lunfa de penosa" e é informado de que é "ladrão de galinha". Parreiras fornece-lhe o significado de outros termos da gíria e promete, assim como Florêncio, que também conhece muitas, um completo vocabulário da gíria dos malandros.

Na manhã seguinte, Emília pergunta ao narrador se houve "fogo", isto é, uma revolução. Belmiro diz que houve, mas já acabou porque o governo entrou no meio e prendeu todo mundo. Ele procura uma forma de dizer a ela o que houve

[20] É o exercício ou busca da plena virtude, da plenitude da vida moral.

[21] Ao pé da letra, epifania é uma manifestação divina, mas figuradamente, em literatura, empregamos o termo para indicar uma revelação rápida, súbita, intuitiva.

de maneira simples para que entenda. Belmiro recorda a revolução de 30, quando precisaram abandonar a casa, apesar da resistência de Francisquinha, que foi retirada à força. Quando voltaram a casa tinha muitas balas cravadas em portas e paredes: "Algumas vararam as portas e foram alojar-se no meu escritório e nos quartos". (p.137)

Belmiro faz os leitores observarem que não tem dito nada sobre Carmélia e o noivo. Diz que é uma espécie de pirraça. Tinha se prometido não mencionar o nome da moça, mas rompe com isso, pois tem informações novas. Esteve com Glicério que, entre outras informações, disse que "a coisa já vinha de muito tempo. Foram namorados quando Carmélia esteve em São Paulo, há três anos. Segundo diz o Jorge, sua idéia de vir para cá foi um pouco por causa disso. O namoro não continuou, com o regresso de Carmélia, nem se firmou compromisso. Mas ficou um ranço... Com a vinda de Jorge, logo aos primeiros quinze dias, a coisa pegou outra vez." P.139) Acrescenta, ainda, que o casal vai à Europa em lua-de-mel, porque Jorge vai aproveitar para fazer um curso em Paris. Quando Belmiro pergunta-lhe para quando é o casório, Glicério diz que "é para já".

Do "66. TEMA PARA UMA ELEGIA" ao "70. O HOMEM DO FUNIL"

Belmiro vai ao enterro de um tenente da Força Pública, companheiro de bairro, morto em circunstâncias dramáticas. Atropelado por um automóvel, foi atirado contra um poste e teve morte instantânea. Casara-se havia dois meses. O professor Barroso, o Almirante, que o amanuense conhecera na casa de Jandira, conta-lhe a tragédia do tenente. Há dez anos, o rapaz apaixonara-se pela filha de um fazendeiro, que não consentiu no namoro da filha com um simples **furriel**[22]. O moço luta bravamente para conseguir subir de posto, mas sem jamais agradar ao pai da amada, com a qual mantém relacionamento por cartas, durante uma dezena de anos. Dentro de dois anos já era segundo-sargento, na revolução de 30 conquistou mais uma divisa, primeiro-tenente, e na de 32 subiu a segundo-tenente. Nada de abrandar o velho, que, felizmente, morreu. Assim, livres, podem marcar a data de casamento, o que foi feito por carta. Quando, finalmente, pôde ir encontrar-se com ela o militar foi recebido por ela e pela irmã. Tantos anos sem vê-la, o rapaz ficou confuso. À sua frente, havia duas mulheres: uma, viçosa, toda aberta em sorrisos, e outra, ressequida, gasta e melancólica. Depois de certa hesitação, dirigiu-se à mais agradável. Logo foi informado de seu engano. "Barroso contou-me que o homem, extremamente pálido, se apoiou a uma cadeira" (p.142) e chorou muito. O narrador comenta que talvez ele tenha chorado a mocidade ou a vida que na amada morreu. Tal como aconteceu a ele, amanuense, que procurou a Camila de seus sonhos e só encontrou a sombra, o espectro daquilo que fora os seus amores.

---

[22] O dicionário "Aurélio" não ajuda nada quanto ao campo semântico do termo "furriel". Tautologicamente diz que é o "militar que detinha a posição hierárquica de furriel". O dicionário "Larousse" ajuda, informando que se trata de um sub-oficial encarregado da distribuição de alimentos. O "*Diccionario ilustrado de la lengua española*" melhora a informação: "*Cabo de escuadra que en cada compañia o escuadrón distribuía las provisiones*". Então, furriel é cabo, posto baixo na hierarquia militar, por isso desprezado pelo pai da jovem.

Por causa do enterro, Belmiro não compareceu ao encontro com Florêncio para irem visitar Redelvim na prisão. Procura o amigo para desculpar-se e seguem ambos para a delegacia, onde encontram Silviano. Trava-se o seguinte diálogo:

" – Que novidade é essa?... Você por aqui?

– Vim visitar o esquerdista. (...)

– Esteve com ele? Como vai?

– Não. Já o soltaram. Fizeram bem. O regime estará perfeitamente seguro, enquanto for ameaçado pelo Redelvim.

Florêncio e eu tivemos grande alegria com a notícia." (p.143) Vão todos procurá-lo, mas não o encontram, nem em sua residência de onde se mudara sem deixar novo endereço.

Florêncio se separa aborrecido, porque Silviano, como sempre faz, trocara seu nome por Abundâncio, assim como sempre chama Belmiro de Porfírio. Silviano leva o amanuense até sua casa e pede para ler uns apontamentos seus para um artigo no suplemento da *Gazeta de Minas*. Trata-se de um texto sobre o problema fáustico, elaborado em estilo pedante e prolixo, com referência a muitos escritores e pensadores e citações em francês e inglês, o que deixa cansado e sonolento o narrador. Mesmo assim, elogia o estilo do amigo. "De um modo geral e **perfunctório**[23], achei-as soberbas, no seu largo estilo silviânico, que pode tanger o ridículo, mas bordeja grandes abismos e procura culminâncias." (p.146)

Comentário: Parece-nos que o amanuense não saiu incólume da leitura, empregando também, ironicamente, o estilo do amigo.

Manhã de 21 de dezembro. Belmiro vai à casa de Jandira, onde Redelvim não aparecera, segundo ela, que demonstra alegria pela notícia. O amanuense volta à Rua Erê e faz uma reflexão sobre o seu círculo de amizades, concluindo que ele é que forçou a reunião dessas pessoas. "Noto que fui eu, com o meu desejo de sociedade, quem criou e sempre procurou sustentar essa agitada assembléia onde atuam forças tão antagônicas." (p.147) Conclui o narrador que ele é apenas um procurador de amigos.

Noite de 21 de dezembro. Redelvim procura Belmiro para agradecer os livros que lhe enviara, "embora ordinários". Belmiro observa que o amigo está bastante mudado, provavelmente pelo tempo de reflexão a que foi obrigado durante o "retiro espiritual", como ele mesmo se refere aos vinte dias de prisão. Redelvim comunica ao amigo que vai passar uns tempos com sua mãe, de quem havia se afastado desde que ela contraíra um segundo matrimônio, que não lhe agradara. O amanuense julga que isso será bom para o amigo.

"Florêncio foi buscar-me hoje, à saída da Secretaria, para dar a grande notícia: obteve permissão para voltar ao chope." (p.150) Brincando, diz ao amigo que beberá, nem que seja pelo funil.

---

[23] Superficial, sem seriedade.

Comentário: Assim como a tragédia do tenente (ou será uma tragicomédia?), aqui também teremos uma narrativa intercalada ou encaixada. O relato beira o trágico e o grotesco. Vamos transcrever o parágrafo principal, que dá conta do fundamental dessa narrativa.

"É verdade. Não lhe contei ainda a história do funil. E referiu-me o caso de um tabelião Carpóforo, que conheceu numa cidade do Sul de Minas. Vítima de um tumor maligno que lhe comprimiu o esôfago a ponto de não lhe permitir a ingestão, mesmo de líquidos, por via bucal, esse homem teve de alimentar-se, nos últimos meses de vida, por meio de sonda introduzida diretamente no estômago. Como gostava muito de beber, o médico, que o sabia condenado à morte, não o quis privar do vício. Servindo-se de um funil, o velho Carpóforo levava a bebida ao estômago, num gesto trágico e cômico ao mesmo tempo. E, para consolar o paladar da passagem da bebida por outra via, bochechava com o resto que havia no fundo do copo." (p.151)

Ao interrogar o amigo, fica sabendo que foi o professor Otelo, o médico que liberou o chope. Lembra-se Belmiro que tal profissional fora o mesmo que lhe dera sorvete quando esteve resfriado, dizendo que era um medicamento específico. "Aceitei o sorvete e apanhei uma gripe pneumônica." (p.151)

Do "71. ONDE APARECE O 'DOUTOR ANGÉLICO'" ao "75. NOVAS AQUISIÇÕES"

"Por que continuar tais confidências, já destituídas de intimidade, pois que me dirijo sempre a um leitor imaginário?" (p.152) Belmiro está em tais cogitações, quando lhe aparece Silviano. Comenta que o amigo ora tem gestos soberbos, ora caprichos de criança; pela sua cabeça passam grandes coisas e também coisas disparatadas como comprar um título de conde. Silviano arrasta-o até à casa de Jerônimo, a quem chama de doutor Angélico, por causa de sua profissão de fé tomista e com quem mantém uma longa e cansativa discussão. Belmiro isola-se deles a um canto a folhear um livro e até dorme. Os dois travam acalorada e infantil disputa nos domínios da teologia. Comenta o narrador: "se perderam em tais funduras, que me senti impossibilitado de acompanhar a discussão." (p.155) Ironicamente o amanuense encerra assim o capítulo 71: "Como vêem, não perdi a noite. Instruíram-me bastante, e é possível que eu venha a tomar gosto por esse gênero de polêmica". (p.156)

Belmiro vai à formatura de Glicério, que não sabe o que fazer de seu diploma, pois não se sente atraído pela profissão e não se acha habilitado para coisa alguma. "Apanhou o vício da literatura e só acha graça nisso." Belmiro lembra-se de si mesmo, julgando que faliu na vida por não ter encontrado rumos. "Esse Diário, ou coisa que o valha, não é sintoma disso?" (p.157)

Vem mais um Natal e tudo continua igual. O casamento de Carmélia será no dia 15 de janeiro. Belmiro retifica a afirmação de que não conseguiria fazer novas amizades em sua idade: "A vida é um constante descobrimento e uma retificação constante". (p.159) Sua nova amizade é o contínuo Carolino, que se tem revelado como assíduo freqüentador da Rua Erê, íntimo de Emília. Tornou-se indispensável. “Celebro, nesta página, a aquisição do novo amigo. É inteligente e dedicado.” (p.160) Pensa o narrador em ir ao Rio.

Do “76. ORA BOLAS” ao “80. VOZES ATLÂNTICAS”

“Quem quiser fale mal da literatura. Quanto a mim, direi que devo a ela minha salvação. Venho da rua oprimido, escrevo dez linhas, torno-me olímpico.” (p.161) O homem que escreve neste caderno, afirma Belmiro, é aquele que consegue olhar para tudo que acontece à sua volta e dizer “Ora bolas”. Exemplifica: “Vi a donzela com o noivo – ora bolas.”

No capítulo 77, abruptamente o narrador já está no Rio de Janeiro, freqüentando com assiduidade o oceano Atlântico. Perde-se também na contemplação do Rio velho. “Percorrendo a Rua Matacavalos, pensei, com saudade, naqueles cavalheiros que andavam de tílburi, jogavam voltarete e tinham, sobre o mundo, pensamentos sutis. Divisei, a um canto, o vulto amável de Sofia e tive dó do Rubião. (...) Em certo bonde, que me pareceu puxado por burricos, tive a meu lado Dom Casmurro, e lobriguei, numa travessa, dois vultos que deslizavam furtivos à luz escassa dos lampiões: Capitu e Escobar.” (p.163)

Belmiro é salvo de um possível atropelamento por um português. Com isso, chama a atenção de nada mais, nada menos, do que o doutorando Azevedo Leão, que conhecera na casa de Jandira. Conversam e o rapaz diz que desinteressou-se da moça porque era tudo perfumaria: “Mas, perfumarias, perfumarias. Não rende. Dei o fora. Deixei-a com suas literaturas... Fez-me perder muito tempo...” (p.164)

Belmiro assiste à partida do casal Carmélia e Jorge. Pergunta-se se veio ao Rio só para isso. “Eram viajantes perfeitamente vulgares, como centenas de outros.” (p.165)

Mergulhado na observação do mar, aprofunda também o amanuense em reflexões profundas sobre o próprio eu. “Eis que surgiu um Belmiro poderoso e elementar. Um Belmiro dominador, atlântico, ao pé do qual o pobre Belmiro, sufocado entre montanhas, era um verme a rastejar.” (p.167) Depois de fazer uma reflexão sobre o amor e a impossibilidade de fixá-lo, encerra o capítulo: “Ainda estou a ouvir, como a uma sinfonia wagneriana, as vagas que batem no rochedo.”

Do “81. A VERDADE ESTÁ NA RUA ERÊ” ao “85. UM POUCO MENOS PESSIMISTA”

“Como esta Rua Erê me enternece! Cá estou de novo, e melhor fora não ter saído. A verdade está na Rua Erê e não no Arpoador. É aqui nesta sala de jantar, onde o relógio de repetição bate horas caraibanas, que encontro um refúgio embora precário.” (p.167) Comenta que tudo está como ele deixou, nada mudou muito nos últimos doze anos, a não ser a ausência de Francisquinha. Pergunta-se por que procurar um sentido individual de existência. Compara-se a certos arbustos do nordestes que não parecem ter outra utilidade a não ser compor a paisagem.

"Deveria conformar-se com isto, mas o **caniço pensante**[24], inquieto, quis explicar-se." (p.168) Acredita que seria melhor poder ser como Florêncio que "é a vida na sua manifestação mais confiante e tranqüila", um "homem primário" como diz Silviano. "Para que maior felicidade?" (p.168)

Glicério comunica que vai deixar a seção porque o Senador Furquim arrumou para ele uma comissão no gabinete do Advogado Geral do Estado. Essa notícia entristece o narrador, pois já está acostumado à sua companhia. "Sua retirada dá-me uma sensação de desamparo." (p.170) Termina as notas desse capítulo constatando que todos se deslocam, só ele resta e envelhece nessa vida modorrenta.

No domingo, Belmiro relê os quatro cadernos de seu diário. Diz que há vinte dias não escreve, mas também há pouco que escrever. Redelvim tomou seu rumo. Glicério deixou a seção. Jandira se afasta cada vez mais. Continuam apenas Silviano e Florêncio. Encerra, retomando o tema que já não tem mais o que escrever: "Creio que já escrevi tudo o que havia em mim para escrever". (p.172)

Voltando para casa, à noite, encontra um cão magro com a cabeça presa em uma lata de lixo. Vai tentar ajudar, mas o cão não entende a sua atitude e foge batendo a lata em quantos obstáculos encontra pelo caminho. "Qualquer coisa me liga a esse cachorro magro e abandonado que encontrei na Rua dos Pampas." (p.173)

Outros dez dias de solidão e o amanuense não agüenta. Procura Silviano. Como estava fora, na casa de Jerônimo, parte Belmiro para a casa de Jandira, que o recebe com alegria. Conta a moça que fora assediada pelo Silviano e pelo Redelvim. "Regressei, menos pessimista, da casa de Jandira. Mudou muito, mas continua interessante. E sempre desejável. Bem que seria capaz de lhe propor casamento... Ora, que tolice! Alguém me quer? Quem poderia casar-se comigo morreu há anos em Vila Caraíbas." (p.176)

Do "86. SILVIANO E SEU PLANO DECENAL" ao "90. LAGOA SANTA"

Depois de longa ausência, Silviano visita Belmiro com pastas repletas de folha de papel. São anotações que fazem parte de um projeto que ele tem: "Há dois meses, declarou, com solenidade, resolvi escrever a minha vida". Diz que porá o título da obra e dos capítulos em latim. Silviano expõe ao narrador todo o plano de sua obra. Belmiro faz alguns reparos, que, como sempre, irritam o amigo. Quando o amanuense pergunta quanto tempo levaria para terminar o livro, ouve a seguinte resposta: "Talvez uns dez anos... É um plano decenal. Só para delineá-lo gastei quase dois anos de estudo". (p.178) Sai o amigo apressadamente e Belmiro sente pesar porque a conversa não durou mais tempo.

Na manhã de 28 de fevereiro, Belmiro dá um passeio pelo parque em companhia de Carolino. Vê um grupo de moças e rapazes que invadem o jardim em alegres pares e canta para eles baixinho estes versos de Molière:

---

[24] Referência ao filósofo francês Pascal, que afirmou ser o homem um caniço que pensa.

"Profitez du printemps
de vos beaux ans,
aimable jeunesse;
Profitez du printemps..."
....
"...La beauté passe,
le temps l'éfface,
l'âge de glace
vient à sa place,
Qui nous ôte le goût de ces doux passe-temps."[25] (p.180)

No outro dia, na repartição pública, Belmiro lamenta a ausência de Glicério. "Já não tenho, pois, com quem conversar, e isso é, para uma pessoa que foge de conversar consigo mesma." (p.180) Volta a preocupar-se com a velha questão: "que vim fazer neste mundo?"

Em casa, Emília fala que o velho Borba lhe tinha aparecido pedindo café e infomando que a Chica estava no meio dos anjos. Comenta o narrador: "Como avulta, nesta casa, a figura de Emília! Está velha, bem velha, e a pele encardida mal cobre os ossos". (p.182)

"Fiquei outros quinze dias sem mexer nestes cadernos. Creio que já não tenho mais nada para escrever, pois a vida se torna vazia, vazia." (p.183) Aconteceu outro carnaval e o narrador passa-o em Lagoa Santa, na companhia de Florêncio, que tenta levar o amigo para banho na lagoa. Belmiro recusa porque não quer exibir seu corpo magro.

Do "91. ESTÃO DE VOLTA" ao "94. ÚLTIMA PÁGINA"

Belmiro tem um rápido encontro com Glicério na Praça da Liberdade, e fica sabendo que Carmélia e Jorge logo voltarão. Algum tempo depois, voltando do parque, leva um susto quando uma buzina o acorda de sua distração. "Assustado, quando já não havia perigo, pois o carro parara, dei ridículo salto para um lado. Ouvi risos por detrás do pára-brisa. Eram Carmélia e Jorge. Muito confuso, fiquei a passar as mãos pela roupa, fingindo-me preocupado com a água de enxurro com que o carro me salpicou." (p.185) Aborrece-se o narrador porque o casal nem ao menos lhe diz qualquer palavra amável.

O narrador tem um sonho. Numa viagem de trem encontra três passageiros que dizem ser poetas, um irônico, outro místico e outro "poeta sem nome".

"Passando-me a mão pelos cabelos, falou o poeta irônico:

'*Mundo mundo vasto mundo*
se eu me chamasse Raimundo
seria uma rima, não seria uma solução.'" (p.186)

Carolino traz para o narrador mais blocos de papel, mas ele diz que não precisa mais: "Esqueceu-me dizer-lhe que a vida parou e nada há mais por escrever." (p.187)

---

[25] Tradução livre: "*Aproveitai a primavera dos belos anos, amável juventude. A beleza é apagada pelo tempo e a idade da neve vem ocupar seu lugar, tirando-nos o gosto desses doces passatempos.*

V – SÍNTESE DO ENREDO

O amanuense Belmiro Borba resolve escrever uma obra, com a qual pretende resgatar o mundo de Vila Caraíbas, onde nasceu. Vive atualmente em Belo Horizonte, como funcionário público, em companhia de duas irmãs, Emília e Francisquinha. Mantém um círculo de amigos de que participam Redelvim, Silviano, Glicério e Florêncio, além de Jandira, uma mulher liberada. Com o passar do tempo e das anotações, o narrador-protagonista deixa de lado sua intenção inicial e converte o caderno de anotações em um diário em que vai registrando não o passado, mas o presente, com seu grande vazio existencial.

Durante o ano de 1935, o narrador vai registrando os acontecimentos que se relacionam com sua vida, a loucura de Francisquinha, os achaques de Emília, os problemas da amiga Jandira, suas fantasias com a moça da Rua Paraibuna, Carmélia, com quem imagina casar-se. A moça, no entanto, casa-se com Jorge. O círculo de amigos vai se rompendo, Francisquinha falece e a vida do amanuense vai se fechando sem perspectiva de melhoria ou de mudança. Assim, ele encerra seu diário porque não vê mais nada que lhe pareça digno de ser anotado.

VI – ESTRUTURA DA OBRA

O romance está dividido em 94 capítulos curtos, que são numerados e têm cada número precedido do sinal de parágrafo. Acontece que cada capítulo desse é dividido em vários parágrafos, então o que quererá significar com isso o narrador e pseudo-autor? Parece-nos que quer chamar a atenção para o caráter episódico e para a pouca extensão de cada unidade dessas.

O narrador emprega foco narrativo em primeira pessoa, registrando de modo subjetivo e confidencial os acontecimentos e suas reflexões como que em um diário, em capítulos breves, que funcionam como crônicas. "Quem escreve um Diário (afinal, estou escrevendo um...) não se pode furtar à sua própria contemplação. É um narcisismo a que ninguém escapa." (p.55)

Predomina a **ação** interior, de andamento moroso. Essa morosidade ocorre principalmente por causa das interrupções provocadas por digressões e pela quebra da linearidade, com fatos presentes e lembranças de fatos passados se interpenetrando constantemente. Essas indas e vindas do texto colocam o narrador e seu estilo numa tradição que vem de Laurence Sterne, Almeida Garret, Machado de Assis a Hilário Tácito.

Predomina o **tempo** psicológico, embora o tempo cronológico apareça registrado em diversas passagens. O próprio narrador, em determinado momento, questiona o tratamento dado por ele ao tempo na sua narrativa: "Que tenho eu com os dias que a folhinha assinala". (p.17) O relato, pelo que registram as anotações, toma o tempo cronológico de um ano e situa esse período no ano de 1935, época do Governo Vargas.

O narrador revela uma profunda nostalgia do espaço rural, mas predomina o espaço urbano, mapeando Belo Horizonte, capital mineira, com suas ruas, praças e bairros.

Personagens:

Belmiro Borba, amanuense, trinta e oito anos, alto, magro, funcionário público, protagonista e narrador. Usa *pince-nez* e se veste à antiga. Ousado nas brincadeiras e conversas maliciosas com as donzelas, mas na verdade é um tímido e incompetente para conquistas amorosas efetivas: "Não lhes contei que é um dos meus fracos dar certo tom picante às conversações com moças donzelas. Dificilmente isso se concilia com as minhas inclinações líricas, mas a contradição é da vida." (p.61) Não tem partido, nem religião, cuida das irmãs e procura conservar os amigos. Passa pela vida como quem observa e não como quem vive. Ideologicamente assim se define: "Escreverei também que não me falta simpatia humana e muito me preocupam os males do mundo. A injustiça social me dilacera a sensibilidade. Mas há, em mim, escrúpulos de espírito e de sentimento que não aceitam radicalismos revolucionários." (p.109)

Jandira, amiga do protagonista, vive com sua tia Hortênsia e participa do grupo de homens como mulher liberada, socialista e intelectual. Tem vinte e cinco anos, mas apresenta um corpo de dezenove: "aos vinte e cinco anos, tem a mesma graça leve e a mesma carne ágil dos dezenove". (p.108) Há, no capítulo 26, dois fragmentos que definem bem a estrutura psicológica da personagem: "Jandira desnorteia a gente. Em palestra, tem admitido que abordemos temas perturbadores e, de boa vontade, ouve anedotas fortemente temperadas. (...) Entretanto, não suporta um olhar de desejo. Ruboriza-se, compõe-se, reage, se for preciso. Certa vez Silviano, a pretexto de despedir-se, tentou abraçá-la e levou carão. É partidária do amor livre e de todas as outras liberdades, mas defende-se como leoa, sempre que está em xeque." (p.61)

Emília, irmã do protagonista, a quem tem a mania de chamar de excomungado. Quando toma refeições com ele, põe entre ambos um anteparo de papelão para não ter que vê-lo. E é a Francisquinha que é louca! É dura, áspera, mas garante o narrador que é tudo couraça, pois no fundo deve ter um coração mole e amoroso, como seu pai, o velho Borba.

Francisquinha, irmã louca, que dá muito trabalho a Belmiro e Emília, mas ambos têm por ela muito carinho e dedicam-lhe muitos cuidados e atenções, quando em suas crises nervosas.

Glicério, é o mais recente dos amigos de Belmiro, também colega do serviço público. É conhecido da família de Carmélia. Moço fino, de tendências aristocráticas, é apresentado pelo narrador como um janota.

Carmélia, jovem muito clara, muito fina, órfã de pai. Mora com a mãe e um irmão menor. É quem coloca em turbilhão as fantasias do narrador a partir de um baile de carnaval.

Silviano, casado com Joana, tem mania de trocar o nome de todo mundo, adora mentiras e armações. É intelectual, professor, caça as menininhas, mas paradoxalmente defende a ascese como modo de vida atual. Belmiro o classifica como "homem da hierarquia intelectual e da torre de marfim".

Florêncio, amigo do círculo de Belmiro, definido por este como "tranqüilo pequeno burguês, de alma simples, que não opina", mas que gosta muito de um chope.

VII - ESTILO DE ÉPOCA E ESTILO INDIVIDUAL

Cyro dos Anjos pode ser inserido no Modernismo, na segunda fase ou segunda geração, surgida na década de trinta. Por isso mesmo, pode ser denominada "Geração de 30". Outra denominação que se lhe costuma dar é a de Neo-Realismo, pela quantidade de traços estéticos semelhantes que vários escritores do grupo nordestino apresentam. Não é o caso do escritor mineiro, que prefere mergulhar no mundo interior, subjetivo do protagonista. Acreditamos que isso o aproxima mais do gaúcho Dionélio Machado do que de Graciliano Ramos, mais do também mineiro Lúcio Cardoso do que de Jorge Amado. Há, no entanto, traços semelhantes aos demais escritores do período: valorização da temática contemporânea e uma visão mais objetiva e crítica das relações sociais; preocupação com a forma e preferência pela retratação do homem vulgar com seus defeitos e covardias. Ao contrário da tendência da literatura em prosa desse período, que ficou marcada por um profundo regionalismo e ambientação rural, Cyro optou pela ambientação urbana, mas continua regional no sentido de manter-se preso ao seu estado natal e à vivência cultural "mineira", que se apresenta fortemente no seu protagonista-narrador, Belmiro, "enrolado" interiormente, tímido e fantasioso, de psicologia labiríntica, barroca.

É impressionante como o processo digressivo lembra Machado de Assis, mas o humor de Cyro dos Anjos já é puro, ingênuo, de um poeta lírico como diz o narrador, em nada lembrando aquela "maldade" e aquele cinismo dos narradores de Machado, escarafunchando os cantos sórdidos e escuros da alma humana. Por outro lado, podemos encontrar aí um ponto de contato com o estilo de Rubem Braga.

Assim como seu contemporâneo Rubem Braga, Cyro dos Anjos coloca a problemática política em sua obra, mas não adotou o engajamento como obrigação, nem se obrigou a fazer de seu texto uma arma de combate. Através do protagonista, vemos o embate ideológico forte da época, Socialismo X Fascismo, representado pelos seus amigos, mas ele mesmo fica à margem do debate. Outro ponto de semelhança com o estilo de Rubem Braga é o predomínio da ação interior, valorizando sobremaneira os pensamentos, as reflexões e as sensações. Para encerrar esse paralelismo, o grande destaque fica para o trabalho com a linguagem, a habilidade de manipular o discurso, que Manuel Bandeira chamou de "puxa-puxa", pois o conteúdo pode ser mínimo e até inexistente, que o leitor se deixa atrair e prender pela "conversa" melíflua do narrador, que, não raro, envereda pela mais fina e sutil poesia. Para constatar isso, leia com atenção, no original, todo o capítulo 32. É impossível fazer um resumo do conteúdo desse capítulo, embora ele nada acrescente (em matéria de informação importante) ao relato que o narrador diz desejar fazer, mas ele amarra-nos com delicados cordões e vamos até o fim, com agrado, com interesse.

VIII – TEMÁTICA

O tema maior de quase toda narrativa em primeira pessoa é a tentativa de se conhecer, é a resposta à pergunta "quem sou eu?". Pergunta essa, aliás, formulada de modo explícito por Belmiro em um dos momentos de suas anotações. No final de seu diário, questiona-se ainda ele: "que vim fazer neste mundo?". Não encontrando resposta, compara-se a certos arbustos da caatinga nordestina que parecem de nada servir a não ser compor a paisagem. Outro tema que reaparece insistentemente é o da passagem inexorável do tempo: "Nada mais depressivo que sentir outras gerações surgirem depois da nossa e nos disputarem espaço." (p.42)

A temática de que o essencial é invisível aos olhos também se apresenta nas reflexões de Belmiro. A vida é feita de aparência e o essencial é difícil ou inacessível: "A realidade é a aparência, e o que é – no fundo – não o é para nós". Podemos encontrar, também, uma crítica à vida ociosa do funcionalismo público: "'O Secretário está fora, e temos pouco serviço.' (Na verdade nunca tivemos serviço, e jamais conheci ficção burocrática mais perfeita que a Seção do Fomento...)" (p.23)

Percebe-se ainda o tema da sincronicidade, segundo a qual, muitas vezes, fatos e situações, aparentemente acidentais, estão combinados para um determinado acontecimento posterior: "Há, sem dúvida, uma trama secreta que, encadeando os acontecimentos, envolve uma química, uma física e uma economia social extremamente sutis para que a ciência humana possa penetrá-las." (p.25) Sob esse ponto de vista, o acaso ou acidente deixa de existir, e tudo o que nos acontece passa a fazer parte de um plano, ou trama, em que todos os elementos se encaixam, embora nós não consigamos perceber. Carl Jung é um defensor dessa tese.

Quando lemos *Os ratos*, de Dyonélio Machado, espantamo-nos com a capacidade do autor, que consegue escrever todo um romance para retratar apenas um dia na vida de um pobre coitado, um mísero funcionário público. A ação fundamental dessa narrativa é a luta do protagonista para conseguir o dinheiro necessário para pagamento da conta de leite. O que temos é o retrato de uma vida medíocre e a única grande aventura que parece reservada ao herói moderno (ou anti-herói) é conseguir pagar o leite dos filhos. Parece um enorme desafio, escrever tanto sobre tão pouco. Como prender o leitor com fatos tão insignificantes se ele está sempre à espera o inusitado, do sensacional? Após o término da leitura de *O amanuense Belmiro*, ficamos com a impressão de que Cyro dos Anjos impôs a si próprio outro desafio, mais instigante, escrever sobre o nada, sobre o vazio. Belmiro não tem sequer uma ação concreta, vital. Não, a única aventura que se lhe apresenta é recuperar o mundo caraibano, coisa que ele abandona logo no início, porque percebe que o presente interfere a todo momento. Resolve escrever sobre o seu presente, mas ele "se entrega ao presente; mas não o vive"[26]. (p.XV) O que se segue é um

[26] Candido, Antonio. "Estratégia", prefácio da edição consultada para este trabalho.

esvaziamento que frusta o narrador, levando-o a parar, não porque conseguiu alguma coisa, mas porque não tem mais nada para dizer. Comparando, então, as duas obras, podemos concluir que para os míseros mortais dos tempos atuais já não resta mais qualquer aventura possível. Belmiro mais pensa do que age. Sua ação é manietada ou impedida pelo excesso de análise. Sobre isso, assim se manifestou o crítico Antonio Candido: "É este, com efeito, o problema central da obra. A atitude belmiriana resulta de uma aplicação do conhecimento aos atos da vida – entendendo-se neste caso por conhecimento a atitude mental que subordina a aceitação direta da vida a um processo prévio de reflexão". (p.XVII)

BIBLIOGRAFIA CONSULTADA

Anjos, Cyro dos. *O amanuense Belmiro*. 1989, RJ: José Olympio. (Utilizada para citações.)

Áristos. *Diccionario ilustrado de la Lengua Española*. 1942, Barcelona: Editorial Ramón Sopena.

Dubois, Jean e outros. *Dictionnaire du Français contemporain*. 1971, Paris: Larousse.

Holanda Ferreira, Aurélio Buarque de. *Novo dicionário da Língua Portuguesa*. RJ: Nova Fronteira, s/d.

A SIBILA (1954)

de Agustina Bessa-Luís
por Geraldo Chacon

I - BIOGRAFIA

Agustina Bessa-Luís nasceu no dia 15 de outubro de 1922 em Vila Meã, Amarante, que fica na região do Douro, onde passou sua infância e adolescência. A região, com sua geografia e costumes, será o cenário que marcará mais fortemente a obra da escritora.

Agustina iniciou-se na literatura em 1948, quando publicou sua primeira ficção, a novela *Mundo fechado*, desde quando tem escrito com um ritmo espantoso. Já publicou mais de cinqüenta obras. Viajando pelo mundo todo, essa infatigável escritora tem representado as letras portuguesas em incontáveis encontros internacionais e realizado conferências em diversas universidades.

Além da extraordinária produção literária, Bessa-Luís também exerceu a função de diretora do diário *O Primeiro de Janeiro* (Porto) de 1986 a 1987 e no período de 1990 a 1993 dirigiu o Teatro Nacional de D. Maria II, em Lisboa e foi membro da Alta Autoridade para a Comunicação Social.

Em 1984, com o romance *Os Meninos de ouro*, Agustina ganhou o grande Prêmio da Associação Portuguesa de Escritores.

II - BIBLIOGRAFIA

Mundo fechado (1948), *Os super-homens*(1950), *Contos impopulares* (1951-1953), *A sibila* (1954), *Os incuráveis* (1956), *A muralha* (1957), *O susto* (1958), *O inseparável* (teatro-1958), *Ternos guerreiros* (1958), *Embaixada a Calígula* (viagens(1961)), *O manto* (1961), *Sermão do fogo* (1962), *A brusca* (1971), *Santo Antônio* (biografia-1973), *As pessoas felizes* (1975), *Crônica do Cruzado OSB.* (1976), *As Fúrias* (1977), *Florbela Espanca* (biografia-1979), *Conversações com Dmitri e outras fantasias* (1979), Fanny Owen (1979), O mosteiro (1980), Sebastião José (biografia-1981), *Longos dias têm cem anos* (biografia-1982), *Os meninos de ouro* (1983), *Adivinhas de Pedro e Inês* (1983), *Um bicho da terra* (1984), *A monja de Lisboa* (1985), *Martha Telles - o castelo onde irás e não voltarás* (biografia-1986), *A bela portuguesa* (teatro-1986), *Apocalipse de Albrecht Dürer* (1986), *A corte do norte* (1987), *Prazer e glória* (1988), *Aforismos* (1988), *As relações humanas* (I - Os quatro rios (1964), II - A dança das espadas (1965), III - Canção diante de uma porta fechada (1966)), *A Bíblia dos pobres* (I - Homens e mulheres (1967), II - As categorias (1970)), *Eugênia e Silvina* (1989), *Vento, areia e amoras bravas* (1990), *Vale Abraão* (1991), *Breviário do Brasil* (1991), *Estados eróticos imediatos de Sören Kierkegaard* (1992), *Ordens menores* (1993), *O concerto dos flamengos* (1994), *As terras do risco* (1994), *Alegria do mundo* (1996), *Memórias laurentinas* (1996).

III - APRESENTAÇÃO

Autora de umas cinco dezenas de obras, Agustina Bessa-Luís já tem o seu lugar garantido no panorama da literatura portuguesa contemporânea. Iniciou-se no romance com Mundo fechado, em 1948, e com *A sibila*, de 1954, conseguiu agradar tanto aos críticos quanto aos leitores, pois a primeira edição esgotou-se em poucos meses. *A sibila* foi revelado no concurso de Guimarães Editores, tendo sido eleito por unanimidade como o melhor dos 33 romances inscritos. Faziam parte do júri, escritores importantes como Álvaro Lins, Branquinho da Fonseca e Vitorino Nemésio. Além do Prémio Delfim Guimarães (1953), com o mesmo romance *A sibila*, Agustina conquistou também o Prêmio Eça de Queiroz em 1954.

IV - RESUMO DO ENREDO

(Nas transcrições, será mantida a grafia original portuguesa.)

CAPÍTULO I

"– Há uma data na varanda nesta sala – disse Germana – que lembra a época em que a casa se reconstruiu. Um incêndio, por alturas de 1870, reduziu a cinzas toda a estrutura primitiva. Mas a quinta é exactamente a mesma, com a mesma **vessada**[1], o mesmo **montado**[2], **aforados**[3] à Coroa há mais de dois séculos e que têm permanecido na sucessão directa da mesma família de lavradores.

– Uma espécie de aristocracia *ab imo*[4]. – E Bernardo riu-se, cheio duma ironia afável e quase distraída; tirou do nariz as lunetas, muito maquinal, colocou-as de novo, ajustando as molas de ouro nos vincos que pareciam o sinal de unhadas, e, com um piscar precipitado como quem bruscamente transita da obscuridade para a luz, disse ainda – '*Ab imo*, da terra...', pois ele considerava a cultura como um privilégio pessoal, e nunca perdia a oportunidade de se mostrar generoso, transmitindo-a. Pertencia ele ao ramo da família que do capitalismo ascendera ao posto imediato da intelectualidade e nisso fixara uma aristocracia."[5] (p.7)

---

[1] Terra fértil, regadia, com sulcos profundos para sementeiras.

[2] Terreno onde crescem os sobreiros, os azinheiros e onde pastam os porcos.

[3] Relativo ao direito que confere a alguém o gozo de um imóvel desde que se comprometa a não deteriorá-lo e a pagar um foro (ou pensão) anual.

[4] Do fundo. O sintagma costuma aparecer tradicionalmente na frase latina *ab imo pectore*, significando "do fundo do peito" ou "do fundo do coração".

[5] Assim, um narrador onisciente, empregando foco narrativo em terceira pessoa, inicia o relato.

Bernardo Sanches era o exemplo duma raça heróica enquanto a história de sua prima Germana era uma questão de sobrevivência, medíocre. Ela sentia prazer em parecer vulgar. A partir de um certo momento, Germana desligou-se da conversa e já não ouvia mais Bernardo. Bruscamente ela se pôs a falar de Quina. Era setembro e o tempo estava morno. "Ah, Quina, tão estranha, difícil, mas que não era possível recordar sem uma saudade ansiada, quem fora ela?"[6] (p.9) O narrador, informa, imediatamente que "Joaquina Augusta nascera nessa mesma casa da Vessada, setenta e seis anos antes". (p.9) Foi a segunda filha de um casamento de sete anos. Seu pai fora o maior conquistador da comarca, dono de casa de lavoura, amigo de gozos e de brigas. Sua mãe, Maria da Encarnação, era vinte anos mais nova que o marido. Maria tinha nove anos quando se apaixonou por Francisco Teixeira. Um tarde, ela se vira impedida de pular um córrego que se avolumara com a enchente. Ele apareceu, levou-a até sua casa e disse ao pai: "Ora acautelem-me lá esta rapariga, que é com ela que eu vou casar... Adei...". (p.11) As irmãs, que gostavam dele como todas as moças do lugar, riram-se muito como se aquilo fosse uma piada. Balbina, "a mais velha das irmãs, correu de repente para Maria, a quem encheu de mimos e desvelos, palpando-lhe as roupas molhadas, desnastrando-lhe as trancinhas hirsutas, para que os cabelos enxugassem". (p.11) Casaram-se às ocultas onze anos depois. Maria era já uma bela mulher, mas interiormente não mudara nada. Francisco manteve durante algum tempo esse casamento sem união porque não sabia o que fazer com as outras muitas mulheres que o assediavam a todo o tempo em todos os lugares. Certo dia, porém, Maria cansou-se do assédio dos que pretendiam seu dote de dois moinhos e algumas ramadas assim como das chufas e desdém das irmãs e deitou a correr para a casa do marido. "Essa mesma noite a casa da Vessada recebeu a sua nova ama." (p.12) As outras mulheres vingavam "a traição daquele casamento, infligindo à escolhida a tortura do abandono". (p.13) O narrador passa a dedicar a atenção a uma dessas mulheres, de nome Isidra. Burguesa prendada, órfã de mãe muito cedo, era uma moça grande, de vinte anos, "com esses olhos sombrios e um tanto vítreos que a palidez dum rosto favorece". (p.14) Conhecera Francisco numa romaria, em que houve briga e ele se destacou pela maneira grave e tranqüila com que batia os demais. "Olhava Francisco Teixeira, viu como ele, esgotando os adversários, se detivera no largo varrido, verificando a solidez do varapau, que varava o ar com silvos prolongados. Depois, calmo, afastou-se por entre a multidão, e nem uma vez se voltou." (p.15) Começaram os amores. Ela era fogosa e indomável, mas passados os primeiros arroubos, fatigou-se de "suas corridas pela quinta, que ela atravessava noite alta para comparecer aos encontros". (p.17) Ela não o amava, apenas se entregava por "desafio ao nome que comprometia". (p.17) Ele também acabou enfadando-se daquele temperamento viril que lhe impunha ordens, pois ele gostava das mulheres submissas e mansas. Quando ela ia ser mãe, temendo seus ardores e a tentação

---

[6] Emprego do discurso indireto livre, pois o narrador estava falando da personagem e abruptamente insere, sem aviso prévio ao leitor (sem sinal gráfico que identifique), um pensamento da personagem.

de sua fortuna, Francisco resolveu casar precipitadamente com Maria. Interiormente, Francisco esperava manter o casamento em segredo até que sua situação com Isidra tivesse um "natural epílogo", mas Maria precipitou o enredo ao fugir de casa.

Comentário: Como o próprio narrador comenta, há em Francisco (depois em seus filhos, como uma herança) um comportamento que pode ser definido como "estilo hamletiano", pois evita tomar decisão, esperando que a vida ou destino determine o rumo dos acontecimentos.

Pouco tempo depois da chegada de Maria, a casa ardera nas chamas de um incêndio. Ele, como sempre, estava fora. Ela, sem chorar, assistira tudo sem confiar uma emoção sequer "à turba que a rodeava". Quando Francisco chegou "sem se apressar muito em se chegar, em falar, pousou-lhe a mão no ombro, delicadamente, alisando-lhe as pregas do xaile, como se, com esse gesto humilde e repetido, quisesse definir um arrependimento.

– Eu tinha pensado já fazer umas obras... – disse". (p.19)

O narrador projeta-se sem transição no futuro, alertando o leitor de que Maria "morreria muito velha" a lembrar-se de que seu homem sempre esteve junto dela. "'Que culpa tinha ele de ser bonito?' – dizia, tomada duma filosofia gracejadora e doce. E, avistando da janela o filho que tomava o caminho dos lameiros, num dia outoniço em que chovia, alarmava-se, julgando que era Francisco Teixeira que partia desprevenido de abafos. 'Vai-se molhar todo, o meu Chico. Levem-lhe um capote, porque se vai molhar'. No entanto, havia quarenta anos que ele tinha morrido." (p.19)

II

"Se já tinham esmorecido havia muito, as relações com Isidra ficaram desde então definitivamente acabadas. Nem Francisco procurou vê-la mais, nem ela de algum modo se interpôs na sua passagem." (p.19) Francisco só se preocupava com o filho que ia nascer. Por isso, pagou gente para espionar Isidra. Quando soube que ela iria enjeitar o filho, conseguiu cúmplices que lhe trouxeram o recém-nascido, a quem mandou criar cheio de amparo. O menino, mais tarde, era recebido com deferências por Maria. Tornou-se homem probo que muito honrava o nome do pai. Isidra, já velha, casou-se com um magistrado e Francisco perdeu-lhe o rasto para sempre.

Francisco nunca mudou, suas aventuras eram inumeráveis e Maria viveu um inferno de desesperos mudos. Os primeiros anos do casal foram muito amargos, "se bem que Maria no futuro, os recordasse com uma ternura muito viva, e os achasse, de facto, os mais risonhos da sua vida; três filhos perderam-se, e a criança que logo nasceu em condições de sobreviver deveu-a a Narcisa, conselheira assídua de Maria".

Comentário: Perder o filho, na situação em que aparece no texto, pode ser resultado da falta de alimentação de Maria, que joga a comida fora, quando o marido não vem ou quando já chega alimentado. Narcisa aconselha-a a comer antes do marido chegar: "Se ele não tiver ceado, comes outra vez com ele; se não, podes deitar o teu caldo na pia, que já não faz falta". (p.21) Assim, um ano depois nasceu Justina, "depois seguiu-se Joaquina Augusta e ainda três rapazes." (p.21) Aos cinco anos, Quina ficava sentada sobre um caixote oscilante no degrau que comunicava a nova cozinha com os outros aposentos, enquanto Estina, sua irmã mais velha, saía para a escola. "Por um fenómeno não muito raro no coração das mais extremosas mães, Joaquina Augusta encontrou um terreno de afectos quase totalmente dedicado à primeira filha, Estina. Joaquina detinha perfeições e afinidades que a tornavam como que uma répica da mãe. Entre Quina e o pai foi aos poucos desenvolvendo uma cumplicidade, uma espécie de aliança secreta. "Ele cortejava-a profundamente, de resto, como usava fazer com todas as mulheres sem excluir as filhas, incapaz de rispidez perante elas, domado por aquele sortilégio de saias ..." (p.23)

Todas as irmãs de Maria tinham se casado. Balbina, a mentirosa por vício, era madrinha de Quina. Balbina costumava "procurá-la para lhe oferecer hospitalidade durante o tempo das **sachas**[7] ou das **esfolhas**[8], convocando assim uma jornaleira gratuita". (p.24)

O narrador passa a tratar de outra afilhada de Balbina, Elisa Ainda, que se casa com "um tio regressado do Tucumán" onde ficou rico. Fez-se uma fidalga, Elisa Ainda Fattoni, condessa de Monteros, com preceptora inglesa e aulas de piano. O marido gostava muito de ver a mulher cheia de luxo, mas ela mesma parecia não se ater muito a isso. Tanto que usava com descaso sua manta de marta como ninho de gatos e entregou "um enorme *Rolls Royce* com faróis de prata, para poleiro de galinhas". (p.26) Essa personalidade acompanhou muito a meninice de Quina. Outra figura que a marcou foi a de José do Telhado, um ladrão, que era amigo de seu pai. Só sua família abrigava tal indivíduo. "A verdade é que entre o povo a noção de propriedade está por demais arreigada para que um ladrão, por mais heróico ou altruísta, não seja julgado como infame. Um assassino é tolerado, pode partilhar o pão dos seus vizinhos, pode fazer esquecer o seu crime." (p.29)

Certo dia, José do Telhado foi perseguido e fugiu apressado. Quina vistoriou o quarto e apanhou da mãe. O pai protegeu-a e ela, depois de chorar muito, manteve com ele o seguinte diálogo:

"– Onde está o homem? – perguntou vivamente, de súbito. – Ele tinha feito sangue, tinha uma ferida.

– Tu viste-o – disse, apreensivo, Francisco.

– Não; mas eu sei.

Ele olhou furtivamente a mulher, viu que ela se fazia pálida e murmurava palavras de esconjuro. Era dia claro." (p.32)

---

[7] Sacha é um tipo de enxada, podendo-se entender o termo então como "capina".

[8] O mesmo que esfolhada, época de se tirar as palhas do milho. Costuma-se reunir parentes, empregados, vizinhos e amigos para brincarem enquanto trabalham. Assemelha-se ao costume brasileiro de "encher laje", quando se serve bebida e às vezes churrasco para os colaboradores.

III

Estina era uma moça prendada e recebera uma educação cuidadosa. "Uma urdideira de nomeada hospedara-se em casa durante um mês, para a ensinar a tecer." (p.32) Além disso, era bonita. "Possuía uma boca delicada e um tanto carnuda, e um nariz tão perfeito que chegava a ser impessoal; os seus pés eram primorosamente bem feitos. Com a idade, fizera-se confidente de Maria, que a preferia sempre, vendo-a desenvolver em graças e discretos dons de prudência e de admirável senso." (p.32) Assim como Maria, Estina não gostava das mulheres choradeiras. Era também indolente, gostava dos serviços que pudesse fazer sentada, como debulhar feijões. Os trabalhos que exigiam maior atividade e energia ficavam para Quina. Eram muito amigas as duas.

Quina, com sua máscula altivez e sua consciência para ser livre juiz incomodava a mãe, que nem nos filhos homens encontrava essa força. Puxaram o pai. Um deles, Abílio, morreu apenas ao passar a adolescência, quando voltara do Brasil. João e Abel conseguiram posições que os elevavam à condição burguesa. O único filho a deixar descendência foi o que levava o sobrenome de Maria, o que parece ao narrador uma irônica compensação do destino.

Começam a dar sinais os resultados da vida boêmia de Francisco. A casa passa a ter problemas econômicos. Mesmo assim, ele não muda. Narcisa avisa Maria para tomar cuidado com uma empregada, mocinha torneada e negrusca. Maria finge não dar importância, mas uma tarde dispensa a moça e vai arrumar os quartos no lugar dela.

"Da **eira**[9] subiam **cepas**[10] que tinham ganho corcovas o jeito dos ferros que enlaçavam. Foi um desses pés de videira, cuja casca, já velha, desfibrava, que Francisco usou para trepar, disposto a representar com rigor a cena do balcão.[11] Maria que, inclinada sobre a cama, lançava a ponta da coberta contra a parede, sentiu-se abraçada pela cintura; umas **suíças**[12] loiras roçaram-lhe o rosto. Ela endireitou-se sem muita pressa, disse, com uma indiferença que era como uma chicotada:

– Como te enganaste!

Contudo, o seu lábio tremia. Durante quinze dias não se falaram." (p.35) Apesar desses desgostos, Maria castigava aquele que ameaçasse fazer uma crítica ao pai. Na velhice, Francisco perde o decoro que antes tinha, pelo menos, no lar. Chega a empregar uma caseira de quem se torna amante. Mesmo depois de ser despedida, a mulher passou a viver próxima dali, ainda cumulada de presentes por Francisco. Quando, finalmente, é abandonada, a mulher cai na prostituição e atribui a Francisco um filho que então lhe nasce. Ele a repudia até com crueldade. A mulher cai na miséria e é Maria com suas filhas que vão em seu socorro.

---

[9] Terreno batido, mas aqui pode ser entendido como pátio ou quintal ao lado da casa.

[10] Tronco da videira.

[11] Intertextualidade, pois está comparando ironicamente o comportamento don juanesco de Francisco com a idílica cena da peça *Romeu e Julieta* de Shakespeare.

[12] Costeletas compridas que se juntam à barba que se deixa crescer do lado do rosto.

Quina não era bonita, pequena como o pai, mas de falas capciosas e gênio profundamente equilibrado. Tinha os mesmos defeitos da tia Balbina, sua madrinha. Mentirosa, **chicaneira**[13], prezava as grandes relações e não "tolerava tudo quanto não conseguia obter". (p.36) Não recebeu a educação que coube a Estina. Quando sua casa viu-se envolvida numa terrível questão de justiça por causa de água, Quina fez tudo que pôde para ganhar a causa, chegou até a comprar testemunhas, mas "a questão ficou perdida; a casa da Vessada definitivamente soçobrava". (p.37)

Certo dia, o filho mais velho de Narcisa Soqueira volta rico do Brasil e leva a mãe para passear por lugares turísticos e hotéis de comida cara. A mãe protesta: "Tu que queres de mim? Precisava de dez vidas ainda para conhecer isso tudo tão bem como conheço a minha freguesia. Aprender muitas coisas não importa, porque, ao fim e ao cabo, em toda a parte há sete cores e sete ventos, e o homem é só um". (p.38) O filho voltou ao Pará e a mãe em pouco tempo estava tão sórdida como antes. Foi o exemplo dessa fortuna que fez Abílio ir para o Brasil. Quando voltou, morreu pouco depois e, em seguida, morreu também Francisco Teixeira. A família sofreu, mas "dir-se-ia que um grande suspiro de alívio" também se fazia presente junto com a dor. Todos passam a cultivar com carinho a memória do pai. O seu filho bastardo, aquele filho da Isidra, é recebido pelos outros com honras, numa espécie de homenagem "ao facho patriarcal que continuava a velar as gerações que se desdobravam". (p.39) Estina, porém, no fundo do coração, votava ao pai um pensamento ácido, pois ele a deixara sem dote. Por isso, perdeu ela a oportunidade de casar-se com Luís Romão, mestre-escola, bonito, elegante. "Estina, essa, passados os assomos do orgulho, esmoreceu muito. Maria, quando viu a filha sentada na cama, calada, de olhos secos, seguindo com o dedo os desenhos da coberta, lentamente, continuamente, encheu-se de piedade por ela." (p.43)

O mesmo revés ocorreu a Quina, que foi cortejada por Adão, que herdara do avô o gênio acumulador. Adão esteve resolvido a casar-se com ela, mas foi a própria Quina que o aconselhou a outras bodas.

IV

A situação de Quina passa por uma profunda mudança. Isso acontece antes mesmo da morte do pai. Certa ocasião, tinha ela quase quinze anos, quando foi acometida duma síncope. Era em agosto. Quina caiu para o lado, desmaiada, gelada, com os lábios cinzentos. Durante um ano ficou presa ao leito, com freqüentes desmaios, pálida, "falando baixo e sorrindo inesperadamente para o vazio, e segurando tardes inteiras um rosário cujas contas, de modo um tanto febril, repassava". (p.44)

Todos pensavam que ela estava no fim. É o que ocorria com Narcisa Soqueira que a visitava compungida, pois pretendia Quina para seu filho Augusto. Quina teve delírios, agonizava e movia os lábios "num colóquio infinito, suave". Com

---

[13] Trapaceira, ardilosa. Diz-se de quem tem sutileza capciosa em questões judiciais.

o tempo as mulheres acabaram por acreditar que a moça estava possuída de algo sobrenatural. A mãe passou a dispensar-lhe carinhos e cuidados que se opunham à sua normal conduta de repelões e azedumes. Essa atitude agiu sobre Quina num sentido que foi definitivo sobre a sua vida inteira. Pouco acostumada a tais privilégios, percebeu que podia aproveitar a ocasião. "A paixão desenfreada pelo primeiro plano, fosse ele num âmbito familiar, deu-se então a conhecer." (p.45)

"A doença fez-se invalidez, estorvo para o regresso à vida normal que a devolveria à mediocridade e à sombra; adquiriu uma forma de se expressar **sibilina**[14] e delicada, que deixava suspensos os ouvintes, as almas estremecendo numa volúpia de inquietação, curiosidade e esperança." (p.46) As pessoas vinham visitá-la e sentiam paz ao entrar naquela sala que cheirava "a maçã e a folhelho". Veio o tio José em setembro com as filhas. Adriana sofria de anemia. Eram quatro moças cheias desse "entusiasmo de burguesas que iludem o aborrecimento querendo aceitar a novidade". (p.47) O tio era rico e generoso. Sempre protegera a casa da Vessada, antes mesmo da morte de Francisco. Tinha predileção por sua irmã Maria, que como ele tinha o carácter seco e incorruptível. Ele era republicano. Estina era convidada a ficar na casa deles em Folgozinho, mas nunca se sentia à vontade. "O contacto premente com os radicais problemas da vida moldara-a desde a infância, amadurecera-a depressa, tornara-a incapaz de folgar com aquelas cândidas raparigas a quem o conforto retardava, prolongando-lhes os tempos infantis." (p.48)

Estina aproveita uma piora da irmã como pretexto para deixar as primas. Ao voltar a casa, encontra Quina sumida de feições e muito fraca. Pareceu, no entanto, melhorar com a chegada da irmã. Nos começos do inverno, tio José partiu com as filhas. A esposa não voltaria mais, levada pela leucemia. Mas Quina, contra todas as previsões, melhorou. Com lentidão, Quina começou a caminhar e acabou retomando a vida "canseirosa" de antes.

"Mercê dum sentido finíssimo para se embrenhar nos fenómenos da natureza humana ou simplesmente do meio vital, com os seus elementos, suas causas e efeitos, depressa adquiriu uma sabedoria profunda acerca de todos os ritmos da consciência, do instinto, das forças telúricas que se conjugam no fatalismo, da continuidade. Conhecia os homens sem o aprender jamais. (...) Adivinhava-lhes os pensamentos, mesmo antes de ela os poder raciocinar." (p.51) Gradativamente foi ganhando fama de adivinha e de mulher de virtude. "Quina nunca soube até que ponto a sua condição espiritual era poderosa." (p.52)

V

"A economia da família foi ganhando folga, sujeitos todos a uma disciplina muito apertada, prescindindo-se de braços mercenários e, o mais possível,

[14] Pela primeira vez aparece uma referência ao título da obra. Até aqui, todas as personagens pareciam ter o mesmo peso, a mesma importância. Poderíamos até dizer que se tratava de personagem coletivo (a família) como Aluísio Azevedo fizera antes em *O cortiço*. Sibilina quer dizer "de compreensão difícil" como eram os ditos da sibila, sacerdotisa da Antigüidade.

labutando por conta própria. Foi um trabalho duro e de resultados lentos" (p.52)

Os rapazes, à imitação do pai, dedicaram-se aos amores, deixando às mulheres os cuidados das lavouras e de tudo o mais na propriedade. João, o mais velho, era amestrador de cães e mecânico, mas não era ambicioso. Já Abel era ganancioso e aventureiro. Correu mundo sem conseguir muito sucesso. As mulheres viam-se a braços com toda a responsabilidade. Os homens tinham sido sempre fatais para a casa de Vessada. Um fugia em busca de um destino mais mundano enquanto o outro só entrava em casa para dormir. Isso acabou desenvolvendo nelas uma aversão aos homens, mas se abstinham de julgar os da casa, para os quais sempre encontravam uma atenuante.

Apesar dessa prevenção contra todos os homens, Estina casou-se com Inácio Lucas, porque temia que um dia os irmãos lhe viessem tomar a terra para vender e sugar o lucro disso. "Aquela terra negra, aqueles lugares onde viveram tantos amigos e onde soam ainda os seus passos, onde tantos jovens lançaram tanto tempo o seu fruto, onde tantas mulheres gritaram a sua hora de parto – deixar que se despedace, que se reduza a informes restos, que fique sujeita apenas a um significado de imóvel que se negoceia, que muda de mãos, que se avilta! Estina resolveu casar." (p.55)

Foi viver com o marido não muito longe dali, em Morouços. Costumava ir ao mosteiro ouvir a primeira missa e lá encontrava Maria e Quina, lado a lado. A ausência de Estina aproximara mais a mãe e Quina. Estina e o marido vivem como estranhos e, nos momentos de gravidade, quase inimigos. Ele tinha a mania de esconder dinheiro, não por avareza, mas para ver se tinham a tentação de roubá-lo. Inácio briga com Estina, mas amava-a a seu modo. Quando ela morreu, ele disse: "A malquerença dela era tudo o que eu tinha; e enchia-me a vida". (p.58) Realmente, depois do falecimento, mesmo casando-se outra vez, ele parecia perdido, movendo-se pela casa como um fantasma. Morreu também quase cinco anos depois.

Estalou a revolução no Porto e o tio José trouxe as filhas de novo para a província. José informa Maria que chegou a República.

"Quanto a Quina, ela não parecia destinada ao casamento." (p.58) Tornou-se a dona da propriedade. Era visitada pelo ex-namorado, Adão, que a consulta freqüentemente sobre negócios, comércio, sobre tudo. Essa assiduidade a lisonjeava e "foi-lhe agradável e compensou-a um tanto da solidão da sua vida sem homem". (p.59) Os prazeres femininos, como amor, sentimentalismo e passividade espiritual, foram-lhe negados e procurou compensar isso procurando o enriquecimento e o prestígio.

VI

Maria leva um susto quando o filho João, sempre rodeado de cachorros e de cartuchos e espoletas, anunciou que iria se casar. Quina preocupou-se com o risco de ali entrar outra mulher, naquela casa onde só ela comandava. Maria alega não simpatizar com a noiva porque é pessoa que negou sua origem do campo e não conseguiu tornar-se fidalga, "que não sabe ser nem uma coisa nem outra". Critica com veemência pessoas assim e diz que nunca houve dessa gente em sua família. "Mas nunca ninguém da nossa gente quis arremedar costumes que não eram seus, e, quando tomavam esses costumes, não era por imitação, mas porque, por direito, lhe competiam." (p.61) Pouco tempo depois, João casou-se, mas sua mulher era sempre recebida pela mãe de maneira fria e desdenhosa.

Abel, que tinha ficado muito tempo sem dar notícia, apareceu um dia rico e cheio de projetos, remodelar a casa, erguer dependências novas, rasgar terraços, assustando Quina com isso. Mas, não demorou muito, partiu deixando um projeto de portão que demarcaria a entrada da quinta. Mais uma vez as mulheres ficaram sós. Acabou o turbilhão de visitas e o regresso à frugalidade foi como uma libertação. Quina saiu lucrando com seu ingresso na sociedade e o relacionamento com algumas fidalgas que agora a recebiam. Logo o seu gênio de conselheira deu-lhe um relativo sucesso e ela se tornou indispensável no ambiente íntimo desse mundo secreto, onde as mulheres se apresentam como são, sem as maquiagens do corpo e do espírito. Quina penetrava nas alcovas e descobria um amontoado de despudores e paixões, perversões e lágrimas incoerentes. "Não tinham classe, nem lei, nem moral, nem tempo." (p.64) Quando lhe pediam conselhos e liam cartas para saber sua opinião, Quina exultava. A condessa Monteros tornou-se sua mais exigente adepta.

Num *flash-back* o narrador informa que quando Abel esteve de passagem tinha se interessado pela condessa, que o dispensou ironicamente: "Isso não é comigo... O meu tio conde que lhe responda". (p.66) Ao conversar sobre isso com a irmã, ouviu de Quina que não era nada impossível. O irmão não lhe prestou atenção, mas à noite ela se sentou na cama para rezar e entrou num início de transe: "Sofria. O suor viscoso corria-lhe dos ombros, da fronte, as suas mãos estavam petrificadas e pesavam-lhe no regaço. E também a sensação de sofrimento a abandonou, sentiu que se perdia numa dimensão estranha onde, dela, apenas existia uma consciência ténue mas brilhante, como um filamento de luz que ondula, prestes a ser partido, a escapar-se, a diluir-se. E, então, o medo fê-la regressar". (p.67)

Mas tarde, Abel teve notícia de que a condessa Monteros iria se casar, ficou aborrecido, bicudo. Quina observou seu estado e comentou: "É por via da condessa? Não te amofines que ela não volta a casar". (p.69) O irmão partiu dois dias depois. Quando já tinha passado a colheita, Quina foi ao cemitério e lá encontrou a condessa, que lhe manifestou desejo de conversar. "Quando saíam, a condessa mandou pelo cocheiro um recado a Quina. Queria-lhe falar – repetia. E o molho verde-negro das plumas de galo do seu chapéu, parecia acenar amistosamente por detrás dos vidros da carruagem." (p.71)

VII

"Foi a partir dessa data que ficaram amigas" (p.71) Ao se despedir a condessa lhe dissera: "Preciso muito de si. Sei que é mulher de bom conselho". "Quina corou de surpresa e de deslumbramento. Diziam isso, então?[15]" (p.71)

[15] Emprego do discurso indireto livre, pois a última frase vem no discurso do narrador, mas o leitor pode perceber facilmente que se trata de um pensamento da personagem Quina.

Passa o narrador a concentrar sua atenção na personagem Elisa Aida, a condessa, fazendo uma retrospectiva. A condessa gostava da vida na província, porque aí podia pairar sobre os demais como uma rainha, sem precisar muito esforço e cuidado com a roupa, com a cultura ou com sua toalete. Por ser rica e importante, viviam lhe mandando jornais e revistas, sem que assinasse ou pedisse. Foi assim que alguém lhe mandou um livro de poesias. Quando mais tarde chegou o papel de cobrança, ela irritou-se e devolveu o livro com um recado irônico na embalagem: "não pegou". Recebeu como resposta uma carta, e isso foi o primeiro passo de uma calorosa correspondência que resultou em amor. Conquistada, seduzida, Elisa Aida entrega-se à paixão e convida o rapaz a aparecer. Dele recebe apenas um cartão em que está escrito: "não pegou". Foi o fim do romance, conforme Quina tinha, talvez, profetizado. Abel, antes de partir, passou pela casa da condessa para se despedir e, ao encontrá-la muito bonita, disse: "Parece uma noiva. E ainda hoje minha irmã me disse que a condessa nunca mais se casaria!". (p.76) Foi por isso que se lembrara de chamar Quina. Logo que esta chega, a condessa exclama: "Ora viva a sibila!" (p.77) Sem muitos rodeios a condessa faz sua primeira consulta:

"– É maluquice minha, mas eu queria que me dissesse uma coisa: se alguém a ofendesse muito, perdoava, retribuía ou esquecia?

– Perdoava a uma criança, retribuía a uma mulher; tratando-se de homem, esquecia." (p.71) Conversaram muito durante toda a manhã, mas não chegaram a nenhuma confissão mais íntima ou pessoal. Durante a conversa, comenta Elisa que Quina costuma dizer "palavras iluminadas", mas como se estivesse contando um chiste, uma piada. Quina justifica: "Doutra maneira, quem me ouvia?" (p.79) Depois de uma altercação sobre problemas de idade, nenhuma das duas parece gostar de tocar no assunto, principalmente quando uma tenta lembrar a outra que está por volta de meio século de vida.

Ao sair da casa de Elisa, Quina vai visitar sua irmã Estina, cuja única filha sofre de alucinações. "Os dois filhos varões de Estina morreram mercê da brutalidade do pai, um porque o escadeirara num acesso de furor, provocando-lhe lesões fatais, outro porque o intimara a levantar-se, mal curado duma gripe, e a criança sucumbira com uma pneumonia." (p.82)

VIII

"Com quarenta anos, Quina obteve uma corte de pretendentes que em moça nunca conseguira." (p.83) Estava grisalha, mas isso não a fazia velha, apenas respeitável. E ela adorava mais os respeitos do que os amores. Não tencionava casar, mas também não dizia isso nem afastava os pretendentes só para saborear as atenções e cortesias porque sabia que brevemente não teria mais isso em seu caminho.

A andrajosa amiga Narcisa de olhos vermelhos como coelho albino ainda pretendia casá-la com seu filho Augusto, que andava mais asqueroso e desbocado do que nunca. Insinuava a Quina o fato de juntar as duas propriedades que eram vizinhas, mas Quina não estava disposta a pagar tal preço pelo aumento de sua propriedade. Mantinha, no entanto, com Augusto boa vizinhança e boas conversas.

Em 1913, Adriana, filho de José, voltou a viver em Folgozinho. Tinha se separado do marido por causa de um escândalo com outra mulher. O pai já tinha morrido. Adriana era ainda uma "mulher linda, com os cabelos alaranjados da mãe e um perfil inocente e grave" (p.87). Ela amava o marido, por isso, quando no ano seguinte estourou a guerra, Adriana correu para junto dele. A ida do filho deles para o *front* aproximou-os ainda mais.

A casa da Vessada prosperava. Quina comprou a parte do irmão João, cuja mulher queria ir viver na cidade. Adão elogiou Quina pelo modo como ela se tornava agora dona da metade do patrimônio, que administrava com ardilosa paciência. Os responsáveis pela outra metade não exigiam muito dela as contas em minúcias. Só o cunhado Inácio Lucas, de vez em quando, mas só para irritá-la, mas logo se cansava da fiscalização. Adão, como era rico, não dava a mínima e só mais tarde, quando Quina comprou uma pequena granja, passou a se inquietar.

O narrador faz uma reflexão sobre o fato de que enquanto uma pessoa está trabalhando com sacrifício e juntando o seu pouco não chama a atenção, mas quando ela enriquece logo aparece quem diga que foi desonesta. "São os espíritos superficiais que mais crêem nos êxitos retumbantes, nas fórmulas fáceis para vencer, pois isso lhes lisonjeia a incapacidade e a fraqueza da vontade. Os lances engenhosos, em que se torce a moral para obter um mais rápido efeito, conseguem grande público. Mas a vida, cujas leis são infinitamente mais sóbrias, mais puras do que as dos homens, não os aceita." (p.89)

Ao contrário da irmã Estina e de sua mãe, Quina amava o mundo e os que venciam, o espalhafato e a exterioridade. Isso condenou-a e ela criou asas, mas jamais pôde voar. Como veículo do sobrenatural, achava-se mais venerável do que as próprias forças de que se propunha ser intermediária. Quando se sentava à cabeceira de um defunto procurava estar mais atenta ao êxtase que acreditava provocar com sua presença. Foi o que aconteceu quando morreu o homem da velha Lisa. Ela faz todo um ritual, mas não está ligada espiritualmente a nada do que faz. Quando o homem morre, ela volta para casa e ouve distraidamente sua mãe perguntar se o velha já tinha morrido: "Quê? – fez ela, pois ia esvaída, entranhando em si a sua própria experiência e mal se lembrando do velho". (p.95)

Quina diz à mãe que talvez pudesse ficar com os trastes do velho já que não cobrava aluguel dele há mais de um ano. Maria comenta que aquilo pareceria mal, então Quina adota uma atitude contrária, pagando os funerais com tanta liberalidade que aquilo até pareceu ao abade um bom presságio para as suas rendas. As mulheres da casa da Vessada o tratavam bem e com respeito, mas também com muita economia. Comentando a relação do sacerdote com a família de Maria o narrador faz a seguinte observação. "Uma grande amizade os uniu com o tempo, sem que elas, mulheres, deixassem jamais de o considerar com aquela reserva um tanto desdenhosa que, no fundo de si mesmas, experimentavam para com todos os homens. Também jamais o trataram sem que o seu tom fosse de grande cortesia e duma benevolente submissão. A sua disciplina moral levava-as a aceitar com grande espírito de filosofia a ordem estabelecida pelo homem, depois dos esquemáticos preceitos impostos pela vida. O padre era-lhes venerável, ainda que a criatura humana fosse para elas cheia de misérias." (p.96)

IX

Quina acabara de lavar os pés num alguidar, quando chegou o carteiro com um cartão postal. “Ele foi entrando pela cozinha, brandindo gentilmente o bilhete-postal, antes de o entregar. – Temos então uma sobrinha nova, uma menina.” (p.97) Quina não gostava que lhe escrevessem postais, porque expunham à curiosidade do intermediário os pequenos segredos familiares. Conversaram os dois um bocado enquanto ela lhe servia vinho. Quando Maria acordou, mandou o carteiro embora e censurou a filha porque o homem saiu bêbado.

“O nascimento de Germa não lhes causava entusiasmo de maior, pois ela seria uma pequena fidalga educada e crescida em ambiente diverso, e sem muitas probalidades de que a identificassem com o próprio sangue. ‘Os filhos de minhas filhas, meus netos são; os filhos dos meus filhos, serão ou não’ – dizia, asperamente, Maria.” (p.99)

Comentário:
Só agora reaparece Germa, ou Germana, personagem que apareceu na primeira linha do primeiro capítulo e de quem não se falou mais nada. Outro traço interessante que o leitor já pode notar é que, embora a autora seja uma mulher, a voz que narra parece manter uma certa distância no trato e no retrato das mulheres. Podemos notar que predominam as mulheres e seus feitos, mas ela não revela qualquer preferência ou simpatia que indique sentimentalidade. Talvez ocorra com o narrador (ou narradora) o que acontece com a personagem Quina e que aparece no comentário que se faz logo a seguir a esse trecho em que interrompemos a narrativa para fazer o presente comentário.

Quina, por princípio, desprezava todas as mulheres. Toda a vida ela lutara por superar a sua própria condição. Ao conseguir, chegando a ser apontada como cabeça de família, mantinha em relação “às outras mulheres uma atitude não desprovida de originalidade. Amadas, servindo os seus senhores, cheias dum mimo doméstico e inconsequente, tornadas abjectas à custa de lhes ser negada a responsabilidade, usando o amor com instinto de ganância, parasitas do homem e não companheiras, Quina sentia por elas um desdém um tanto despeitado e mesmo tímido, pois havia nessa condição de escravas regaladas alguma coisa que a fazia sentir-se frustrada como mulher”. (p.99)

Só viram Germana dois anos depois do nascimento. Acharam-na parecida às mulheres da casa da Vessada porque era bonita. Mediram-na na porta da cozinha, já cheia de cortes que marcavam a estatura de outras crianças. Gema não era atraente, mas era obediente. “Aprendera depressa que a obediência era a sua melhor defesa contra a esmagadora autoridade, força e categoria dos maiores; a sua suavidade era angelical a ponto de a classificarem como insignificante.” (p.100) Mas quando foi esbofeteada pela mãe, injustamente, a menina refugiou-se num canto e maldisse: “Que um raio venha do céu para a ferir, porque ela pecou contra mim!” “Era esta a pequena Germa que as duas mulheres da casa da Vessada receberam com hostilidade afável, contemplando, cheias de céptica ironia, os seus sapatinhos de verniz e as polainas de lã branca que se prendiam com elásticos sobre os joelhos." (p.101) Quina logo pergunta se ela sabe varrer e cozinhar. A menina não sabe responder, porque gostar, ela só sabe que gosta de bonecas, coisa que Quina nem podia sonhar quando menina. Ela era do grupo que tinha como brinquedo espantar os bichos das plantações e ver nascer e crescer os animais. No entanto, mesmo assim, Quina fez, sem que a mãe visse, umas bonecas de trapo para Germa, que se caracterizou por ser uma criança paciente, pouco meiga e que gostava de brincar sozinha. Aos sete anos já era parte integrante daquele mundo. Suspeitava o feitio traiçoeiro de Quina e sua diplomacia admirável. Quina não gostava de Germa por ser mulher, por ser intratável e por ter o vício de se contradizer. As mesmas contradições se acentuavam em Germa.

A verdade é que a dedicação de Germa recebeu daquela casa um grande tributo. Todo o postiço que a sociedade burguesa lhe incutia sofriam ali um contraste que lhe proporcionava um equilíbrio de valores. "E que mestras tão sábias aquelas duas mulheres, como os seus ditos saíam com um perfume de epigrama grego...". (p.103/4)

Narcisa Soqueira morreu faz tempo. Maria está velhinha e caduca, falando do marido como se ainda fosse vivo. Quina aceita isso naturalmente. Quando acontece um diálogo desses em que Maria manda preparar vinho para o morto e Quina diz que já vai fazer, Germa arregala os olhos atemorizados. Quando passa junto à cerca o grotesco Augusto, Germa puxa a saia de Quina, para que converse com ele, "pois a menina sempre se enchia duma perplexidade maravilhada ouvindo aquela voz roufenha". (p.106) Depois que Augusto se vai, Quina conta para Germa "as misérias íntimas do vizinho, a sua sordidez incalculável, as suas sodomias várias e os filhos da juventude que ele negava, para não lhes permitir candidatarem-se à herança" e outras ações sórdidas, grotescas, ridículas. Horrorizada a garota diz que um homem assim deveria ser renegado por todos. "Isso não se diz, menina – advertia, muito calma, Quina. É um vizinho, conhecemo-lo desde pequeno, desde quando passava à nossa porta, levando o gado a beber." (p.107) Acrescenta que o pai dele era amigo do seu pai, e que quando estiveram em dificuldades, não cobrara o dinheiro que lhes devia e até fugia deles para que não se lembrassem da dívida ao vê-lo. Completando sua lição de vida, diz a Germa que "as coisas feias são tão próprias do mundo como as bonitas" e que o colégio não fazia outra coisa a não ser tapar-lhe os olhos, mas que conhecer o mal é já uma defesa. Finaliza: "onde não há inocência, pode haver pecado; mas onde não há sabedoria, há sempre desgraça". (p.108) Germa ficava muda, pensando na complexidade daquela mulher que acusava e defendia com o mesmo denodo, por isso os advogados a consideravam. "Mas era Germa, de facto, muito nova, e não sabia que o que havia em Quina de contradição, incoerência, era o seu profundo conteúdo humano." (p.108)

X

"Maria morreu. Foi numa Primavera, e ela tinha passado a estação anterior fiando inalteravelmente à lareira, com uma gravidade doce e automática." (p.108) Em sua última confissão, quando o abade recomendou que rezasse três Ave-Marias como penitência Maria lhe disse: "Reze-as o senhor abade, que tem mais vagar do que eu – respondeu Maria. Era, aos noventa e quatro anos, um lucilar ainda do seu humor impávido e irreverente". (p.109) Faz-se o enterro, Quina toma cuidado para não deixar "se revelar fraca pelo afecto". Estina comparece e ainda se pode ver a beleza em seu rosto. Germa não gostava de Estina, achava-a desumana no seu estoicismo

Certo dia, a doida, filha de Estina, fugiu e Quina para lá se dirigiu com Germa. Estina intima a irmã a rezar para que a filha reaparece. Durante a oração de Quina, Germa tem uma sensação estranha e não consegue entender como que uma redoma de luz que envolve Quina e que parece impedir a tia de vê-la. Enquanto isso, Lucas e conhecidos iniciam uma busca para ver se a encontram. Germa acorda noite alta e ouve vozes. Lucas discute com Quina por causa do desaparecimento da doida. Quina o acusa de ter deixado um cachorro seu comer metade da cara de um homem sem mover uma palha para impedir. Lucas parte e Germa não ouve mais nada. "Ao outro dia, muito cedo, partiu com Quina para a casa da Vessada. A louca não aparecera ainda." (p.119) Inácio Lucas dormitava quando saíram e Germa não chegara a vê-lo, porque ela sempre fugia dele. Tinha medo, embora fosse sempre amável com ela, contava-lhe histórias de lobisomens e dos assaltos do José do Telhado, presenteava com bolos de feira. Tinha para ela doçuras de avô.

Como sempre dizia, Quina mais uma vez alerta Germa contra o casamento: "Menina, não te cases nunca. É a maior desgraça que pode acontecer a uma mulher". (p.120) Nisso passa Domingas, que já está no terceiro casamento, agora com um rapaz bem mais moço do que ela. Germa comenta ironicamente com Quina, que pelo menos uma mulher não reclama do casamento. Quina diz que todo mundo sabe que Dominga matou os dois maridos anteriores com veneno.

XI

"Só decorrido um mês a louca foi achada, ou o que dela restava, numa das galerias duma velha mina. Foi reconhecida apenas pelas roupas; o cadáver decomposto jazia no solo areento, onde a água corria em filamentos ramificados." (p.122) Germa sofreu essa morte, meditando-a. Só voltou a ver Estina dois anos depois e achou, com espanto, que ela nada mudara. Germa estava então com treze anos e continuava bonita.

Quando Quina comprou a primeira propriedade, que veio engrossar o patrimônio primitivo e dar-lhe incontestável condição de rica, houve um escândalo na família. Abel suspeitou que ela houvesse subtraído dinheiro quando a mãe falecera. João arrependera-se de ter vendido sua parte. Não tinham filhos. Abel via nessa inexistência de sucessores uma predestinação feliz. O pai de Germa, com interesse, aconselhava-a: ”Tu não és rica. Tudo é muito bonito, mas não custa nada mentir um bocado, e, se à custa disso recebes com que comer toda a vida sem trabalhar, é um bom negócio”. “Esta moralidade indignava Germa, mais do que a prática dela.” (p.124) Germa acompanha Quina à sua nova propriedade, onde ela vai assinar o contrato de compra. Uma das testemunhas era um neto de José do Telhado, de quem Germa não consegue desviar os olhos.

Germa entra no período da adolescência e fica muito tempo sem voltar à casa da Vessada. Por essa ocasião faleceu a condessa Monteros. Elisa tinha um escudeiro, um criado, que com a morte da patroa ficou sem emprego e sem dinheiro. O rapaz disse que ia correr mundo, mas algum tempo depois apareceu e pediu emprego a Quina.

“– Ó rapaz, tu que vens fazer aqui, se não sabes cortar uma gabela de erva? – perguntou ela, com um divertido pasmo.

– Não mas sei. Aposta como sei?

O seu rosto era cheio duma insolência quase cândida, e Quina pôs-se a rir. No fim de contas, não lhe desagradava instaurar-se protectora daquele pobre diabo que a fidalga egoistamente desamparara. E, como tinha, havia pouco, entregue a quinta a caseiros, pois já lhe pesavam as canseiras da lavoura, aquele moço, cheio de conhecimento de cortesias, vinha dar-lhe à casa um verniz aprumado, de riqueza e de luxo. Fez dele o seu hortelão, com um ordenado parco e um tratamento familiar. Parecia ter por ela uma certa dedicação, obedecia-lhe com prontidão e escutava com deferência as suas lições de meteorologia, que eram a matemática das semeaduras.” (p.132)

Certa manhã, quando foi chamá-lo, viu que o moço desaparecera. Passou o dia inteiro sem dele ter notícia. Ficou certa de que o escudeiro partira, mas à noite, para sua surpresa, o rapaz voltou, cabisbaixo, calado e, em dado momento começou a chorar. Quina o interroga e fica sabendo que sua mulher morrera. Era uma prostituta com quem vinha se encontrando fazia tempo. Tinham até um filho com quatro anos. Ele tinha afeiçoado-se àquela mulher como quem receia a solidão, mas ela morrera. Quina decidiu cuidar da criança.

XII

Dona Joaquina Augusta chega aos cinqüenta e oito anos, mantendo uma esbelteza de rapariga, ainda que um tanto corcovada e de cabeleira branca. Estava no apogeu de suas faculdades de administradora e perfeita no seu cargo de sibila, pois conhecia a alma humana de dentro para fora, sem, porém, chegar a compreendê-la. No entanto, ao mesmo tempo, não passava “duma mulherzinha inteiramente ignara, tola e vulnerável de coração, no dia em que aceitou em sua casa aquela criança e incondicionalmente a adoptou”. (p.136) Chegou a colocar em risco sua reputação em certa categoria de suas relações ao fazer a simpatia “menino do fole”, para fazer o menino falar. Alguns dias depois, o menino começou a falar e Quina concluiu que o efeito miraculoso de havia produzido. Mas a pronúncia do menino nunca chegou a ser perfeita e jamais pronunciou o “l” com exatidão. “Criou-o junto de si (...) e jamais permitiu que o pai se considerasse com direitos a seu respeito." (p.137) Nem precisou preocupar-se muito porque um dia o pai partiu e nunca mais se soube o que foi feito dele. O menino foi registrado com o nome Emílio, mas como era costume chamar toda criança antes do batismo de Custódio, ele acabou sendo chamado assim, antes e mesmo depois do batismo.

Alguns anos depois Germa veio visitar Quina e deparou com uma mulher acabrunhada por certa timidez e seus modos tinham perdido aquela antiga vivacidade irônica. Quina recebeu Germa com seu beijo um tanto quanto desorientado, jeito de quem nunca se acostumou a essa modo de cumprimentar. Germa contempla o rapaz e constata consigo mesma: "Ele é espantosamente belo! Belo e fatal!". (p.142) Foi Abel que enviou Germa para verificar a disposição de Quina com relação ao rapaz: "qual o lugar destinado ali àquele rapaz cuja protecção fora primeiro levada à conta de caridade, mas agora parecia por demais zelosa para não despertar inquietudes na família". (p.143) Abel deixa bem clara a sua preocupação: "Quina está velha e tem uma fortuna. Não deixei de pedir as minhas rendas, para aumentar a herança dum estranho". (p.143)

No segundo dia de visita, Quina deu uma indireta a Germa para que partisse. Era aborrecedor para Germa ver como Quina dava toda sua atenção àquela "criança boçal e tosca de entendimento, que de fronte baixa, simulava escutá-la ou mesmo nem se preocupava em fingir cortesia". (p.147) Germa tem um encontro com Custódio, que está caçando rã e após uma conversa que nada acrescenta a qualquer um dos dois, ela decide partir. "Partiu nessa mesma tarde, sem tornar a ver Custódio." (p.150)

XIII

"Abel não ficou satisfeito com as informações que Germa lhe levava." (p.150) Chegou a procurar João para lhe propor uma coligação contra a irmã. Havia uns doze ou quinze anos que não se cumprimentavam de perto, por isso Abel ficou sem saber o que conversar quando sentou-se na sala da casa do irmão. Desajeitadamente, elogiou o quintal da casa, mas quando tentou falar de Quina, João exaltou-se e disse que não queria saber nem falar dela. Abel não conseguiu encaminhar a conversa para a razão verdadeira de sua visita. Quando saía, Abel encontrou a mulher de João, a qual entrava vestida com essas galas imitativas de grandeza, com que um grande número de burguesas julga aparentar fortuna.

As extravagâncias de Custódio já eram famosas. Ele aprendeu rapidamente a dominar Quina. Abel, depois de voltar da casa do irmão, diz à filha que ouviu dizer que Quina pretende vender os Moinhos. Germa se sobressalta. "Os Moinhos eram o único legado de Maria, a fatia que lhe coubera da ração dos irmãos todos e dos quais só um, José do Folgozinho, fizera grande fortuna". (p.157) Era boato.

A criada do abade informa Quina que o amo está doente, "um mal súbito que o acamara, sintomas estranhos que ele tomara já como aviso de morte". (p.162) Comenta o narrador que com esta criada seriam quatro viúvas que "o excelente pastor deixaria na freguesia". (p.163)

XIV

"Assim decorria a velhice de Quina." (p.164) Isolava-se muito e não parecia uma criatura admirável nem sábia. Parecia mais uma dessas pessoas de quem se diz que não têm caráter, porque apresentam um turbilhão de aspirações fraquezas, perversidades, audácia, medo etc. "A fibra mais recôndita do seu ser era a ternura – a mais bela e mais rara ternura." (p.164) A sua confiança nas criaturas fora sempre muito precária para que ousasse demonstrar inteiramente seu amor por elas. A sua infância excluída de carinhos deixara-lhe uma profunda cicatriz. Na sua afeição por Custódio estava a mesma gratidão que dedicara a Francisco, seu pai. Mas o pudor de não ser correspondida fazia com que ela nunca revelasse sua intensidade.

Um dia, com sua inconveniência brutal, Custódio perguntou: "O que me deixa vossemecê quando morrer?

– Que me és tu? – disse Quina. – Criei-te e dou-te de comer. Que esperas mais?

– Então que estou aqui a fazer? – bradou o moço, com escândalo. E ela riu-se, ainda que a desajeitada punhalada, por muito tempo ou para sempre tivesse de sangrar dentro de si." (p.166)

Quina começa a ter problemas de saúde e seu amigo Adão, que continua a visitá-la, aconselha a beber e comer bem e dedicar desprezo "pelas atribulações da vida". (p.166) Mesmo a sua fama de sibila ela recusava agora, porque se sentia muito convencida de si mesma para necessitar da crença dos outros. Custódio fizera-se homem e a sua atitude desastrada e bronca tinha-se modificado um pouco. A longos períodos de obediência e dedicação aparentes, acontecia uma exibição passageira de seu caráter degenerado. Quando tinha dificuldade de conseguir dinheiro, ameaçava: "Vossemecê ainda há-de querer contar as suas libras e encontrar-lhes só o sítio!" (p.173) Porque já corria fama de que Quina tinha ouro escondido num chifre de boi.

Custódio torna-se amigo de um grupo de valdevinos, liderado por um rapaz saído dum orfanato e conhecido por *O Morte*. Esse sujeito foi levado por Custódio à casa da Vessadas. Quina achou-o muito cativante.

"Quando Quina teve notícias de que o bando do *Morte* fora culpado do assassínio dum usurário receptador, criatura viciosa e sórdida que iniciava certa casta de adolescentes em todos os crimes, ela sentiu-se defraudada na sua confiança, e atribuiu ao mundo a perversão daquele rapaz que lhe dissera: 'A senhora faz-me lembrar minha mãe', com um modo saudoso e cheio dum timbre de abstracta reprovação. Ele não conhecera a mãe, essa era a fraude." (p.174) Durante as investigações e acareações, nem o líder, nenhum elemento do grupo, ninguém disse nada sobre Custódio. Mas quando foram levados para uma colônia penal, Custódio chorou e não quis comer durante dois dias. Agradou a Quina observar aquele sofrimento pela ausência de um amigo.

[16] Escarpa, rampa, terreno inclinado.

"Um dia, Custódio desceu à vessada, cavou junto ao **talude**[16] que fazia uma das paredes da presa, e retirou um volume que era uma aba de capote atada pelas pontas. Abriu-o, e brilhou sobre a terra e as ervas, cheias ainda da transparência gris do orvalho, o ouro de algumas peças, correntes limadas nos elos pelo atrito, relógios cujas molas tinham saltado e cujos vidros estavam estilhaçados." (p.175) Atira de novo os objetos no buraco, cobre-os com terra. Depois sai atirando pedra aos pombos e sobe até o antro dos moinhos, onde examina os ninhos. Nisso, ouve-se a voz de Quina a chamar por ele. Ele assoma ao limiar e grita: "Há dois **borrachos**[17] novos". (p.177)

XV

"Uma pneumonia prostrou Quina, na entrada do inverno, e ela recolheu-se no seu sofrimento, não avisou a família resolvida a esperar." (p.178) Sua criada, Libória, avisou Inácio Lucas que trouxe o médico. Foi a primeira vez que um médico entrou naquela casa. Quina escapou, mas a convalescença desesperou-a mais do que o período mais grave da doença. Implicava com Libória, não gostava de vê-la portas adentro além das horas de trabalho. A criada dormia num casebre fumoso que sempre fora seu lar. Mesmo assim, cometia pequenos furtos que atribuía a Custódio, pois não gostava dele. Ele, que não bebia, no entanto, sempre lhe trazia vinho para conseguir sua cumplicidade. Ele voltada para casa só muito tarde e, às vezes, demorava fora dois ou três dias. Com o tempo e a idade, seus modos tornavam-se francamente libertinos. Apesar disso, Quina não o considerava um caso perdido. Lembra-se, a propósito, do que sua mãe disse a uma mulher que reclamou do marido que jogava: "Deixa lá! Isso passa". Em outra ocasião, a mãe repetiu a mesma frase porque a mulher se queixou de que o marido parara de jogar, mas andava atrás das raparigas. Quando, porém, a mulher se queixou de que o homem andava a beber, Maria disse: "Então, sim, que estás desgraçada! Isso nunca mais passa!" (p.181) Como Custódio não bebia, Quina ainda tinha esperança.

"Durante as longas horas da sua doença, Quina viveu uma plenitude espiritual, rara e até única na sua vida." (p.182) No período mais grave, sua irmã Estina veio vê-la. Quando Quina foi considerada fora de perigo, Estina partiu e nunca mais voltou, mas sempre mandava recados. Quando Quina melhorou, seu amigo e confidente Adão veio vê-la. Foi a primeira vez em que ela acanhou-se ao recebê-lo, porque se achava totalmente envelhecida e fraca. Conversam sobre testamento e Quina diz ao amigo que já fez o seu. Também o irmão Abel vem vê-la e propõe levá-la para a cidade, onde há mais recursos. Ela recusa e diz que o problema é velhice, e ele está estranhando porque não a vê há muito tempo, nove anos.

"– Nove anos! É verdade, nove anos – cismou ele. E ambos ficaram um bocado calados. Abel remoendo em tumulto certas antigas cenas, os seus calções

[17] Pombo novo, ainda implume.

abertos de garoto, e por onde um recorte de fralda saía como uma vela; o susto que tomara uma vez ao deparar com o vulto de Narcisa Soqueira, que lhe acenava da janela, ao entardecer; a própria Quina, menina de carrapito atado com um nastro vermelho, estendendo a saíta diante dele, para o defender duns bois que vinham pelo caminho em disparada e que, mal castrados, corneavam. Nove anos, então? E ela que tivera o impudor – nela era um impudor – de se dizer velha! Alguma coisa acontecera no seu espírito, para que assim se desataviasse e aparecesse simples, quase sarcástica, na sua simplicidade. Abel sentiu os olhos molhados porque ele, diferente das mulheres da casa, era de fácil comoção e, por isso mesmo, mais superficial." (p.188)

Enquanto Quina e Abel conversavam, ouvia-se a voz de Custódio no terreiro. Ele gostava de lavrar e de animar os bois, mas não por muito tempo. Logo se cansava e deitava-se à sombra de alguma árvore. Desde que Abel chegara, Custódio não aparecia por perto de casa. Abel, para agradar a irmã, foi gentil com Custódio e até chegou a sugerir à irmã uma disposição testamentária, mas ela recusou. Abel vai queixar-se a Estina, mas não consegue muita coisa. Volta à casa de Quina. "Outra vez com Quina, no dia seguinte, ao despedir-se dela, reforçou as atenções para com a saúde e pediu-lhe que fosse tratar-se na cidade. Para surpresa sua, ela aceitou, desta vez. Ao contrário do que podia imaginar-se, aquilo provocou em Abel uma surda contrariedade, e uma centena de inconvenientes lhe acudiram ao espírito". (p.191)

XVI

"Uma semana depois, Quina chegou a casa do irmão. Desde logo fez notar que a sua visita não tinha outra intenção senão a de não parecer desinteressada da família." (p.192) Só levava a roupa do corpo, para ter o pretexto de regressar depressa. Sabia ela que aquele ambiente de conforto e hábitos supérfluos havia de lhe provocar vexame e timidez. Por desforra, insistia em pagar tudo e presentear todo mundo. Germa estava com trinta e três anos. Entre ela e Quina nunca tinha havido aliança, mas só superficialmente se toleravam. Apesar disso, assemelhavam-se muito. Germa comenta com o pai: "Ela deve estar muito doente". (p.193) Mas Abel não concorda.

"Oh, não... Ainda está rija – disse Abel, adiando a preocupação. – O plano dela para conseguir a quinta de Augusto não é duma pessoa que se sente morrer." (p.193) O plano era tentar habilitar os muitos filhos ilegítimos de Augusto, após sua morte, a reivindicar seus direitos à herança. Assim, quem estivesse em poder da terra veria como melhor alternativa vender tudo a Quina.

Quina vai para casa de João, onde se sente melhor: "um ambiente que lhe proporcionava certa satisfação". (p.195) Aceitou melhor agora a cunhada, preferindo-a à mulher de Abel. "Quina saiu dali muito impressionada e sofrendo o remorso de ter julgado um tanto superficialmente a cunhada." (p.196) Apenas três dias fora de casa e Quina recebeu uma carta de Libória dizendo que Custódio adoecera em casa de Estina. Quina queima a carta sorrateiramente e comunica aos parentes que vai retornar. Germa protesta: "Mas as suas radiografias? A sua consulta às cinco horas? " (p.198)

Parte Quina afogueada de vergonha e de raiva contra Custódio, porque sua atitude provocara um certo rumor em toda a freguesia. Chega ao escurecer e vai encontrar Custódio sentado na eira e estalando os dedos para que os cães pulassem diante dele.

"– Tu que fazes aqui, maroto? – disse Quina, baixinho.

Ele levantou-se prontamente, pôs-se a sacudir as calças, dando palmadas nos quadris com uma violência que tinha por intuito distraí-lo da sua perturbação.

– Vim para aqui... – tartamudeou. Apesar de tudo, o seu olhar era feliz.

Quina sentiu que toda a sua ira se dissolvia como um bloco de neve que rola sobre o fogo, ao ouvir aquela voz tenteante de criança." (p.202/3)

A verdade é que a doença dele era a ausência dela. Desde que Quina partira ele nada mais comera. Foi só ela chegar, ele comeu e dormiu bem. No mesmo dia, antes de se recolher, Quina examinou todos os esconderijos onde guardava seus bens e tudo estava intacto. Então ela entrou no quarto e se pôs a rezar.

XVII

Ainda durante todo aquele verão Quina andou de pé alheia à consumação de todo o seu organismo, mas dormia muito pouco. Quase nunca dormia. Toda a casa, para ela, evocava o pai. "O seu amor por ele era feito de temor e duma ousadia infinita e secreta, que se manifestava às vezes nas suas rebeldias para com os estranhos ou os irmãos." (p.211)

"Agora, que Custódio se apresentava um pobre diabo marcado por taras e lhe introduzira em casa o presságio das suas depravações, ela aceitava-o, não lutava mais para repelir aquela fatalidade de erros e loucuras, que chegara, sem saber, a amar em Francisco Teixeira." (p.214) Custódio está com vinte e quatro anos e depois da prisão do *Morte* não tivera mais amigos.

Uma noite, depois da saída de Libória, Quina passa mal. Não chama ninguém, não se move da cama, mas chama Custódio quando vê que ele se recolhe. Apavorado, cheio de terror amoroso ele se põe a chorar.

"– Vossemecê não morre, não morre! – gritou Custódio. E abatia os ombros sobre o leito, chamava Quina, queria que ela lhe respondesse e o olhasse com a tímida e contida ternura que usava para com ele, e o confortasse ainda, porque ele estorcia de tristeza, maldizendo-a e desejando até feri-la, para que ela se reanimasse. Por fim, Quina conseguiu afastá-lo de si, pedindo-lhe, com voz exausta, que buscasse socorros. Ele lançou-se em correria pela casa fora, deixando atrás de si as portas abertas que, sacudidas pelo vento, entrechocavam os trinques.:" (p.215)

Assim começa a agonia de Quina, que dia-a-dia se debilita e se mostra mais próxima do fim. Libória passa a dormir na casa da Vessada, com ordem de avisar Estina se o estado da irmã se agravasse. O restante da família não foi avisado. Custódio, depois do seu primeiro alarme e do apaixonado terror, passoua comportar-se quase indiferente.

Certo dia, em que Quina mostrara-se mais inquieta, Libória entrou na cozinha assoando-se e enxugando os olhos, provocando nele a pergunta: "Ela está mal?". Ele já estava aborrecido porque tivera que sacrificar seu **tordilho**[1] que quebrara as pernas dianteiras ao cair por um barranco abaixo. Libória lhe disse que ela estava a morrer e quem sabe o que lhe deixaria? Custódio irritou-se e a criada teve um risinho de escárnio, satisfeita porque conseguira aborrecê-lo. Desse momento em diante, Libória mantém uma campanha velhaca de insinuações que envenenavam a vida de Custódio, aterrorizando-o.

"Dum dia ao outro, pareceu envelhecer, os olhos fizeram-se-lhe fundos, a bonita boca murchou como se o estuar do sangue a tivesse abandonado. Quando entrou no quarto de Quina, ficou junto do leito, olhando-a por largo tempo, com modo intransigente.

– Vossemecê gosta de mim? – perguntou.

Ela sorriu, esboçando sob o lenço um trejeito de riso mais aberto e que traduzia alegria e consolo por aquele apego cândido, aquela pergunta em que havia dúvida rebelde e uma grande e birrenta fé. Custódio contemplou-a ainda um momento, e saiu, devagar." (p.221)

XVIII

Custódio voltou muitas vezes. Sua vida e comportamento mudam bruscamente. Abandonou os desejos de mândria. Não saía mais e até sua gula pareceu desaparecer. Libória observava-o muitas vezes preocupado e atento às coisas da casa, cuidando de tudo. Custódio estava realmente possuído pela consciência da propriedade. "Rondava Quina, nunca mais a deixou; passava horas espreitando-a pela folha encostada da porta, não se importando de Libória e dos moços que paravam no quinteiro para olhar surpreendidos de o ver tão imóvel como um cão amarrado à sua caça." (p.222) E, freqüentemente, perguntava a Quina: "Vossemecê gosta de mim?".

Alarmou-se Custódio quando o médico revelou que a doente viveria somente mais uma semana. Ele foi vê-la e ela ao murmurar "coitadinho", como que lhe deu chance de extravasar-se.

"– Ajude-me – disse ele. – Que vai ser de mim? Vossemecê criou-me e não tenho mais ninguém. Veja se alguém pára à sua porta para saber de si! Aproveitam a hora de vir buscar o leito para perguntarem como está, ou, se encontram a Libória, pedem-lhe favores quesão como robos a esta casa. Só eu estou ao pé de si e não como nem durmo a pensar que vossemecê está mal...

– Que queres tu? – disse Quina. E a voz dela era como um queixume, prém tensa e desagradável. Tinha desviado um pouco o rosto, de mandeira a poder observar Custódio que parecia esfregar afronte sobre as cobertas, fossando nelas brandamente, num jeito de desorientação e de mimo. 'menino!' – penou ela." (p.223)

---

[1] Cavalo de pêlo negro com manchas brancas.

Quina, no entanto, não se deixa enganar. Vê custódio como os demais, compara-o a um corvo, espreitando a sua morte para ficar com os despojos, mas apesar disso, ama-o e tem pena dele. Manda Custódio sair do quarto, mas ele volta à carga.

"E esta casa, esta casa? – gritou ele. – Ela vai ficar vazia, há-de cair de podre, sem que eu possa pôr-lhe o pé. Há-de o mato entrar por ela dentro, sem que eu possa chegar-me aqui com uma roçadoira. E eu? Eu só sei viver aqui, fui o seu criado, o seu filho, sempre..." (p.226) Quina pensa que precisa ser fiel à lei do sangue, não podendo por isso deixar para Custódio uma propriedade que não é sua, mas da sua família. Dar a outro, seria um roubo.

"– Terás o que te compete, nem mais nada. O bastante para não precisares de trabalhar, se o souberes governar – disse, muito seca. Mas, no seu espírito, havia uma convulsão, parecia-lhe cometer um crime usando de tão clara rispidez para com o moço, que mais se perturbara ao ouvi-la e se ficara a pestanejar, mudo e como que esgotado de recursos.

– Vossemecê não me deixa tudo? – perguntou ainda.

– Não – disse ela. – Não pode ser." (p.227)

Custódio retoma a mesma cantilena, mudando apenas as palavras: "Deixe-me tudo. Deixe-me... Vossemecê vai morrer daqui a pouco, não lhe importa, mas eu fico tão desgraçado!". (p.231) Ele acrescenta que ninguém mais gosta dela senão ele e Quina pensa que é verdade. Manda-o calar, mas ele não desiste: "Vossemecê é a minha mãezinha, a minha pomba branca, e vai-me vender ao mundo. Tenha dó de mim! Prometo rezar por si, ter uma vela acesa toda a vida aos pés da minha cama, num altarzinho com um trança dos seus cabelos". (p.233) Finalmente, Quina falece.

"A mão, um instante depois, deslizou e ficou fora do leito, com a palma voltada para cima, numa atitude toda confiante no seu abandono, (...) via-se-lhe no pulso a mancha arruivada, que ela, no mais inviolável segredo de si própria, acreditara sempre uma marca de predestinação." (p.237)

XIX

"Germa chegou logo após Estina, que foi encontrar no canto do escano, como se através setenta anos não se tivesse mexido dali. Inalterável na sua frieza, não se podia saber se sofria." (p.237) Durante a preparação do corpo, Custódio chorou dramaticamente, mas algum tempo depois foi surpreendido por Germa quando tocava uma doce melodia em uma gaita de boca.

O testamento indica Germa como única herdeira da propriedade, menos das duas que tinham sido compradas após a morte de Maria. Estas ficaram para Custódio, mas ele se recusa a sair da casa de Vessada. Quando lhe chegaram os rendimentos das duas propriedades, ficou muito tempo sem os usar, até que certo dia os aplicou na melhoria da casa da Vessada. Germa ordenou que aproveitasse seu dinheiro de outra maneira e que não queria melhoramentos ali. Depois de duas tentativas, só na terceira Germa conseguiu que Custódio saísse dali. Estina morre no verão.

Volta-se ao tempo do início do relato e o leitor é informado de quem é Bernardo Sanches. "Houve, em Morouços, um enviado daquela encantadora Adriana do Folgozinho que , na mocidade, tivera Estina na conta de prima dilecta. Era o seu único neto." (p.244)

Custódio acabou sendo admitido no palacete da Água Levada, na qualidade de agregado a todos os serviços. Tinha duas propriedades onde podia viver quase rico, mas precisava de um amo, para quem representava um escravo perfeito. Quando dispensado, cometeu suicídio. "Tinham passado dois anos daquilo, e ela (Gema) estava sentada na sala da casa da Vessada, balançando-se na *rocking-chair*, que fazia chiar as tábuas do sobrado. Apoiado no parapeito da pequenita janela, cujos vidros eram já para sempre azuis, encontrava-se Bernardo Sanches, actual proprietário do Folgozinho. Ambos permutavam visitas pelo S. Miguel, quando vinham importunar os caseiros com novidades agrícolas e sugestões científicas para o fabrico do vinho." (p.247)

O narrador encerra o relato concentrando-se em Germa como o fio condutor e continuador dessa história que foi a de Quina: "Eis Germa, eis a sua vez agora e o tempo de traduzir a voz da sua sibila. Talvez, porém, o seu tempo seja improdutivo e nefasto, e ela fique de facto silenciosa, porque – quem é ela para ser um pouco mais do que Quina e esperar que os tempos novos sejam mais aptos a esclarecer o homem e a trazer-lhe a solução de si próprio? Talvez ela fique de facto imóvel no seu constante, lento ou vertiginoso baloiçar, na casa que fortuitamente habita, e a sua história fique hermeticamente fechada no círculo de aspirações que não conseguiu detalhar e cumprir, porque aconteceu ser cedo ou ser tarde, porque não se compreende ou não se crê o bastante, porque se deseja demasiado e isto é todo o destino, porque... porque..." (p.252)

Comentário: Revelando um tempo circular, o relato retoma o momento inicial, o tempo do primeiro capítulo, como se toda a história estivesse sendo relembrada em *flash-back* pela personagem Germa, que é apresentada como aquela que tem condições de contar tal história, mas que talvez não chegue a fazê-lo. E o texto morre, como morre quem tenta exprimir uma frase que queda inconclusa na garganta e fica no ar pela metade. Bastante interessante, já que podemos pensar que nenhuma história tem um fim, pois isso seria o fim da vida, da existência. A história de Quina continuaria em Germa e assim por diante. Só que Germa e Bernardo, por causa de seus estudos e vida na cidade, não vão poder dar continuidade àquela personalidade rural típica, mantendo-se alheios ou distantes da vida telúrica (não vivem ali, mas vão lá com certa freqüência) e quando aparecem trazem novidades (sugestões científicas para o fabrico do vinho) que rompem com a tradição transmitida de pais para filhos oralmente.

V - SÍNTESE DO ENREDO

Germana conversa com Bernardo numa sala da casa da Vessada. Germa lembra-se da tia, Quina. A narrativa vai buscar no passado os antecedentes de Quina e Germa.

Francisco casa-se secretamente com Maria, mas um dia ela sai da sua casa e vai para a casa da Vessada, morar com seu marido. Ele adora a vida de amores aventureiros e abomina o cuidado com a terra e com a casa. Maria dedica toda sua vida à criação dos filhos e à manutenção da casa. Os filhos homens parecem herdar do pai aquela falta de responsabilidade com a propriedade, a casa da Vessada. Dos filhos homens, Abílio morreu jovem, João casou-se e vendeu sua parte para a irmã Quina, Abel enriqueceu e desinteressou-se da terra, indo morar na cidade como João. Das filhas, uma, Estina casou-se e só Quina ficou solteira cuidando da propriedade que soube administrar bem e fez prosperar. Quando faleceu Elisa, amiga que chamava Quina de sibila, deixou um escudeiro ao desamparo. Quina o emprega e mais tarde adota um menino, filho desse escudeiro (que desaparece) com uma prostituta. Quina dá ao menino o nome de Emílio, mas todos o chamam de Custódio. Criado como membro da casa, esse menino se faz homem e procura de todo modo fazer-se herdeiro de Quina, mas ela faz prevalecer o direito do sangue e deixa a propriedade para Germa. Para o adotivo deixa duas propriedades que ela comprara depois da morte de sua mãe e que não fazia parte da propriedade da família. Custódio se mata por não conseguir viver fora da casa em que foi criado.

VI - ESTRUTURA DA OBRA

O romance divide-se em 19 capítulos, e aborda acontecimentos envolvendo o casal Maria e Francisco e sua descendência, ocorridos principalmente nas duas décadas do final do século XIX e nas duas iniciais do XX. Em virtude das indas e vindas no tempo, com o narrador apresentando *flash-back* e *flash-forward*[19] o tempo predominante é o psicológico, pois o registro maior é o das ações interiores das personagens, tentando captar os elementos fundamentais que constituem o ser humano em sua complexidade e em suas contradições. O eixo narrativo ou a coluna vertebral da história é Quina, a sibila, que pode ser entendida como a protagonista, que dá título à obra. Germa, sua sobrinha, é apresentada como a narradora potencial, possível, porque tem condições de conhecer mais e interiormente essa figura humana incrível que foi Quina, a sibila. As ações acontecem fundamentalmente em um espaço rural, provinciano, envolvido por uma maneira muito peculiar de ver e vivenciar o mundo. Há uma preocupação de

---

[19] Ao contrário do *flah-back* que volta no tempo, fazendo uma retrospectiva, o *flash-forward* é a técnica que permite ao narrador, ao contar um momento, dar um salto e narrar antecipando o que vai acontecer depois. Em *A sibila*, o narrador dá saltos para o futuro, quando, por exemplo, fala de Maria ainda no início da vida matrimonial com Francisco, comenta que ela, Maria, "morreria muito velha e, com a idade, a mente havia de se debilitar".

registrar, através da descrição, não apenas elementos da natureza, mas os móveis e as roupas e adereços, com detalhes que não podem escapar ao olhar feminino: "Estavam muito graciosas com as suas pelerinas forradas de seca escocesa, sob as quais se viam os vestidos de flanela beije, à marinheira. A mãe, muito bela com cabelos alaranjados recolhidos pelo véu de viagem, debruçava-se da portinhola, rindo e sacudindo a mão enluvada." (p.49) É talvez um dos poucos elementos que indicam a presença de uma mulher por trás da narração. Aquela simpatia que se sente claramente entre o narrador de *Campo Geral*, de Guimarães Rosa, e o protagonista Miguilim, não é aqui tão acintosa, mas repleta de restrições às mulheres e seus comportamentos e atitudes mais típicas e arraigadas como o sentimentalismo e a propensão ao choro. Há uma visão crítica que chega ao leitor pela postura de Quina e de seu julgamento das outras mulheres. Mas há também admiração, amor contido e respeito por essas mulheres trabalhadeiras, lutadoras, fortes na fraqueza de sua condição (além de pertencer ao sexo frágil não são ricas, burguesas). O foco narrativo realiza-se na terceira pessoa, apresentando um narrador onisciente, capaz de ver e saber tudo, inclusive os pensamentos e sentimentos mais íntimos das personagens, traduzindo e interpretando gestos e reflexões que as próprias personagens desconhecem.

Personagens principais:

Quina, Joaquina Augusta não era bonita, pequena como o pai, mas de falas capciosas e gênio profundamente equilibrado. A partir de uma doença, que a deixou presa à cama como uma paralítica, passou a ser tomada como pessoa de dons sobrenaturais.

Francisco, marido de Maria, pai de Quina. Homem de pouca afeição ao trabalho, mas dotado de grande poder de atração com relação às mulheres. Por causa de seu caráter perdulário, gastador, deixa a família em dificuldades financeiras.

Maria, mãe de Quina e Estina. Mulher trabalhadeira, esposa dedicada, suporta com paciência as aventuras do marido, sem permitir que os filhos sequer falem mal dele.

Narcisa, vizinha e amiga de Maria. Mulher inculta e pouco preocupada com a higiene.

Balbina, irmã de Maria, mulher mentirosa, madrinha de Quina e de Elisa Aida.

Estina, irmã mais velha de Quina, moça prendada, recebeu uma educação cuidadosa, gostava de serviços leves que pudesse executar sentada.

Elisa Aida, provinciana que adota ares de fidalga ao casar-se com um tio que enriquecera. Conseguem título de fidalguia e ela se torna a condessa Monteros.

Adriana, prima de Quina, "mulher linda, com os cabelos alaranjados da mãe e um perfil inocente e grave".

Custódio, filho do escudeiro de Elisa Aida com uma prostituta, era bonito, mas pouco inteligente. Não tinha nome a herdar, nem bens. Recolhido por Quina é criado como se fosse um filho, mas não herda todos os seus bens. Pelo amor que lhe tinha, Quina deixa-lhe duas propriedades que conseguira por si, mas nega a Custódio as terras que recebeu de herança, onde ele foi criado, mas que são destinadas a Germa. Custódio revela-se apegado à terra e à condição inferior, não conseguindo dirigir nem se interessar pelas suas propriedades. Sem conseguir encontrar um lugar para si e um destino para cumprir, o "sem-família" tira a própria vida.

VII - ESTILO DE ÉPOCA E ESTILO INDIVIDUAL

Agustina Bessa-Luís pertence à terceira fase do Modernismo, também denominada Neo-Realismo, que teve como marco inicial o romance *Gaibéus*, de Alves Redol, publicado em 1940. O termo Neo-Realismo, empregado por alguns na designação desse período, deve-se ao fato de, assim como ficcionistas brasileiros da segunda fase modernista (Graciliano Ramos, Jorge Amado etc.), os escritores portugueses retomaram certos traços estéticos do Realismo e do Naturalismo. Entre esses traços, encontramos o regionalismo e a denúncia social. Numa postura realista e objetiva, os autores revelam simpatia para com os humildes, injustiçados e marginalizados, retratando seus sofrimentos e suas lutas inglórias. Entre os escritores que se destacaram, podemos citar Ferreira de Castro, Alves Redol, Fernando Namora, Vergílio Ferreira, Mário Cesariny de Vasconcelos, Carlos de Oliveira (brasileiro nascido no Pará). Agustina Bessa-Luís e José Saramago ficam incluídos nesse período até que estudos mais aprofundados venham criar nova denominação e classificação para os autores contemporâneos de maior porte e importância para a nossa cultura.

Os romances de Agustina Bessa-Luís apresentam, entre as influências estéticas que devem ter norteado o alicerce de sua construção literária, uma herança pós-simbolista de autores como Raul Brandão, que pode ser lembrada pela conjugação da sabedoria **ancestral**[20] e **telúrica**[21] (Maria e Quina são dois exemplos fortes em *A sibilia*) com a força do saber intuitivo e uma linguagem rica de **aforismos**[22]. Vejamos o que diz o crítico Massaud Moisés sobre o estilo dessa conceituada escritora: “Suas obras têm causado uma impressão hoje unanimemente aceita: trata-se de aparelhagem nova de romancista, forte a ponto de constituir-se num momento de alta voltagem, no grande ‘caso’ dentro do panorama da ficção moderna em Portugal. Romancista privilegiada, sua poderosa imaginação tudo transfigura e vivifica a um só tempo, conferindo aos seres e aos objetos um halo de verdade de autenticidade provavelmente apenas possível no âmbito da Arte. Impelida por essa imaginação criadora e recriadora, a ficcionista não só arquiteta o plano suposto em que a narrativa se desenrola, como também lhe empresta seguidos dados da observação da realidade que lhes está intimamente conectada. Opera-se, assim, a identidade entre o ideal e o real, de molde que toda noção de espaço e de tempo desaparece em favor duma multiplicidade ou **ubiqüidade**[23] e **ucronia**[24], que assinala a perenidade dos dramas focalizados. De onde uma confusão de níveis que anula a ordem lógica dos acontecimentos para sugerir uma espécie de ordenação metafísica, ou

---

[20] Relativo aos antepassados, aos conhecimentos que são transmitidos de pai para filho, ou de mãe para filha, oralmente.

[21] Relativo à terra, que vem impregnado do amor à terra.

[22] Máximas populares, ditados, provérbios.

[23] Propriedade ou estado de onipresença.

[24] Aquilo que não pode ser situado em tempo nenhum.

ultrapsicológica, como se tudo, pessoas, coisas e fatos, estivesse interligado fenomenologicamente. Tal processo tende a diluir o romance como fabulação corrida e inteira, e a transformá-lo em epopéia romanceada: as personagens se movimentam num espaço mítico, ou ao menos imperceptível a olho nu, condensando-se no 'mistério' que todas são umas para as outras."

VIII - TEMÁTICA

Entre os temas fundamentais, podemos apontar a complexidade do ser humano que muitas vezes nos leva a julgar mal se nos baseamos apenas na aparência e nos gestos exteriores. Também é importante a temática do amor à terra e do apego à propriedade: "A verdade é que entre o povo a noção de propriedade está por demais arreigada para que um ladrão, por mais heróico ou altruísta, não seja julgado como infame. Um assassino é tolerado, pode partilhar o pão dos seus vinhos, pode fazer esquecer o seu crime". (p.29)

Outro tema que reiteradas vezes aparece na perspectiva da mulheres da casa da Vessada é a que a vida burguesa com seus luxos e valores supérfluos deve ser desprezada, porque não produz gente de qualidade. Podemos inferir também que as mulheres revelam mais consciência da responsabilidade pelo lar e pela família do que os homens. Para encerrar, encontramos também a predominância dos laços do sangue sobre todos os outros, motivo esse que levou Quina, contra seu desejo de coração, a não dar a casa da Vessada para Custódio, revelando consciência de livre juiz chegando a "sacrificar-se pelas coisas que exigem justiça a ponto de, para a cumprir, ser necessário deixar coração e vida, paixões que sangram, interesses que devoram". (p.33) Outro trecho que aborda o tema encontra-se no penúltimo capítulo, quando Quina nega deixar a propriedade para Custódio: "Pobre menino, pobre bobo! Era criminoso lançá-lo dali, mas aquela casa não era sequer a ela, Quina, que pertencia. Era a um nome, a uma raça; pecaria, cometeria um furto, se, à conta de quaisquer cláusulas ou sofismas, consentisse ali um estranho". (p.232)

BIBLIOGRAFIA

Luís, Agustina Bessa. **A sibila**. Lisboa: Guimarães Editores, 1998.
Chacon, Geraldo. *Síntese da Literatura Portuguesa e Brasileira*. SP: Flâmula, 1996.
Moisés, Massaud. *A Literatura Portuguesa*. SP: Cultrix, 1978.

MANUELZAO E MIGUILIM (1956)

de Guimarães Rosa
por Geraldo Chacon

I - BIOGRAFIA

João Guimarães Rosa nasceu em Cordisburgo, Minas Gerais, em 1908, onde passou a infância até seus dez anos, quanto partiu para Belo Horizonte, com o objetivo de estudar no Colégio Arnaldo. Já data dessa época seu interesse por botânica, zoologia e literatura. O gosto pela botânica transparece em muitas de suas descrições, como no seguinte exemplo: "O mais é uma mistura de trepadeiras floridas: folhas largas, **refilhos**[1], **sarmentos**[2], gavinhas, e, em glorioso e confuso trançado, as taças amarelas da erva-cabrita, os fones róseos do carajuru, as campânulas brancas do cipó-de-batatas, a cuspideira com campainhas roxas de cinco badalos, e os funis azulados da flor-de-são-joão." (*Sagarana*)

Terminado o colégio, ingressou na Faculdade de Medicina de Belo Horizonte. Seus primeiros anos de medicina, ele os exerceu no interior de Minas, mantendo a sua atração pela literatura, tendo sido premiado por seus contos em concurso organizado pela revista *O Cruzeiro*.

Serviu como médico voluntário, em 1932. Em 1936, a Academia Brasileira de Letras premiou seu livro de poemas, *Magma*, que Rosa não quis publicar, talvez por sentir que havia mais poesia em sua prosa do que em seus versos. O conhecimento de várias línguas acabou conduzindo Guimarães Rosa ao Itamarati em 1934. Em 1938, foi para Hamburgo como cônsul-adjunto. Em 1946, foi nomeado chefe de gabinete do ministro João Neves da Fontoura. Nessa mesma data publicou seu primeiro livro de contos, *Sagarana*, obra que lhe rendeu vários prêmios. Em 1952, numa viagem pelo sertão de Minas Gerais com um grupo de vaqueiros, conheceu Manuel Nardes, o Manuelzão, transformado posteriormente no protagonista da novela: *Uma estória de amor*, do livro *Corpo de baile*, e que atualmente faz parte de *Manuelzão e Miguilim*. *Corpo de baile* foi editado em 1956, mesmo ano da publicação de sua obra-prima: *Grande sertão: veredas*.

Em 1963, foi eleito para a Academia Brasileira de Letras, só tomando posse quatro anos depois. Esse atraso talvez fosse resultado de uma premonição sua de que morreria quando ingressasse na Academia. O que realmente aconteceu, pois logo após sua posse, em novembro de 1967, falece o maior escritor da terceira fase modernista, vítima de uma parada cardíaca.

---

[1] O mesmo que rebento, broto.

[2] Qualquer ramo semelhante ao da videira.

II - BIBLIOGRAFIA

Contos: *Sagarana* (1946), *Primeiras Estórias* (1962), *Tutaméia* (Terceiras Estórias) (1967), *Estas Estórias* (1969), *Ave, Palavra* (1970).
Novelas: *Corpo de Baile* (1956). Posteriormente, a obra foi dividida em três volumes: *Manuelzão e Miguilim*; *No Urubuquaquá, no Pinhém*; *Noites do Sertão*.
Romance: *Grande Sertão: Veredas* (1956).

III – APRESENTAÇÃO

As duas novelas que constituem este volume que vamos estudar foram publicadas pela primeira vez como parte de *Corpo de baile*. Posteriormente, a partir da 3ª edição, passou a ter edição autônoma, sob o título de *Manuelzão e Miguilim*. A primeira dessas duas narrativas é sobre o menino Miguilim, que morava com sua família muito longe num lugar chamado Mutum, no meio dos Campos Gerais. A narrativa trata de seu mundo infantil visto ainda sem aquela sistematização rígida do universo adulto. Em contraponto evidente, a segunda história, *Uma estória de amor*, narra os preparativos para uma festa e a própria festa, idealizada por Manuelzão para consagrar uma capela por ele construída. A festa e seus preparativos são como uma coluna dorsal, ou um esqueleto, mas os músculos e nervos da narrativa são os pensamentos, sentimentos e lembranças de um velho vaqueiro que vê com preocupação o fim do caminho: "De todo não queria parar, não quereria suspeitar em sua natureza própria de um anúncio de desando, o desmancho, no ferro do corpo. Resistiu. Temia tudo da morte".

No sumário, o autor anuncia as duas narrativas *Campo Geral* e *Uma estória de amor*, como poemas. Como estamos acostumados a ouvir dizer de ambas que são novelas, isso causa estranhamento, mas logo nos lembramos de que Rosa trabalha a linguagem com requinte próprio de músico, poeta e pintor de rara sensibilidade, aceitamos a sugestão. Durante a leitura, ao sermos envolvidos pelo clima lírico criado pelo narrador em decorrência de sua postura afetiva em relação às personagens Miguilim e Manuelzão, compreendemos melhor o caráter poético das duas narrativas.

Algumas vezes, o efeito poético salta aos nossos olhos com ritmo e sonoridade surpreendente, como quando, por exemplo, o narrador nomeia os cachorros da casa: "Ca**rá**ter, Ca**ti**ta, / So**pra**do e Flo**res**to", em que podemos perceber dois versos redondilhos menores (cinco sílabas) com acento tônico no segundo pé (sílaba poética) e no quinto. Outras vezes, a poesia brota de uma imagem que sai como sopro feliz da boca de uma personagem, como no instante em que, para consolar Tomezinho, a mãe diz-lhe que ele era "um fiozinho do cabelo de Deus" que tinha caído em sua casa.

IV – RESUMO DO ENREDO DE *CAMPO GERAL*

"Um certo Miguilim morava com sua mãe, seu pai e seus irmãos, longe, longe daqui, muito depois da Vereda-do-Frango-d'Água e de outras veredas sem nome ou pouco conhecidas, em ponto remoto, no Mutum. No meio dos Campos Gerais, mas num covoão em trecho de matas, terra preta, pé de serra. Miguilim tinha oito anos."[3] (p.13)

Comentário:
O narrador inicia o relato de um modo mítico, como nas histórias antigas. Expressões como "um certo Miguilim" e "longe, longe daqui" inscrevem a narrativa num ambiente mágico, distante do leitor (ouvinte), como nas histórias contadas antigamente pelas avós. A ausência de um tempo cronológico, datado, reforça também essa impressão.

O narrador imediatamente dá um salto, retrocedendo a história ao ano anterior, quando o menino tinha sete anos e foi levado pelo Tio Terêz, irmão de seu pai, ao Sucuriju para ser crismado, porque o bispo andava por lá. Nessa viagem, Miguilim ouviu um homem dizer que o Mutum era lugar muito bonito. Como sua mãe sempre expressava o contrário, o menino traz para ela essa revelação como se fosse um presente, um consolo. Tão ansioso estava para dar a ela tal notícia, que não deu atenção ao pai, nhô Béro, que se sentiu ofendido com a falta de estima do filho. No dia seguinte era domingo e o pai levou todos os irmãos para pescar no córrego, deixando Miguilim de castigo em casa. "Mas Tio Terêz, de bom coração, ensinou-o a armar urupuca para pegar passarinhos." (p.15)

Retrocede o narrador no tempo, revelando que o menino não nascera no Mutum, mas em lugar mais longe, um "buraco de mato, lugar chamado Pau-Roxo, na beira do Saririnhém" (p.16), de que guarda confusas e embaralhadas lembranças como a de uma pedrada que recebeu de outro menino ou de quando sangraram um tatu sobre sua cabeça, simpatia para dar-lhe saúde, porque era menino muito fraquinho. Outra lembrança, essa boa, era de umas belas moças que o levavam para a casa delas e lhe davam "goles de um de-beber quente, que **cheirava à claridade**[4] " (p.17). Depois, as cheirosas moças o levavam para o jardim e o deixavam à vontade e ele podia perceber bem "o cheiro da terra, das folhas, mas o mais lindo era o das frutinhas vermelhas escondidas por entre as folhas – cheiro pingado, respingado, risonho, cheiro de alegriazinha" (p.17). A mãe corrigia essa lembrança, dizendo que foi em outro lugar "aonde tinham ido de passeio". (p.17)

Havia muitos cachorros na fazenda, mas Miguilim gostava mais era da cadela Pingo-de-Ouro, que também gostava muito dele. Um dia, passaram pelo Mutum

---

[3] Expressões como "um certo", "longe, longe" e "ponto remoto" dão ao relato um ar de lenda, de antigas histórias da carochinha ou de mitos primordiais.

[4] Emprego de sinestesia, figura de linguagem caracterizada pela associação subjetiva entre sentidos diferentes: cheirava (olfato) à claridade (visão).

uns tropeiros e Nhô Bero deu para eles a cadela "que puxaram amarrada numa corda". O menino chorou muito, consolando-se depois com a idéia de que a cadela voltaria, pois lhe disseram que às vezes cachorros dados "voltavam sempre em casa" (p.21). Por causa de uma história da cuca, apesar de ninguém na casa saber o que era uma cuca, Miguilim passou a referir-se à cadela também por esse nome, Cuca.

Certo dia, o irmão Dito agarra Miguilim pelo braço e diz que os pais estão brigando:

"– Eu acho, Pai não quer que Mãe converse mais nunca com o Tio Terêz... Mãe está soluçando em pranto, demais da conta.

Miguilim entendeu tudo tão depressa que custou para entender. Arregalava um sofrimento. O Dito se assustou: '– Vamos na beira do rego, ver os patinhos nadando...'[5]

Miguilim brotou em choros. Chorava alto. De repente, rompeu para a casa. Dito não o conseguia segurar.

Diante do pai, que se irava **feito um fero**[6] , Miguilim não pôde falar nada, tremia e soluçava; e correu para a mãe, que estava ajoelhada encostada na mesa, as mãos tapando o rosto. Com ela se abraçou. Mas dali já o arrancava o pai, batendo nele, bramando. Miguilim nem gritava, só procurava proteger a cara e as orelhas; o pai tirara o cinto e com ele golpeava-lhe as pernas, que ardiam, doíam como queimaduras quantas, Miguilim sapateando. Quando pôde respirar, estava posto sentado no tamborete, de castigo. E tremia, inteirinho[7] o corpo. O pai pegara o chapéu e saíra." (p.22)

Comentário:
Essa cena, que impressiona pela força e dinamismo, revela bem a relação do mundo adulto daquele tempo com o mundo infantil. A criança não tem direitos, só deveres, e serve para válvula de escape dos pais, que descarregam nelas suas frustrações e ressentimentos, seja com cinto, chinelo ou vara de marmelo. Revela-se também o problema da infidelidade da mãe de Miguilim, que talvez compense seus anseios de uma vida menos rotineira com as relações extraconjugais.

Estando de castigo, a criança não podia fazer nada nem conversar com os outros. Por isso, Miguilim se põe a pensar e o fluxo de sua consciência é registrado pelo narrador com genialidade: "Só tinha um par de sapatos, se crismara com ele; tinha também um par de alpercatinhas de couro-cru, o par de sapatos devia de

---

[5] Vejam a sensibilidade do menino Dito. Quando nota a força do sentimento do irmão provocado pela notícia, tenta desviá-lo do conflito.

[6] Além da aliteração "feito um fero" (repetição de um mesmo fonema consonantal) vale a pena observar aqui a substantivação do adjetivo fero, que significa feroz, aproximando o sintagma da famosa expressão popular "feito uma fera", mas ao mesmo tempo surpreendendo o leitor pela mudança, pela novidade.

[7] O emprego insistente, abusivo mesmo, do diminutivo apresenta duas funções importantes nessa narrativa. Uma delas é revelar essa tendência do falar regional mineiro e a outra é aproximar simpaticamente o narrador do protagonista. Muitos estudantes já me perguntaram se Miguilim não era o próprio narrador, ou o próprio Guimarães Rosa e essa impressão surge por causa da simpatia que se revela pela linguagem.

ficar guardado. O Bispo era tão grande, nos roxos, na hora de se beijar o anel dava um medo. Quem ficava mais vezes de castigo era ele, Miguilim; mas quem apanhava mais era a Chica. A Chica tinha malgênio – todos diziam. Ela aprontava birra, encapelava no chão, capeteava; mordia as pessoas, não tinha respeito nem do pai. Mas o pai não devia de dizer que um dia punha ele Miguilim de castigo pior, amarrado em árvore, na beirada do mato. Fizessem isso, ele morria de estrangulação do medo? Do mato de cima do morro, vinha onça. Como o pai podia imaginar judiação, querer amarrar um menino no escuro do mato? Só o pai de Joãozinho mais Maria, na **estória**[8] , o pai e a mãe levaram eles dois, para desnortear no meio da mata, em distantes, porque não tinham de-comer para dar a eles. Miguilim sofria tanta pena, por Joãozinho mais Maria, que voltava a vontade de chorar". (p.24)

Só o irmão Dito, depois de algum tempo, disfarça e vem distrair Miguilim, contando as coisas que estão acontecendo fora de casa. Depois, aproxima-se mais e diz no ouvido do irmão: "Miguilim, eu acho que a gente não deve de perguntar nada ao Tio Terêz, nem contar a ele que Pai ralhou com Mamãe, ouviu? Mãitina disse que tudo que há que acontece é feitiço... Miguilim, eu vou perguntar a Vovó Izidra se você já pode sair. Você está aí muito tempo..." (p.25)

Tio Terêz chega com um coelho que tinha caçado e diz que "tinham esbarrado o eito na roça, porque uma chuva toda vinha, ia ser temporal". Manda o menino sair do castigo, mas Miguilim não obedece, porque põe em dúvida o direito do tio mandar qualquer coisa em casa depois do que ouve. Nisso, chega Vovó Izidra e ordena que Miguilim saia do castigo, para não ouvir o que ela vai dizer ao tio. O menino, atrás da porta, ouve a avó xingar Tio Terêz de Caim e ordenar que ele desaparecesse antes que Nhô Béro voltasse para evitar mortes.

Tio Terêz parte e a tempestade torna-se iminente. Vovó Izidra chama todos para rezar, até a preta Mãitina, de quem reclama: "Traste de negra pagã, encostada na cozinha, mascando fumo e rogando para os demônios dela, africanos! Vem ajoelhar gente, Mãitina!" (p.33) Comenta-se que Miguilim tem muita fé e recorda-se de quando ele ficou engasgado com osso de asa de galinha e puxou o paletó de Deus, isto é, quase morreu. Durante a reza, a vó faz referência ao adultério: "E ela ensinava alto que o demônio estava despassando nossa[9] casa, rodeando, os homens já sabiam o sangue um do outro, a gente carecia de rezar sem **esbarrar**[10] ". Terminadas as orações, todos vão deitar-se.

"Miguilim e Dito dormiam no mesmo catre, perto da caminha de Tomezinho. Drelina e Chica dormiam no quarto de Pai e Mãe." (p.36) Antes de dormir, Miguilim e Dito conversam sobre suas preocupações.

"– 'Dito, eu fiz promessa, para Pai e Tio Terêz voltarem quando passar a

[8] Esse é um dos mais famosos neologismos de Rosa. O dicionário registra história (ficção) e História (ciência), mas Guimarães Rosa preferiu cunhar termo novo, mais carregado de intenção. Fora das transcrições, preferimos o termo dicionarizado "história".

[9] O possessivo na primeira pessoa informa que se trata de pensamento de Miguilim, mas no texto não há indicação ou sinal gráfico para mostrar que assim é, portanto temos discurso indireto livre, processo que aproxima o narrador da personagem e conseqüentemente o leitor também.

[10] Regionalismo, muito empregado por Rosa, significa "parar".

chuva, e não brigarem, nunca mais...' '– Pai volta. Tio Terêz volta não.' '– Como é que você sabe, Dito?' '– Sei não. Eu sei.'" (p.36) Os outros meninos dormem, mas Miguilim fica pensando nas superstições e na sua amizade com Tio Terêz: "Não queria dormir de costas, porque vem uma mulher assombrada, senta na barriga da gente", "Tio Terêz não parecia com Caim, de jeito nenhum". (p.37)

No outro dia, ainda chovia. O pai voltou e estava calmo, até conversou com os filhos durante o almoço, dizendo que já estava na hora do Miguilim aprender a ler e escrever. Depois chegou o malvado Majéla, chamado de o Patori, assustando o gato Sossõe. Junto veio o pai dele, Seo Deográcias, que cura com ervas e fala engraçado: "O senhor, seo Nhô Berno, podia ter a cortesia de me agenciar para mim um dinheirozinhozinhozinho, pouco, por ajuda?". (p.39) Ele examina Miguilim, verifica a magreza do menino e diz que vai curar isso com as ervas que conhece. A mãe protesta: "De remédio é que ele carece, momo não cura ninguém!" (p.42) Dito conta para Miguilim que ficou sabendo por intermédio do vaqueiro Salúz que Terêz está trabalhando a dez léguas dali, no Tabuleiro Branco, para a viúva Sa Cefisa. Ainda durante a visita, Nhô Béro convida Deográcias para dar aulas para Miguilim, pois a mãe, Nhanina, sabe as letras, mas não tem paciência para ensinar. Miguilim nota que o pai está remoçado e olha sua mãe com ternura, com amor. Através de um dos comuns mergulhos nos pensamentos de Miguilim, ficamos sabendo que a vó Izidra "tinha ojeriza de seo Aristeu", outro curador como seo Deográcias, mas era preferido por Nhanina: "Ele é um homem bonito e alto..." – dizia Mãe. – "Ele toca uma viola..." (p.45) Por causa do exame feito por seo Deográcias, Miguilim cisma que vai morrer. Toma sempre o remédio de jatobá e óleo de capivara, mas perde a vontade de comer e até de passear. O menino quer se apegar com Deus e chama a vó para rezas, mas a vó não atende seu pedido. Também, ele não tem coragem de dizer o motivo real de suas preocupações e diz que é por causa da chuva. Tem chovido vários dias, mas é uma chuva mansa: "aquela chuva não regulava de se acender vela, não estava em quantidades". (p.47) O menino queria mesmo era achar um jeito de sarar com Deus, por isso vai procurar a negra Mãitina. Lembra-se de que há muito tempo ela foi boa com ele, pôs no colo e cantou coisas bonitas naquela língua estranha dela. Desiste quando vê a negra bêbada e decide ele mesmo acertar tudo com Deus: "...combinava com Deus, um prazo que marcavam... Três dias. De dentro daqueles três dias, ele podia morrer, se fosse para ser, se Deus quisesse. Se não, passados os três dias, aí então ele não morria mais, nem ficava doente com perigo, mas sarava!" (p.52) Depois, achando que três dias era pouco tempo, o menino dilata o prazo para dez, o que lhe dá tempo de fazer uma novena. Mas passam os dias e ele não inicia a novena. Decide então não fazer mais artes, como sacrifício para compensar essa falha. O pai reclama da vida, de não ter terra própria e de mal ganhar com que sustentar a família. Miguilim sente desejo de crescer e ajudar: "...queria trabalhar, mais do que todos, e não morrer, como quem sabe ia ser, e ninguém não sabia". (p.56) Miguilim recorda que seo Deográcias havia dito que precisavam cortar a árvores que crescia junto da casa, porque traria mau agouro que poderia tirar a vida de alguém da casa. O menino pensa que pode ser ele, mas como fazer se o pai dissera que não queria ver a árvores cortada. Chamou o irmão menor que parecia ter jeito para tudo. Consultou-o e logo o Dito procurou o vaqueiro Salúz, que gostava de meter o facão em tudo, e disse-lhe que o pai mandara cortar a árvores. Quando o pai chegou e ouviu isso ficou furioso e mandou chamar o Dito, mas o menino explicou mentindo tranqüilamente que tinha sonhado que iria acontecer como dissera seo Deográcias: "eu por nada não queria que o senhor adoecesse, gosto do senhor, demais..." (p.57) Em vez de bater, o pai acaba agradando ao filho. "E o pai abraçou o Dito, e dizia que ele era menino corajoso e com muito sentimento, nunca que mentia." (p.57)

Comentário: Esse modo de ser do irmão deixa Miguilim admirado, pois até ele que sabia ser mentira parece acreditar mais no que dissera o Dito ao mentir, do que no que ele sabia ser a verdade. Mais tarde, questiona o irmão sobre essa segurança sua e a resposta é brilhante. Quando chegar o momento, registraremos aqui o texto integral e esperemos que sirva também para nossos leitores.

Chega o décimo dia, o último, e Miguilim nem sai da cama, esperando a morte chegar. Assusta a todos e o Dito corre atrás do seo Aristeu que por ali passava.

"Seo Aristeu entrava, alto, alegre, alto, falando alto, era um homem grande, desusado de bonito, mesmo sendo roceiro assim; e doido, mesmo. Se rindo com todos, fazendo engraçadas vênias de dançador.

– "Vamos ver o que é que o menino tem, vamos ver o que é que o menino tem?!... Ei e ei, Miguilim, você chora assim, assim – p'ra cá você ri, p'ra mim!..." Aquele homem parecia desinventado de uma estória. – "O menino tem nariz, tem boca, tem aqui, tem umbigo, tem umbigo só..." – "Ele sara, seo Aristeu?" "– ...Se não se tosar a crina do poldrinho novo, pescoço do poldrinho não engrossa. Se não cortar as presas do leitãozinho, leitãozinho não mama direito... Se não esconder bem pombinha do menino, pombinha vôa aluadas... Miguilim – bom de tudo é que tu' tá: levanta, ligeiro e são, Miguilim!..."

– Eu ainda pode ser que vou morrer, seo Aristeu...

– Se daqui a uns setenta anos! Sucede com eu, que também uma vez já morri: morri sim, mas acho que acho que foi morte de ida-e-volta... Te segura e pula, Miguilim, levanta já!

Miguilim, dividido de tudo, se levantava mesmo, de repente são, não ia morrer mais, enquanto seo Aristeu não quisesse. Todo ria. Tremia de alegrias." (p.64)

Comentário: Como a doença do menino era psicológica, todo o processo de sugestão proporcionado pelo curandeiro funciona maravilhosamente bem. Releia o texto transcrito e verifique com atenção que o narrador aí como que desaparece dando à narrativa um tom teatral, ressaltando as falas das personagens sem sua intermediação. Isso confere à narrativa dinamismo e uma forte sensação de veracidade.

Miguilim sente fome e come muito, até sentir uma fraqueza e ficar frio e suado. O pai comenta que ele está precisando fazer exercício. Por isso, é encarregado de levar comida para o pai no dia seguinte. O menino fica feliz por ver o pai falar com ele sem ralhar. "No outro dia, dia-de-manhã bonito, o sol terceiro passar delas, para os buritis das veredas." (p.67) Arrumam a comida e lá vai Miguilim para o pai. Não deixaram Dito ir junto, porque menino junto acaba fazendo arte. Após levar a comida, na volta, no caminho, o menino encontra Tio Terêz que lhe pede um favor: "Você vai, Miguilim, você leva, entrega isto aqui à Mãe, bem escondido, você **agarante**[11] ?! Diz que ela pode dar a resposta a você, que mais amanhã estou aqui, te espero...". (p.71)

Miguilim chega em casa com um problema, pois sente que não deve entregar o bilhete à mãe, mas prometeu ao Tio Terêz. E agora? O que fazer? Não pode falar nada para ninguém, nem para o Dito. Como aconselhar-se? Procura então questionar o irmão de modo vago: "Dito, como é que a gente sabe certo como não deve de fazer alguma coisa, mesmo os outros não estando vendo?" A resposta do irmão ("A gente sabe, pronto.") não o satisfaz. Pergunta para a Rosa: "Rosa, quando é que a gente sabe que uma coisa que vai não fazer é malfeito?" (p.74) Também o que diz a Rosa não ajuda muito: "É quando o diabo está por perto". Tenta com a mãe, que explica: "Ah, meu filhinho, tudo o que a gente acha muito bom mesmo fazer, se gosta demais, então já pode saber que é malfeito". Nem o vaqueiro Jé dá resposta que valha: "Menino não carece de saber, Miguilim. Menino, o todo quanto faz, tem de ser mesmo é malfeito". Também a resposta de Salúz o deixa insatisfeito. "Mas o Dito, de ouvir, ouvir, já se invocava. '– Escuta, Miguilim, esbarra de estar perguntando, vão pensar você furtou qualquer trem de Pai.' '– Bestagem. O cão que eu furtei algum!' '– Olha: pois agora que eu sei, Miguilim. Tudo quanto há, antes de se fazer, às vezes é malfeito; mas depois que está feito e a gente fez, aí tudo é bem-feito..." (p.75) Depois foram jogar malha no pátio, com dois tocos que deviam ser derrubados com uma ferradura. Miguilim nunca que acertava de derrubar, porque ele não enxergava bem o toco. O bilhete no bolso incomoda e puxa toda sua atenção. Ao deitar, não tira a calça. Dito observa isso, mas ele dá desculpa que foi promessa feita. Dito dorme, mas Miguilim sofre com o bilhete incomodando no bolso da calça. Dorme mal e pouco. No outro dia, vai levar almoço para o pai, pensando nas muitas desculpas que pode inventar para o Tio Terêz. Por fim, passa a rezar alto e chorar e é assim que o tio o encontra: "Mas, Miguilim, credo que isso, quieta!? Quê que você tem, que foi?!" E o menino que planejara tanta mentira, desabafa a verdade pura: "Tio Terêz, eu não entreguei o bilhete, não falei nada com Mãe, não falei nada com ninguém!" (p.83) O tio o acalma, dizendo que estava certo, que não tinha importância, que ele veio só se despedir, porque ia partir para longe. Tio Terêz some pelo mato e Miguilim retoma seu caminho para a roça, mas é atacado por uns vultos assustadores que saltam das árvores sobre ele. O menino atiça o tabuleiro de comida no chão e sai "aos gritos de quero mãe, quero pai" até ser abraçado pelo pai. E ele nem reconheceu o pai. Depois de dar-lhe água, o pai e outro homem que com ele trabalhava vão até o lugar do acontecido e encontram um bando de macacos. Riram muito do menino e nem se incomodaram com a comida perdida. Estava ameaçando chover e precisavam mesmo voltar para casa. Já em casa, Miguilim conversa com o Dito e, como sempre, admira-se da sabedoria do irmão.

---

[11] O mesmo que garante. Neologismo ou regionalismo criado a partir da associação com o arcaísmo "alevantar": a + garantir.

"O Dito, menor, muito mais menino, e sabia em adiantado as coisas, com uma certeza, descarecia de perguntar. Ele, Miguilim, mesmo quando sabia, espiava na dúvida, achava que podia ser errado. Até as coisas que ele pensava, precisava de contar ao Dito, para o Dito reproduzir, com aquela força séria, confirmada, para então ele acreditar mesmo que era verdade. De donde o Dito tirava aquilo? Dava até raiva, aquele juízo sisudo, o poder do Dito, de saber e entender, sem as necessidades." (p.86/7)

Durante o almoço, chegou o vaqueiro Salúz com a notícia de que o Patori havia matado um rapaz e sumido no mato. O homem que veio com Nhô Béro chamava Luisaltino e ia ficar trabalhando e morando com eles. "Drelina ficava olhando muito para Luisaltino, disse depois que ele era um moço muito bonito apessoado." (p.88) Luizaltino quando de muda definitivo para a casa de Miguilim traz um papagaio de nome Papaco-o-paco. Luisaltino falou que o papagaio era da Chica, mas ele não gostava da Chica nem de ninguém, só da Rosa, para quem mandava beijos estalados e cantava uma cantiga chamada "Mariazinha". Luisaltino ensina os meninos a fazer gaiola e conversa a sós com Nhanina. Pai passava o dia todo na roça. "E era bom para a gente, quando Pai não estava em casa." (p.91) Chegou a época de fazer o presépio e os meninos recolhiam musgo e barba-de-pau. Até o Grivo, um menino muito pobre, ajudou. Dito viu e contou para Miguilim que o vaqueiro Jé abraçou a Maria Pretinha. Siarlinda, mulher de Salúz, trouxe doce-de-leite e requeijão e contou estórias bonitas. "Miguilim de repente começou a contar estórias tiradas da cabeça dele mesmo: uma do Boi que queria ensinar um segredo ao Vaqueiro, outra do Cachorrinho que em casa nenhuma não deixavam que ele morasse, andava de vereda em vereda, pedindo perdão. Essas estórias pegavam. Mãe disse que Miguilim era muito ladino, **despois**[12] disse que o Dito também era. Tomezinho desesperou, porque Mãe tinha escapado de falar no nome dele; mas aí Mãe pegou Tomezinho no colo, disse que ele era um fiozinho caído do cabelo de Deus." (p.92)

É um tempo de muita coisa boa e singela acontecendo. Vovó Izidra foi servir de parteira na Vereda do Bugre e "a casa ainda ficava mais alegrada" (p.93). Pai também viajou para visitar seo Deográcias, porque ficou sabendo que o filho Patori foi encontrado morto provalmente de fome no mato. "Então, aquela noite, sem Pai nem Vovó Izidra, foi o dia mais bonito de todos. Tinha lua-cheia, e de noitinha Mãe disse que todos iam executar um passeio, até aonde se quisesse, se entendesse. **Eta fomos**[13] , assim subindo, para lá dos coqueiros. Mãe ia na frente, conversando com Luisaltino. **A gente**[14] vinha depois, com os cavalos-de-pau, a Chica trouxe uma boneca. A Rosa cantava silêncio de cantigas, Maria Pretinha conversava com o vaqueiro Jé." (p.93)

"No outro dia, foi uma alegria: a Rosa tinha ensinado Papaco-o-Paco a gritar, todas as vezes: – 'Miguilim, Miguilim, me dá um beijim!...' Até Mãitina veio ver." (p.95) Chega um tempo que essas coisas boas são sucedidas por várias ruins. Entre elas a morte do cachorro Julim, que foi estraçalhado por um tamanduá.

---

[12] Arcaísmo, o mesmo que depois.

[13] Vale a pena notar que durante todo esse trecho o narrador assume a perspectiva, o ponto de vista de Miguilim e o que se sente, como leitor, é que são dele todos os relatos e reflexões de praticamente toda essa página.

[14] Idem.

Além disso, marimbondo ferroou Tomezinho, o touro Rio-Negro deu uma chifrada na mão de Miguilim, Miguilim briga com Dito de rolar no chão. Miguilim fica de castigo, mas Dito faz as pazes e fala que o irmão bateu nele por causa do que estava sofrendo: "Você fez sem por querer, só por causa da dor que estava doendo". (p.98) Naquela madrugada, todos acordaram cedo demais, sacudidos pela notícia de que a Maria Pretinha tinha fugido com o vaqueiro Jé. No meio do dia fugiu o mico-estrela que Salúz tinha pegado e todo mundo o perseguiu, sem alcançá-lo. E nem precisou porque ele mesmo voltou sozinho para a cabacinha em que ficava. "Mas foi aí que o Dito pisou sem ver num caco de pote, cortou o pé: na cova-do-pé, um talho enorme, descia de um lado, cortava por baixo, subia da outra banda." (p.101)

Na véspera do Natal, Dito ainda está doente e faz a Miguilim uma confidência: "–'Escuta, Miguilim, uma coisa você me perdoa? Eu tive inveja de você, porque o Papaco-o-Paco fala *Miguilim me dá um beijim*... e não aprendeu a falar meu nome...' O Dito estava com jeito: as pernas duras, dobradas nos joelhos, a cabeça dura na nunca, só para cima ele olhava."[15] (p.105) Veio muita gente ver o Dito: seo Deográcias, seo Aristeu, seo Brízido Boi, padrinho do Tomezinho e até o vaqueiro Jé e Maria Pretinha "os dois tão vergonhosos, só olhavam para o chão". (p.107) Miguilim e Rosa fazem de tudo mas não conseguem fazer o papagaio dizer o nome do Dito, que está nas últimas, quando resolve fazer ao irmão uma grande revelação: "...vou ensinar o que agorinha eu sei, demais: é que a gente pode ficar sempre alegre, alegre, mesmo com toda coisa ruim que acontece acontecendo. A gente deve de poder ficar então mais alegre, mais alegre, por dentro!..." (p.108) Miguilim chora desvairado, aos gritos. Vai procurar Mãitina e pede para ela fazer todos os feitiços para salvar o irmão, mas de repente "ele sentiu uma coisinha caindo em seu coração, e adivinhou que era tarde, que nada mais adiantava". (p.108) Dito morre e é levado para ser enterrado longe. "Todos os dias que depois vieram, eram tempo de doer". (p.111) Miguilim cai em tristeza profunda, dormindo muito até de dia, perdendo até a noção de tempo e aborrecendo a vó que aquilo condenava: "Isso nem é mais estima pelo irmão morto. Isso é nervosias". (p.112)

Miguilim tenta recuperar o irmão através das lembranças, suas e das outras pessoas, finalmente, com Mãitina, abrem um buraco debaixo do jenipapeiro e enterram os brinquedos e roupa dele. "Era mesma coisa se o Dito estivesse depositado ali, e não no cemiteriozinho longe, no Terentém. Só os dois conheciam o que era aquilo." (p.114)

Um dia, sem ninguém mais mandar ou ensinar, o papagaio começou a dizer o nome do Dito, provocando em Miguilim um sentimento inexplicável. O pai briga com Miguilim dizendo que o que ele precisa é de trabalho, de calejar a mão. Desse dia em diante não o deixam mais ficar quieto. Tinha de ir debulhar milho, capinar canteiro de horta, buscar cavalo no pasto, limpar as grades do rego. "Mas Miguilim queria trabalhar, mesmo. O que ele tinha pensado, agora, era que devia copiar de ser igual como o Dito." (p.116)

---

[15] O conjunto de sintomas apresentados indicam que o menino está com tétano, doença infecciosa causada pelo *Clostridium tetani*.

O pai faz uma enxada pequena e obriga Miguilim a trabalhar com ele na roça, brigando muito com o menino porque ele não enxergava direito onde pisava, vivia escorregando e tropeçando, esbarrando, quase caindo nos buracos.

"No dia em que o Luisaltino não foi trabalhar na roça[16] – disse que estava **perrengue**[17] – Pai teve uma hora em que quis conversar com Miguilim. Drelina, a Chica e Tomezinho tinham trazido o almoço e voltaram para casa. Pai fez um cigarro, e falou do feijão-das-águas, e de quantos carros de milho que podia vender para seo Braz do Bião. Perguntou. Mas Miguilim não sabia responder, não achou jeito, cabeça dele não dava para esses assuntos. Pai fechou a cara. Depois Pai disse: – 'Vigia, Miguilim: ali!' Miguilim olhou e não respondeu. Não estava vendo. Era uma plantação brotando da terra, lá adiante; mas direito ele não estava enxergando[18] . Pai calou a boca, muitas vezes. Mas, de noite, em casa, mesmo na frente de Miguilim, Pai disse a Mãe que ele não prestava, que menino bom era o Dito, que Deus tinha levado para si, era muito melhor tivesse levado Miguilim em vez d'o Dito[19] ." (p.119) No dia seguinte, chega de visita o irmão distante, Liovaldo, acompanhado pelo Tio Osmundo Cessim, que ficara sabendo da morte do Dito. Vieram para ficar quinze dias. Liovaldo não gostou de Miguilim, que continua cheio de tarefas a cumprir. Numa dessas, levava leite até o Bugre, "logo que passava a ponte do Bugre, tinha as casa de uns meninos malignos" que o esperavam para jogarem pedradas e atirar insultos. Nessa ocasião, lembra-se de uma das reflexões profundas do irmão Dito: "Os outros têm uma espécie de cachorro farejador, dentro de cada um, eles mesmos não sabem. Isso feito um cachorro, que eles têm dentro deles, é que fareja, todo o tempo, se a gente por dentro da gente está mole, está sujo ou está ruim, ou errado... As pessoas, mesmas, não sabem. Mas, então, elas ficam assim com um precisão de judiar com a gente..." (p.122) Miguilim conclui então que a gente mesmo é que tem culpa do que nos acontece. Quando indagado sobre esse saber que tem, Dito explica "que ele já sabia, mas não sabia antes que sabia". (p.122)

Quando vem do serviço para comer, Drelina ou Mãe põe para ele a comida na mesa e ele come com jeito de homenzinho sério, fatigado. O Liovaldo chega perto e começa a falar porcaria, que nem o Patori fazia. Isso deixa Miguilim aborrecido e ele procura evitar o irmão. Certa vez, aparece o Grivo com uns patos que estava levando para vender e o Liovaldo cuspiu e bateu nele. "O ódio de Miguilim foi tanto, que ele mesmo não sabia o que era, quando pulou no Liovaldo. Mesmo menor, ele derrubou o Liovaldo, esfregou na terra, podia derrubar sessenta vezes! E esmurrou, esmurrou, batia no Liovaldo de todo jeito, dum tempo só até batia e mordia. Matava um cão?! O Liovaldo, quando pôde, chorava e gritava, disse depois que o Miguilim parecia o demo." (p.124) O pai de Miguilim ao ver aquilo, tomou as dores de Liovaldo e deu uma grande surra em Miguilim, mas tão

---

[16] Que boa oportunidade para Nhanina, não acham?

[17] Termo de origem espanhola com vários sentidos em diversas regiões do Brasil. Em Minas, o termo é usado com freqüência no sentido de "doente", "enfraquecida por alguma doença".

[18] Não é a primeira vez que o narrador nos dá indícios de que o protagonista não tem uma boa visão.

[19] Essa atitude do pai, como outras anteriores, são índices de sua ignorância e brutalidade, traços característicos de praticamente todo homem de seu tempo e de sua formação rural.

grande que todos, até Vovó Izidra choraram e pediram para ele parar de bater. Mas ele não parou. “Miguilim não chorava. Não chorava, porque estava com um pensamento: quando ele crescesse, matava Pai. Estava pensando de que jeito era que ia matar Pai, e então começou até a rir. Aí, Pai esbarrou de bater, espantado: como tinha batido na cabeça também, pensou que Miguilim podia estar ficando doido.” (p.124/5) Miguilim sente raiva da mãe também, porque ela não o defende do pai. No meio da confusão de seus pensamentos o menino pensa que não vai ter mais medo de ninguém e que a mãe gostava mesmo era do Luisaltino. Nhanina manda Miguilim passar uns três dias na casa do vaqueiro Salúz, até passar a raiva do pai. No caminho, o vaqueiro mostra para o menino um pássaro pequeno, um sabiazinho-parto, que está cantando, chamando chuva, mas Miguilim não vê: “Adonde? Não estou enxergando”. (p.126)

Três dias depois, quando voltou, Miguilim enfrentou o pai, firme, sem medo, esperando que o pai batesse. O pai, porém, não bateu, mas de pirraça abriu as gaiolas e soltou todos os passarinhos de Miguilim. Depois que o pai saiu, o menino mesmo, de raiva, quebrou todos seus outros brinquedos e alçapões de pegar passarinhos. Só depois disso tudo é que chorou. Pouco depois, Liovaldo foi embora. Miguilim passa a alimentar uma alegria de que também irá embora de casa um dia. Enquanto isso, procura lembrar-se de tudo que o Dito ensinara. De repente, um dia, Miguilim bota sangue pelo nariz, depois sente um mal-estar, acompanhado de tontura, frio e vômito. Além disso, vem uma dor brava na nuca e ele é levado para casa carregado. No meio do sofrimento, o menino sente a alegria de ver o pai penar e chorar por ele. Quando sente vontade de chupar laranja o pai exclama “que ele mesmo era quem ia buscar laranja para o Miguilim”. (p.135) Mas não encontra em lugar nenhum porque não era tempo de laranja.

Um dia, Miguilim acorda e ouve uma gritaria, uma confusão. Fica sabendo que o pai matou Luisaltino e fugiu para o mato. Dias depois, já melhor o menino fica sabendo que a vó vai partir. Ela diz que é porque o Tio Terêz ia voltar e ficar morando com eles. Vovó Izidra informa também que nhô Béro enforcou-se no mato com um cipó.

Tempo depois, quando Miguilim já tinha sarado, Mãe perguntou para ele se ela se casasse com Tio Terêz era do gosto dele. “Miguilim não se importava, aquilo tudo era bobagens. Todo mundo era meio um pouco bobo.” Novamente, vem à mente os conselhos do falecido irmão. “O Dito dizia que o certo era a gente estar sempre brabo de alegre, alegre por dentro, mesmo com tudo de ruim que acontecesse, alegre nas profundas. Podia? Alegre era a gente viver devagarinho, miudinho, não se importando demais com coisa nenhuma.” (p.138)

“De repente, lá vinha um homem a cavalo. Eram dois. Um senhor de fora, o claro da roupa. Miguilim saudou, pedindo a bênção. O homem trouxe o cavalo cá bem junto. Ele era de óculos, corado, alto, com um chapéu diferente, mesmo.” (p.139) Miguilim aperta os olhos para ver o homem melhor. O estranho pergunta se ele é limpo de vista e depois, dentro de casa, pede que diga quando dedos de sua mão o garoto vê: “Miguilim espremia os olhos. Drelina e a Chica riam”. Depois do exame, o homem conclui:

“– Este nosso rapazinho tem a vista curta. Espera aí, Miguilim...

E o senhor tirava os óculos e punha-os em Miguilim, com todo o jeito.

– Olha, agora!

Miguilim olhou. Nem não podia acreditar! Tudo era uma claridade, tudo novo e lindo e diferente, as coisas, as árvores, as caras das pessoas. Via os grãozinhos de areia, a pele da terra, as pedrinhas menores, as formiguinhas passeando no chão de uma distância. E tonteava. Aqui, ali, meu Deus, tanta coisa, tudo... O senhor tinha retirado dele os óculos, e Miguilim ainda apontava, falava, contava tudo como era, como tinha visto". (p.140) O homem pede para levar o menino e cuidar da vista, da saúde e da educação dele. A mãe consente: "Vai, meu filho. É a luz dos teus olhos, que só Deus teve poder para te dar". (p.140)

Na hora da partida, Miguilim pede os óculos mais uma vez e põe. "Olhou os matos escuros de cima do morro, aqui a casa, a cerca de feijão-bravo e são-caetano; o céu, o curral, o quintal; os olhos redondos e os vidros altos da manhã. Olhou, mais longe, o gado pastando perto do brejo, florido de são-josés, como um algodão. O verde dos buritis, na primeira vereda. O Mutum era bonito! Agora ele sabia. (...) Olhava mais era para Mãe. Drelina era bonita, a Chica, Tomezinho. Sorriu para Tio Terêz: – 'Tio Terêz, o senhor parece com Pai...' Todos choravam." (p.142) Até o doutor que limpou a goela e disfarçou: "Não sei, quando eu tiro esses óculos, tão fortes, até meus olhos se enchem d'água" (p.142). A Rosa enche de doce as **algibeiras**[20] de Miguilim para a viagem.

V – SÍNTESE DO ENREDO DE *CAMPO GERAL*

Miguilim é um garoto sensível da zona rural de Minas, filho de Nhô Béro, um homem rude, e Nhanina, uma mulher muito bonita que não gosta do lugar onde moram, o Mutum. A vó descobre que Nhanina está traindo o marido com Tio Terêz e expulsa-o de casa para evitar uma tragédia. Miguilim tem um irmão de quem gosta muito, Dito, com quem aprende muitas lições importantes sobre a vida. O pai castiga Miguilim sempre e revela preferência pelo Dito. Quando o Dito morre, ele diz claramente à mulher que era preferível que tivesse morrido o Miguilim. Apesar dessa preferência, quando o Miguilim adoece, parecendo que vai morrer, o pai chora e demonstra amor pelo filho.

Para substituir o Tio Terêz, vem trabalhar na fazenda um tal de Luisaltino, com quem Nhanina acaba também se envolvendo. Nhô Béro mata Luisaltino e, depois, enforca-se no mato. Vovó Izidra vai embora e volta a viver na casa o Tio Terêz, que agora tem o caminho desimpedido.

Certo dia, aparece um estranho na fazenda e nota que Miguilim tem problema de visão. Promete cuidar dele, se a mãe deixá-lo levar o menino consigo. Nhanina promete e o doutor leva Miguilim. Antes de partir, o menino coloca os óculos do doutor e registra com nitidez a beleza das pessoas de sua família e do lugar onde mora.

[20] O mesmo que bolsos.

VI – RESUMO DO ENREDO DE *UMA ESTÓRIA DE AMOR*

"Ia haver a Festa. Naquele lugar – nem fazenda, só um reposto, um currais-de-gado, pobre e novo ali entre o Rio e a Serra-dos-Gerais, onde o cheiro dos bois apenas começava a corrigir o ar áspero das ervas e árvores do campo-cerrado, e, nos matos, manhã e noite, os grandes macacos roncavam como engenho-de-pau moendo" (...) Na Samarra.

"Benzia-se a capela(...). Uma ermida, com paredes de tapa-de-sebe, mas caiada e entelhada, barrada de vivo azul e tendo à testa a cruz. Nem um sino. A imagem no altar sorria sem tamanho e desjeitada, uma Nossa Senhora feia. Nossa Senhora do Perpétuo Socorro. Mesmo Manuelzão achara de inscrever na parte de fora a invocação, em desastradas letras, que iam não cabendo na **empena**[21] **exígua**[22] . Dentro, dez pessoas talvez não pudessem estar, ainda apertadas. Mas, revezando-se, mexia-se por lá multidão de mulheres, que colocavam os adornos." (p.145)

Comentários: É nítida a grande diferença de expressão deste narrador sério, e um tanto quanto contido, em comparação com o da novela anterior, carregado de emoção e de diminutivos. Na história de Miguilim, o narrador como que se mistura ao grupo familiar e muitas vezes parece que se confunde e se funde ao protagonista. Aqui, não. Parece-nos que um narrador com foco em terceira pessoa, mais observador, mais distanciado (embora onisciente), vai revelando, como um repórter, o espaço (a capela na Samarra) e o protagonista (Manuelzão) que é introduzido abruptamente sem qualquer preâmbulo ou envolvimento emocional.

Manuel Jesus Rodrigues ou Manuelzão J. Roíz queria uma festa forte para inaugurar a capela em sua primeira missa, porque para ele isso seria como inaugurar ou fundar realmente a Samarra. De cima do cavalo, com seu jaleco e seu chapéu-de-couro, sempre acompanhado por aquele rapazinho Promitivo, ele observa, sem entender muito a movimentação das mulheres. O narrador descreve a grande quantidade de coisas que as pessoas vão trazendo para a capela, de ovos de gavião a orquídeas, de balaios de musgos a pedras variadas. "Por si, ele nunca dera uma festa. Talvez mesmo nunca tivesse apreciado uma festa completa. Manuelzão, em sua vida, nunca tinha parado, não tinha descansado os gênios, seguira um movimento só. Agora, ei, esperava alguma coisa." (p.149)

Vai Manuelzão para a casa ver a chegada de mais gente. Já veio e está vindo muita gente, de longe, embora "dois dias para a véspera ainda faltassem". O narrador descreve as variadas figuras que ali estão, em sua estranheza: "aleijados, até vultos ciganos, más mulheres, lindas moças" (p.149). Ficamos sabendo pelo narrador que a Samarra não é de Manuelzão, mas de Federico Freyre, que por lá quase não aparecia todo ano. Assim, Manuelzão "valia como único dono visível, ali o respeitavam". (p.150)

---

[21] Parte superior de uma parede, com o formato de um triângulo isósceles.

[22] Pequena, apertada, diminuta, escassa, minguada.

Manuelzão começara a vida em extrema pobreza e sempre lutara para melhorar. Agora, aos sessenta anos, chegara a uma situação confortável. Sua mãe, dona Quilina já falecera e tinha sido dela a idéia de erigir uma capelinha naquele lugar. Quando a mãe morrera, ele a enterrara ali e construíra a capela. A idéia da festa para inaugurar, porém, fora dele mesmo. Há quatro anos que Manuelzão trabalha ali para o Federico Freyre naqueles milhares de alqueires. Chegara num mês de maio, construíra a sede e se fixara. Antes disso, ele não tinha paradeiro, transportando gado. Desde o começo, Manuelzão sentiu vagarosamente que para fundar mesmo o lugar precisava de algo mais que seus empregados, precisava de uma família. Primeiro pensou na mãe, depois em um filho natural, que já tinha trinta anos e a quem vira apenas umas três vezes: "Adelço de Tal, e era um rapagão cabeludo, escurado, às vezes feio até, quando meio zarolho remirava; com Manuelzão nada se parecia". (p.153) Adelço já era casado e tinha sete filhos. Aceitou o convite do pai e vieram todos. Manuelzão depositava esperança em futuras alegrias com esses netos quando crescessem, mas não se alegrava com o filho: "era mesquinho e fornecido maldoso, um homem esperando para ser ruim" (p.154). Adelço só estimava sua mulher e filhos, "das outras pessoas tinha uma raiva surdada"(p.154). Já a mulher de Adelço, Leonísia, era uma boa pessoa, acabara ficando como dona-da-casa. O irmão dela, o Promitivo, tinha dezoito anos e nenhuma vontade de trabalhar, vagabundo declarado. Já o Adelço era "mouro trabalhador".

Quando construíram a casa que deveria servir de sede, havia no lugar um riachinho de boa água. "Porém, estrito ao cabo de um ano de lá se estar, e quando menos esperassem, o riachinho cessou". (p.155) Por isso, há três anos, todo dia, o Chico Carreiro pega o carro-de-bois, enche de latas e vai até às pedras buscar água. "Sempre as crianças o acompanhavam; e, às vezes, o velho Camilo." (157) Esse velho costumava levar flores na sepultura da mãe de Manuelzão. Camilo era uma espécie de mendigo que ali chegara e ficara. Algumas vezes descascava milho, outras buscava água, mas por vontade própria, que ninguém mandava não. "A Samarra ia virando uma fazenda, e toda fazenda abrigava um coitado desses, raramente mais de um. Porquanto eles entre si geravam ódio, **atreitos**[23] à tonta ciumeira." (p.158) O narrador, então, conta a história de outro mendigo que ali chegara, um surdo-mudo a quem deram o nome de José de Deus. Rapaz forte, irritadiço, que partiu irado quando lhe fizeram entender que devia trabalhar. Logo depois apareceu o velho Camilo e, vendo que o surdo-mudo se fora, chegou-se. Informou que estava com uns oitenta anos, pois tinha oito ou dez na Alforria do Cativeiro.[24] Para a festa, deram-lhe uma roupa nova que foi apreciada como se um milagre o tivesse envolvido. "A nora de Manuelzão mandara costurar a roupa, e tudo correntio, sem menção, sem avisos, como fizera para o marido, o sogro, os filhos, ninguém podia ficar sem terno novo para a festa, a caridade formava suas regras num **estipêndio**[25] vezeiro." (p.160) Muitas pessoas vão chegando e se

[23] O mesmo que propenso, sujeito, inclinado.

[24] A narrativa então está acontecendo por volta de 1958, já que o velho Camilo teria nascido aproximadamente em 1878, para estar com dez anos na época da abolição da escravatura.

[25] Contribuição, salário, pagamento, remuneração.

ajustando aos outros e ao lugar, sem desordem. Manuelzão até se esquecia do pé doente e desejava conversar com o padre que viera a cavalo e acabara de chegar de Pirapora. Era um homem de muita saúde, muito prático em todos os movimentos, de certo acostumado com as andanças pelo sertão.

Até um homem-bicho viera para vislumbrar a festa, um tal de João Urúgem que, ao ser acusado de um furto no passado, passou a viver escondido numas grotas no pé-de-serra e aí continuou, mesmo quando descobriram que era inocente. Até Urúgem ficara sabendo da festa lá no ermo onde vivia. "Manuelzão instava o povo para rezarem o terço, a mando do padre. As mulheres começavam. As mulheres sempre iam se acrescentar todas de uma banda do pátio, se desmisturando dos homens. A reza era mais delas." (p.162)

Chegou também para a festa o velhinho senhor do Vilamão, dono de muitas posses. Manuelzão o recebe. Adelço nem para recepcionar as visitas serve. Outro que aparece é o Lói, que tinha sido vaqueiro e matador de onças, mas agora negocia com mulas. O Promitivo, apesar de preguiçoso, é simpático ao receber as visitas e tem gosto pela festa, ao contrário do Adelço que, sem falar nada, antipatizou desde o início com a idéia. (O narrador vai desvelando com ágil e natural tranqüilidade os atos exteriores da festa, o que é visto por Manuelzão, e os pensamentos do protagonista, como por exemplo o seu desejo insatisfeito de fazer para si um **cavour**[26] como o do senhor de Vilamão.)

Chegam ainda Simião Faço e seu irmão Januário e outros companheiros. Manuelzão pensa: "Ah, todo o mundo, no longe do redor, iam ficar sabendo quem era ele[27] , Manuelzão, falariam depois com respeito". (p.165) Simião e Januário contam a história da grande boiada que vinham trazendo e Manuelzão escuta com gosto, pois tudo fica maior e melhor quando contado, muito mais do que quando a gente mesmo viaja e "quando a maior parte do que acontecia era cansativo". (p.167) Manuelzão relembra sua vida de andanças e seu início de sossego, ali na Samarra. Relembra o pai, falecido, que sempre aceitara a pobreza, sem desejos de melhoria. Manuelzão quer e sempre quis melhorar. Conta com a sorte e a festa e a capela parecem dizer que ele pode contar com ela. Pensa ainda o protagonista em sua mãe no céu e no velho Camilo que parece integrado nos dias normais, mas que agora parece carta fora do baralho.

Sai uma procissão que parece marcar o início da festa. Manuelzão pensa que não mandara fazer nem previra aquilo, mas segue atrás, sentindo-se no dever de vigiar tudo. Chegam à capela e Manuelzão procura apressar-se, adiantar-se, ficar junto do padre, o que faz com dificuldade por causa "do inflamado do pé que doía um pouco". (p.172) Ao chegar, sente cansaço, ânsias e pensa que é melhor não seguir com aquela boiada grande que ia partir três dias depois da festa. Passa pela cabeça que pode mandar o Adelço em seu lugar, mas retrocede com a desculpa que está bem de saúde, é que tem dormido pouco por causa da festa. Volta-se o pensamento da personagem para as cantigas do velho Camilo: "Cada

---

[26] Capote, manto, semelhante ao que era usado por um estadista italiano, Conde de Cavour (1801-1861).

[27] Temos aqui um exemplo de discurso indireto livre. O narrador inseriu essa frase em seu discurso sem aviso ao leitor, mas podemos perceber que tal pensamento é do protagonista pelo seu conteúdo, mas está na boca do narrador pelo uso do "ele". Se utilizasse o discurso direto, apareceria "eu" e outro tempo verbal: "**vão** ficar sabendo quem **sou eu**".

cantiga era uma estória" (p.174), como as contadas pela Joana Xaviel, de príncipes. Um príncipe ficou gostando de outro guerreiro, Dom Varão, que na realidade era uma jovem disfarçada de homem.[28] A rainha ensina um estratagema e o rapaz descobre a verdade, casando-se com a moça, no final tudo dava certo.

À noite, em seu quarto, Manuelzão não consegue pegar no sono. Fica sintonizado durante todo o tempo com as histórias que são contadas na cozinha por Joana Xaviel e com o velho Camilo, que gostava dela e ficava do lado de fora, ouvindo perto da porta. "As estórias – tinham amarugem e docice. A gente escutava, se esquecia de coisas que não sabia." (p.179)

Comentário: Para quem quiser fazer um estudo comparativo, seria interessante ler e comparar o procedimento do narrador da história de Manuelzão (em terceira pessoa) com o de *Angústia* (em primeira pessoa). Principalmente nesse momento de insônia de Manuelzão, o narrador revela a capacidade mágica de nos introduzir na cabeça do protagonista e passamos a captar o mundo exterior a partir dessa perspectiva: "Não, não foi o velho Camilo quem tossiu. Foi o papagaio, o cravo – o Cravo. Dormitando em sua placa, no umbral da porta, **toscanejou**[29] de resmungar e cochichar as contracoisas". (p.179)

Joana conta que um homem rico tinha uma vaca querida, chamada Cumbuquinha. A mulher de seu vaqueiro de confiança exigiu que se matasse a vaca, pois estava com desejo de comer a carne dela. Como a mulher estava grávida o marido não teve coragem de recusar. A mãe do patrão descobriu, mas foi envenenada pela mulher do vaqueiro, de nome Destemida. O patrão mandou preparar o enterro mais bonito que se pudesse. Destemida roubou tudo que pôde e ainda colocou fogo na casa onde se velava o corpo da velha. "A estória se acabava aí, de-repentemente, com o mal não tendo castigo, a Destemida graduada de rica, subida por si, na vantagem, às triunfâncias. Todos que ouviam, estranhavam muito: estória desigual das outras, danada de diversa.[30] Mas essa estória estava errada, não era toda! Ah, ela tinha de ter outra parte – faltava a segunda parte? A Joana Xaviel dizia que não, que assim era que sabia, não havia doutra maneira. (...) Mas, ainda que nem não se achasse mais a outra parte, a gente podia, carecia de nela acreditar, mesmo assim sem ouvir, sem ver, sem saber. Só essa parte é que era importante." (p.181) A Joana era pessoa dura, ruim até diziam, mas quando pegava a contar histórias, remoçava, ficava bonita. Era capaz até de um ficar gostando dela e ir com ela numa hora dessas. Promitivo entra na cozinha, nova história começa e se mistura com os pensamentos de Manuelzão, que pensa em seu poder de mandar Adelço levar boiada no seu lugar, mas decide sempre ir ele mesmo, apesar dos receios por causa da saúde. "Suspeitava fosse via de morrer. A alma do corpo põe avisos. (...) Primeiro, tinha querido mesmo ir, em vez do Adelço,

[28] Aqui temos a coluna dorsal do enredo de *Grande sertão: Veredas*, único romance de Rosa. No final, (Diadorim) a moça disfarçada de homem morre e o apaixonado (Riobaldo) vive até a velhice inconformado.

[29] Cochilar, cabecear com sono.

[30] É comum nas narrativas de Guimarães Rosa a presença de narrativas encaixadas. A narrativa da festa de inauguração da capela é a moldura que encaixa diversas narrativas, das quais a história de Destemida e da Cumbuquinha é exemplo.

para depois, no fim da boiada, pagar consulta com um médico, no Curvelo." (p.187) Seu pensamento dá voltas e acaba concluindo que é tudo bobagem, pois tem saúde boa. Tudo deve ser por causa da festa e do pé doente. Pensa no dia seguinte, na festa: "Dião de dia!" (p.187)

Repassando sua vida, Manuelzão recorda com orgulho que nunca deu folga para si, sempre trabalhou duro. Ele nunca se casara. Pegara gosto nas mulheres acontecidas, para o consumo do corpo. Hoje uma, amanhã outra. "Nem não moravam dentro das terras de seu serviço. E ele nunca se descuidara de não gostar demais delas. Isto é, às vezes, tinha gostado. Tinha até chorado, lágrimas, dessas que violão toca. Mas a roda da vida empuxava." (p.188) As histórias de Joana terminam e todos vão dormir e Manuelzão continua ali pensando, imaginando Adelço na cama com Leonísia, podendo ver a formosura alegre dela: "Maus pensamentos. A Leonísia devia de ter permanecido sempre exata donzela formosa, não se casado com ninguém". (p.190) Pensa ainda no senhor de Vilamão, velhinho, quase cego, sem filho ou parentes. Pensa no medo de ficar pobre de novo, na pobreza do velho Camilo, em como seria a vida de Camilo com Joana lá na cafua dos dois. "Viviam, porque o ar é de graça, pois." (p.192) Velho Camilo vivera mais de seis meses na cafua com Joana, depois começara a aparecer na Samarra a pedir alguma comida. Com o tempo se separaram, mas ambos diziam que não viviam em malícia. Mesmo assim, desde que Camilo viera viver na Samarra, Manuelzão deu ordem que não deviam ter vadiação mais um com o outro. Mas quando não tinha ninguém por perto a Joana procurava prosa com o velho Camilo, porque ela era levada.

Manuelzão pensa em casar-se, em como seria bom se encontrasse uma moça boa e bonita como a Leonísia. Pensa que é besteira, está pensando em bobagem. O que precisa é ficar rico. Isso sim, é seguro. A festa acabada, ele ia sair com a boiada, "...sentia que para morrer, no caminho, no meio" (p.196). Só foi dormir de madrugada e acordou com a gritaria do papagaio chamando as vacas. Um povão enchia o pátio. Vaqueiros tiravam leite. O sol da serra clareava por entre as pernas das pessoas. "Manuelzão se acontecia repondo o posto, andava no meio, saudava, salvava, respondia, abraçava, dando muita conta de sua cortesia. A festa ia começar." (p.199) Seo Vevelho logo aparece com a sanfona a tiracolo. As mulheres rezavam. O senhor do Vilamão tremia as mãos. Sobem o morro, para a missa. A capelinha estava lambuzada de sol. Manuelzão é indicado para entrar primeiro, por honra, para beijar a santa. Logo sai, porque a capela era tão pequena e ele tinha receio de ficar com falta de ar. Lá fora, Joãozinho o vendeiro armara um cômodo com bebidas e comidas, cigarros e frutas, "de tudo ia vender". Haveria um leilão com muitas prendas e o lucro seria para comprar um sino. Terminada a missa, dá-se o leilão e as cantorias com seo Vevelho e os filhos na viola. Dançam o lundu.

"Manuelzão não sabia, nunca em sua vida tinha dançado. Também, aquela era custosa, dança de poucos. Um, de cada um, sua vez, pulava no meio da roda, e pega rapapeava, trançava as pernas, num desatino de contravoltas, recortando os lances. Cada qual diferente, cada um por seu modo, próprio desenho, seguindo a rapidez. Nem se sabe como podia. Em redor, os outros batiam palmas:

'Eu subi p'lo céu arriba
numa linha de pescar:
preguntar Nossa Senhora
se é pecado namorar!...'

– Olerê, canta!

'O Rio de São Francisco
faz questão de me matar:
pra cima corre ligeiro,
pra baixo bem devagar...'

– Olerê, canta!

Só eram as violas com o silassol, a sanfona fem-fem, os bandolins, a rabeca do Chico Bràabóz. A música não esbarrava de tocar de carreira, o do meio se escorria, maneiro de juntas, leviano, dançava de agachado, de ajoelhado, de todo jeito, sempre mais." (p.205/6) E continua o narrador descrevendo a dança e os dançarinos em seus mínimos detalhes, como que registrando através das palavras um costume que está para se extinguir, como se fosse um documentário.

O padre desce para tomar café. O senhor de Vilamão também, mas Manuelzão fica por ali mais um pouco para conversar com as pessoas. Enquanto fala com um e outro vai pensando que pode levar o Promitivo com ele no transporte da boiada. Sente uma sensação pouco clara de que a festa não está de acordo com seu ideal de festa, como se tivesse faltando algo. Já na hora do almoço, chegam dois vaqueiros, Jão Orminiano e o Queixo-de-Boi, empregados de Federico Freyre com carta dele para Manuelzão, com muito respeito, pedindo desculpas porque não podia vir à festa. Dá-se o almoço e, durante ele, Manuelzão pede que leiam para todos a carta. Quem leu foi Joaquim Leal. Aquilo teve um ar de solenidade, que envaideceu muito Manuelzão. Terminado o almoço partiu o padre apressado, que tinha coisas a fazer fora dali. Mas a festa continuou com todos em demorada alegria.

A festa vai diminuindo o ritmo. Algumas mulheres já se despedem, alegando que têm de alimentar as suas galinhas. Nisso, vem o Adelço e diz a Manuelzão: "Nho pai, o senhor não supre bem, do pé... Seja melhor eu ir, levar esse trem de boiada, nos conformes... O senhor toma um repouso..." (p.237) Isso deu grande alegria nele, porque por um lado podia mostrar sua generosidade e por outro demonstrar que era homem de palavra. Diz ao filho que ele mesmo vai. "Ia, queria ir, não tinha vontade de ir, nenhuma."

Manuelzão é homem mais para o duro trabalho do que para festa. Tudo já produz nele um certo cansaço. Por isso, talvez fica atento às pessoas que já dedicam tempo a conversas sérias de bom proveito, como a de venda de produtos bovinos.

"Ele, Manuelzão, com algum jeito, podia combinar de pagar um preço melhor – e ainda lucrava, revendendo para um Goldimão, que vinha com o caminhão toda semana, de Corinto... Mas compadre Cupertino era um homem astuto, sabia se aproximar:

– Uai, uê, compadre Manuelzão, arrumando negócio no meio de sua festa?

– Compadre, veja. Mais antes trabalhar domingo do que furtar segunda-feira. Mesmo digo. Aqui a gente olha a garapa ainda na cana.

– A qual! Um é o mais solerte... Será, a sua boiada, há já pronta para sair?

– Com Deus, compadre. De hoje a uns três dias ela balanceia, nos rumos da Santa-Lua..." (p.222)

Manuelzão vai ver um rapaz que ficou doente, com febre. Leonísia pergunta se ele não quer um banho de ervas no pé. Ele diz que já nem lembrava mais da dor no pé. Seu Vevelho continuava tocando e a mocidade dançando. Manuelzão vai visitar o cemiteriozinho onde sua mãe está enterrada. Volta a pensar no boiadão de quase mil cabeças que sairá daqui a quatro dias. Manuelzão sente necessidade de conversar com o velho Camilo, mas em dúvida sobre o que deve perguntar, acaba resolvendo pedir para o velho contar uma história. Camilo como que se transfigura e consegue atrair a atenção de todos com sua narração.

"– Em era um homem fazendeiro, e muito bom vaqueiro. No centro deste sertão. Tinha um cavalo – só ele mesmo sabia amontar. O homem morreu. Seu filho, seu herdeiro primeiro, que ficou sendo de posse-dono da fazenda, não agüentava tomar conta do cavalo. Só o cavalo era bendito. Só esse cavalo do finado homem..." (p.241) Alguns dos espectadores reconhecem famosa cantiga *Romanço do Boi Bonito*. O velho continua. Aparece na fazenda um boi bonito que vaqueiro nenhum consegue prender e trazer para o curral, até que certo dia aparece um vaqueiro misterioso que oculta seu nome: "O meu nome a ninguém conto, pois o tenho verdadeiro. Se o meu nome arreceberem, sina e respeito eu **perdo**[31] . Me chamem de nada, até saberem: se sou tolo, se sou ladino. Enquanto eu não tiver nome, me chamem só de Menino...". (p.243) O vaqueiro misterioso realiza sua primeira façanha louvável, aparece cavalgando o cavalo assombrado, o impossível, aquele que ninguém montava.

Um dia, o fazendeiro manda juntar mais de mil homens para a vaquejada e o que ele mais quer é o Boi Bonito. Depois de muita luta, o Menino consegue aquilo que ninguém mais pôde nem podia. Os espectadores emocionam-se com a narrativa do velho Camilo.

"Até as mulheres choravam. Leonísia suavemente, Joana Xaviel suave. Joana Xaviel de certo chorava. Essa estória ela não sabia, e nunca tinha escutado. Essa estória ela não contava. O Velho Camilo que amava. Estória!" (p.255) Seu Vevelho busca e serve cachaça para o velho Camilo. Até o senhor de Vilamão bate palmas e dá vivas. Depois dessa pausa, Camilo encerra a narrativa com o vaqueiro pedindo ao fazendeiro para não prender o Boi Bonito e deixar com ele o cavalo assombrado, sendo atendido.

A novela termina com um diálogo entre o velho Camilo e Manuelzão.

"– Espera aí, seo Camilo...

---

[31] Coloquialidade. Esse erro é muito comum na boca do povo e das crianças, que procuram tornar regular a conjugação do verbo perder: eu perco, tu perdes, ele perde.

– Manuelzão, que é que há?

– Está clareando, agora, está resumindo...

– Uai, é dúvida?

– Nem não. Cantar e brincar, hoje é festa – dançação. Chega o dia declarar! A festa não é pra se consumir – mas para depois se lembrar... Com boiada jejuada, forte de hoje se contando três dias... A boiada vai sair. Somos que vamos.

– A boiada vai sair!" (p.258)

Comentário: O transporte da boiada mesmo fica para outra vez, ou para a imaginação do leitor. O que se tem na verdade é a festa, as cantorias, as danças e as diversas histórias encaixadas, mais as reflexões e lembranças do velho Manuelzão, assim como sua percepção e visão do mundo à sua volta.

VII – SÍNTESE DO ENREDO DE *UMA ESTÓRIA DE AMOR*

Manuelzão mandou construir uma capela, sugestão de sua mãe quando era viva, na fazenda da Samarra. Para inaugurar a ermida, teve idéia de fazer uma festa que duraria três dias e que começaria com a primeira missa que seria celebrada ali.

Enquanto a festa acontece, lembranças e conversas dão conta ao leitor das outras personagens envolvidas nesse acontecimento, como Federico Freyre, patrão do protagonista; Adelço, filho de Manuelzão; Leonísia, mulher de Adelço; Joana Xaviel, mulher que vem ajudar nos preparativos e que é grande contadora de histórias; e muitas outras pessoas. A festa transcorre na mais perfeita ordem, apesar de correr muita bebida. Manuelzão a tudo supervisiona e enquanto faz isso, pensa na boiada que vai transportar depois que tudo terminar e no seu passado. A narrativa encerra-se com o fim da festa e a perspectiva de saída da boiada.

VIII – ESTRUTURA DAS OBRAS

Campo geral e *Uma estória de amor* são novelas de ambientação rural, regional (interior de Minas Gerais), com narrador onisciente, empregando o foco narrativo em terceira pessoa, mas dando destaque ao fluxo de consciência e ponto de vista dos protagonistas, por quem o narrador não esconde sua simpatia. Essa simpatia é maior no caso do menino Miguilim e mais contida quando trata do velho Manuelzão, adquirindo com isso um tom de respeito e de admiração.

Predomina na primeira novela o tempo psicológico, com o narrador captando o fluxo agitado dos pensamentos do menino. Há um tempo que passa, mas não há preocupação em medi-lo, em datá-lo com precisão como o faz, por exemplo, Eça de Queirós em *A Cidade e as Serras*. Mais importante que o tempo é o espaço e as pessoas, com seus sentimentos e relações problemáticas. Já na segunda, a história de Manuelzão (ou de sua festa?) o tempo cronológico está bem registrado, são os três dias de festa, mas contaminado pelo tempo psicológico, pois os três dias parecem uma eternidade. Esse efeito é produzido pela inserção de três grupos de informações:

- as narrativas encaixadas;
- os pensamentos e sentimentos do protagonista;
- as descrições de pessoas e de elementos da natureza.

Personagens de *Campo geral*:
Miguilim, tem o cabelo preto como a mãe, parece-se mais com a mãe. Dotado de grande sensibilidade, Miguilim demonstra ter uma alma de poeta. Parte de suas dificuldades revela-se mais tarde como causada por sua limitação visual. Num plano simbólico, quando ao final põe óculos e vê melhor o mundo à sua volta, podemos interpretar que ele já está maduro para enfrentar sua existência.
Dito, ruivo, parecia mais com o pai, "era o menor mas sabia o sério, pensava ligeiro as coisas, Deus tinha dado a ele todo Juízo". Se Miguilim pode ser comparado a um poeta, Dito é um filósofo, que capta intuitivamente as respostas para as suas dúvidas e as dos outros. Morre de tétano.
Nhô Béro (Bernardo Caz), pai de Miguilim, homem rude, que parece ter uma implicância grande com o filho Miguilim, mas de quem gosta, embora não saiba expressar isso adequadamente. A causa da implicância pode estar no fato de Miguilim ser um tanto desastrado e pouco prático para as coisas da roça, frustrando suas expectativas de pai fazendeiro.
Tio Terêz, tio e muito amigo de Miguilim. Expulso de casa por Vovó Izidra, por causa da relação adúltera com Nhanina, volta mais tarde após a morte do irmão Nhô Béro e assume a direção da casa e da família.
Tomezinho, Tomé de Jesus Cessim Caz, ruivo como o pai, menino de quatro anos, tinha a mania de esconder tudo que encontrava.
Nhanina, mãe de Miguilim, "...era linda e com cabelos pretos e compridos" não gostava do Mutum: "se doía de tristeza de ter de viver ali". Nhanina não parece muito defensora da fidelidade conjugal, primeiro trai o marido com o próprio irmão, depois com o empregado Luisaltino.
Vovó Izidra, "era riscada magra, e seca, não parava nunca de zangar com todos, por conta de tudo", mas não gostava que batessem em Miguilim: "Em vez de bater, o que deviam era de olhar para a saúde deste menino! Ele está cada dia mais magrinho". Vestia-se sempre de preto.
Chica, irmã de Miguilim, tinha o cabelo preto como a mãe, "era tão engraçadinha, clara, mariolinha, muito menor do que Drelina, mas era a que sabia mais brinquedos, botava todos para rodar de roda, ela cantava tirando completas cantigas, dançava mocinha". (p.26)
Liovaldo, irmão mais velho de Miguilim, mas que não morava com a família no Mutum. O protagonista antipatiza com ele assim como o Patori, com quem o compara pelo hábito de dizer porcarias.
Mãitina, empregada da casa, preta velha, devotada à cachaça e à prática de cultos pagãos africanos. Miguilim observa que a vó parece não gostar de sua mãe. Talvez porque não seja mãe dela: "Vovó Izidra não era mãe dela, mas só irmã da mãe dela. Mãe de Mãe tinha sido Vó Benvinda". (p.34)
Drelina, apelido da irmã mais velha de Miguilim. Seu nome completo é Maria Andrelina Cessim Caz. Era bonita e tinha cabelos louros e compridos.

Patori, menino mal, filho de seo Deográcias, com quem Miguilim antipatiza.
Grivo, menino muito pobre, que é defendido por Miguilim quando humilhado e agredido por Liovaldo.
Luisaltino, último empregado contratado por Nhô Béro e por ele assassinado por ciúme, pois também se tornou amante de Nhanina.
Salúz, vaqueiro de Nhô Béro. Casado com Siarlinda, que sabe contar histórias.
Jé, empregado, que foge com a empregada Maria Pretinha.

Personagens de *Uma estória de amor*:
Manuelzão, protagonista, velho vaqueiro, solteirão, que já começa a sentir vontade de quietar-se num canto e a perceber os primeiros achaques da idade avançada. Junto, chega-lhe o temor da morte. Faz uma festa para inaugurar a capela, mas seu hábito de só dedicar-se ao trabalho duro transforma tal atividade em um exercício penoso para ele. Enquanto os outros se divertem, ele supervisiona tudo, preocupado, tendo como recompensa apenas a vaidade do que falarão depois a seu respeito. A personagem de ficção foi inspirada em pessoa real, histórica, o mineiro Manuel Nardi, de quem Guimarães Rosa ouviu muitas histórias que foram depois aproveitadas esteticamente por ele.
Adelço, filho bastardo ou natural de Manuelzão, tipo fechado e misantropo, que só parece querer bem à mulher e filhos. É trabalhador.
Leonísia, mulher do Adelço, sertaneja bonita, bondosa, trabalhadeira, que atrai a simpatia e um obscuro desejo do protagonista, que se reprime toda a vez que isso se manifesta.
Promitivo, irmão de Leonísia, ao contrário de Adelço, sabe ser simpático, mas não quer nada com o trabalho. É preguiçoso assumido.
Camilo, agregado, velho mendigo, que acabou se incorporando ao grupo familiar de Manuelzão. Pessoa séria e prestativa.
Senhor do Vilamão, visita considerada por ser rico e de prestígio. É um homem velho e antiquado, ainda usa *cavour* e *barba andó*, ou seja, um tipo de colete que ninguém mais usava e a barba pontuda como a do famoso ator italiano do passado Flávio Andó.
Federico Freyre, dono das terras da Samarra, patrão de Manuelzão. Não aparece fisicamente, mas paira nos pensamentos do protagonista.
João Urúgem, homem-bicho, sujeito selvagem que vive como animal em cafuas no mato, mas que fica sabendo da festa e não resiste, como os demais, aparecendo e acompanhando tudo de lugar mais afastado.

IX – TEMÁTICA

Em *Campo geral* os temas fundamentais são a infância, o amor e a amizade, a violência e a fé. A criança é revelada como a criatura em que a hipocrisia e a maldade ainda não deitaram raízes profundas, embora algumas delas já possam apresentar no seu desenvolvimento essas características negativas. Exemplo disso pode ser visto em Patori e Liovaldo. O par Miguilim/Dito pode ser visto como duas faces de uma mesma moeda, opostos e complementares, pois Miguilim é o que precisa aprender para saber, enquanto Dito sabe de modo imediato sem saber como. Dito é o sábio e Miguilim é o aprendiz. Nesse sentido, a morte do Dito pode ser vista como uma necessidade existencial para levar Miguilim a crescer, a tornar-se maduro, independente.

O amor e a problemática de sua manifestação e expressão percorrem toda a obra. Miguilim ama o pai, mas o odeia e imagina matá-lo, quando apanha injustamente. O pai parece não amar Miguilim, mas quando o vê muito doente, deixa que esse amor se manifeste fortemente em lágrimas e protestos contra Deus e o destino. Nhanina ama os filhos, ama o marido, mas apesar disso não deixa de amar outros homens como Terêz e Luisaltino, mesmo sabendo que está quebrando regras morais de sua sociedade e com o risco de provocar tragédias. Assim como o amor, também a violência expressa-se como sentimento natural em situações adversas, pois até o frágil Miguilim e o sábio e sensato Dito brigam, quando a situação exige. A violência maior e mais irracional manifesta-se nos adultos. A maior expressão dela é a figura do pai e o maior exemplo é o castigo e a surra com que diversas vezes Nhô Béro premia Miguilim. A beleza do sentimento amizade aparece em várias situações unindo pares como Miguilim/Terêz, Miguilim/Dito, Miguilim/Grivo.

Em *Uma estória de amor*, como contraponto a *Campo geral*, encontramos a temática da velhice com toda sua problemática: os problemas de saúde (a doença do pé e a falta-de-ar), o temor da morte, as lembranças e o balanço da vida passada, a consolidação de valores e de crenças (gosto pelo trabalho e desprezo pela farra ou pela folga, manter firme as decisões e compromissos assumidos) e um vago desejo de recomeçar algo, corrigindo o que se considera insatisfatório no viver passado. Pode-se tomar como exemplo disso a vontade que Manuelzão sente de casar-se e constituir uma família verdadeira. O amor é também um tema importante e perpassa toda a narrativa, mas não é tão intenso e mais solto como na primeira novela. É um amor reprimido pelos valores sociais, como o que une Camilo e Joana Xaviel ou o que Manuelzão não admite sentir por Leonísia.

X - ESTILO DE ÉPOCA E ESTILO INDIVIDUAL

Guimarães Rosa pertence à terceira fase do Modernismo, também denominada Neomodernismo ou Geração de 45, já que se iniciou em 1945, data marcada pelo fim da Ditadura Vargas e da Guerra Mundial. O termo Neomodernismo, empregado por alguns críticos, deve-se ao fato de, nesse momento histórico de redemocratização do país, os escritores se darem o direito de realizar novas pesquisas estéticas, de experimentarem novas realizações no campo da literatura. As mais importantes são: a sondagem interior de Clarice Lispéctor e a recriação lingüística e o regionalismo universalista de Guimarães Rosa.

Rosa realizou uma verdadeira alquimia verbal, tomando uma língua já desgastada pelo uso de séculos e transformando-a em ouro puro. A língua em si é viva e dinâmica, modificando-se a todo momento numa evolução que pode ter ritmos diversos, ora mais rápido, ora mais lento, mas jamais interrompida. Podemos crer que o escritor um dia se imaginou um povo inteiro a modificar a língua de seu tempo, valendo-se de toda sua cultura e de seus conhecimentos de várias línguas estrangeiras, tanto vivas quanto mortas. Ele se tornou um verdadeiro laboratório lingüístico, onde o popular se funde ao erudito, criando neologismos, recuperando arcaísmos, valendo-se de regionalismos lingüísticos, sem deixar de lado outros recursos como a onomatopéia. Além disso, valeu-se de recursos poéticos como aliteração, assonância, coliteração e diversas outras figuras de linguagem (como a silepse), enriquecendo sua frase e fundindo prosa e poesia.

ALGUNS RECURSOS DE LINGUAGEM:

Linguagem popular: Barulhim em vez de barulhinho, direitim em vez de direitinho, percuravam, em vez de procuravam. Outros exemplos: "Caiu dentro do **corgo**", isto é, córrego, pequeno riacho; *"O **lumêio** deles é um acenado de amor*" (p.79), isto é, a luz dos vaga-lumes é um chamado de amor. "*Menino, deixa de ser **especúla*** (especulador, perguntador). *Tu vai ver agorinha é o pé-d'água, por aí, que **evém*** (está vindo), *vem..."*(p.29). Também é popular o emprego de dupla negação e de pleonasmos viciosos: "*ninguém não tinha coragem de* mandar", "*nada não respondia*" (p.34), "*ninguém não pega mais*" (p.99); "***Saiu** lá **fora**.*" (p.142)

Linguagem erudita: "A nora de Manuelzão **mandara**[32] costurar a roupa, e tudo correntio, sem menção, sem avisos, como **fizera** para o marido, o sogro, os filhos, ninguém podia ficar sem terno novo para a festa, a caridade formava suas regras num **estipêndio**[33] vezeiro." (p.160)

Neologismos: Invenção de novos termos. Ex.: "o sol **chamachando**" (p.67), "a fumaça **estipava** nos olhos", "**esgraviava escramuçando** as crianças embora, eta **escrapeteava** com a criançada" (p.49), **falanfão** (p.53) (dando a idéia de falador), "boi **cancréje**" (possivelmente criado a partir de "cancra", bátega violenta, transferindo a idéia de violência da baciada de água para o boi.). Alguns neologismos são criados através da flexão de termos invariáveis ou sufixação imprevista: "mesmamente" (p.72), "usozinho", "começação", "quirquincho", "afurôo" (p.58), "Você me **ensinazinho** a dançar?" (p.67), "luão" (lua grande, cheia). Outros exemplos: "Dião de dia!" (p.187), "touro **cancréje**", "**grunhava**", "**esmastigando**" (p.60), "*abelhas e avespas **inçoavam***" (vinham em grande quantidade, como uma praga) (p.69), "*de **vezinha** não cantava*" (p.68), "*O açucar **melméla***" (p.38), "*correu ensebado, **veadal*** (como veado)" (p.86).

Arcaísmos: tutaméia (p.42), despois (92), arreceber, amontar, alevantar.

Regionalismo: "pai estava muito **jerizado**" (p.25) (Cheio de ojeriza, isto é, raiva, antipatia ou irritação.)

Onomatopéia: Imitação dos sons da natureza: *O **quirquincho** de um tatu caçado*" (p.58); "*com um **zapetrape** ele desquebrava a lagartixa*" (p.98), "O **oôo** das vacas" (p.61), "o gato chegava por si, sobremacio, **tripetrepe**", "lindo o **grilgril** das maitacas" (p.67)

Aliteração: Reiteração dos mesmos fonemas consonantais: "**p**é de **p**ó" (p.61); "**f**eito um **f**ero" (p.22), "**f**eia **f**ala" (p.72), "Tomezinho se escaldava **burr**ando **birr**a"(p.73); "O Dito, **me**n̲or, **m**uito **m**ais **me**n̲in̲o"(p.86); "*Mas vem um tempo em que, de **v**ez, **v**ira a **v**irar só tudo de ruim, a gente **p**aga os **p**razos.*" (p.95)

---

[32] Ninguém mais, na fala corriqueira, vulgar, emprega o pretérito mais-que-perfeito.

[33] Do latim *stipendiu*, significa contribuição, salário, pagamento, remuneração.

Assonância: Repetição sistemática do mesmo som vocálico: "Te s**egura e** p**u**la" (p.64); "*Mas v**em** um t**em**po em que, de vez, v**i**ra a v**i**rar só t**u**do de r**ui**m, a g**en**te paga os prazos.*" (p.95); "p**er**to do br**ejo**" (p.142).
Silepse: O termo concorda com o outro, não com a sua forma (continente), mas com o conteúdo. Por exemplo: o termo singular "pessoal", tem em si a idéia de plural, de várias pessoas. Então, coloca-se o verbo no plural: "...*justo o pessoal estavam retornando.*" (p.47) "...**todo o mundo** (singular), no longe do redor, **iam** (plural) ficar sabendo...".
Hipérbole: Figura que se caracteriza pelo exagero: "*Chorou a água de uns três cocos...*"(p.86)
Sinestesia: Figura que se caracteriza pela fusão de sentidos diversos: "*claros risos*" (visual + auditivo), "*goles de um de-beber quente, que cheirava* (olfato) *à claridade* (visão)" (p.17).
Ruptura sintática: *"Em desde que, então, a gente obedecer de largar o lugar de castigo não fosse pior*". (p.26)

BIBLIOGRAFIA CONSULTADA

Rosa, Guimarães. *Manuelzão e Miguilim.* 9ª ed. Rio de Janeiro: Nova Fronteira, 1984.

EXERCÍCIOS

Leia com atenção o fragmento a seguir, extraído da *Farsa de Inês Pereira.*

Escudeiro – Que farei, que o sapateiro
não tem solas, nem tem pele?

Moço – Sapatos me daria ele,
se me vós désseis dinheiro...

Escudeiro – Hei de dar-te, e será já.

Moço – Homem que não tem vintém
casa muito em hora-má.

1. Qual é o nome da personagem aqui registrada como "Escudeiro"?
2. Ele é o primeiro ou o segundo pretendente a apresentar-se a Inês Pereira?
3. Qual o seu comportamento após o casamento?
4. Que característica sua torna-se evidente no texto?
5. Qual é o destino final do Escudeiro?

6. Quais os nomes pelos quais o protagonista de *Ubirajara* é designado no decorrer da história e qual o significado deles dentro do enredo?

Leia o fragmento a seguir:
"O chefe tapuia tomou uma de suas flechas; arrancou o farpão e deu ao mensageiro a haste emplumada com as asas negras do anum, que era o emblema guerreiro da nação." (*Ubirajara*)
Com base no fragmento, pergunta-se:

7. O que significa esse gesto?
8. Qual o nome do chefe tapuia?
9. A quem é enviada a flecha?
10. Qual a resposta da pessoa a quem a flecha foi enviada?

Leia a frase a seguir para responder ao que se pede: "Amélia mesmo propusera dizer às amigas **que o senhor pároco às vezes vinha assistir à prática piedosa que ela fazia à Totó**."
(*O crime do padre Amaro*)

11. Como pode ser classificado o sintagma em negrito quanto ao discurso?
12. Se o fragmento destacado não estiver em discurso direto, rescreva toda a frase de modo que fique nesse tipo de discurso.
    Leia o fragmento a seguir e atenda ao que se pede:
    "Às vezes mesmo ao despir-se no quarto do sineiro, parava de repente, e fazendo um rostinho triste:

– Ai, filho! Até me parece pecado, nós aqui a gozarmos, e a pobre pequena lá embaixo a lutar com a morte...
Amaro encolhia os ombros. Que lhe haviam eles de fazer, se era a vontade de Deus?...
E Amélia, resignando-se à vontade de Deus em tudo, ia deixando cair as saias." (*O crime do padre Amaro*, p.196)

13. Quem é a pobre pequena de quem estão falando e qual a sua importância para a narrativa?
14. Quem é que diz a fala expressa em discurso direto?
15. Aponte duas características do romancista que podem ser encontradas nesse fragmento.

Leia os textos:

TEXTO I
"Ora, aconteceu que, na véspera desse dia, Herculano foi surpreendido, por outro marinheiro, a praticar uma ação feia e deprimente do caráter humano. Tinham-no encontrado sozinho, junto à amurada, em pé, a mexer com o braço numa posição torpe, cometendo, contra si próprio, o mais vergonhoso dos atentados". (*Bom-Crioulo*)

TEXTO II
A frieza do narrador em relação às personagens atende à exigência do romancista como um observador dos fatos, que deve registrar a realidade de modo desapaixonado e comportar-se tão impessoal quanto um cientista.

16. Por que Herculano não pode ser confundido com qualquer personagem romântico?
17. Embora o ato praticado não seja denominado, pode-se facilmente perceber qual é, pelo aspecto descritivo. Qual é o ato e que conseqüência teve ele para o rapaz?
18. Pode-se dizer que o perfil do narrador retratado pelo texto II encaixa-se com perfeição no narrador do texto I? Justifique.

Leia o texto a seguir e responda ao que se pede:
"Outras mais velhas gabavam-se, por que é que ela, com os seus trinta e oito anos, não tinha o direito de gozar? Histórias! mulher sempre é mulher e homem sempre é homem." (*Bom-Crioulo*, p.56)

19. Que tipo de discurso temos aqui e de quem ele expressa o pensamento?
20. Qual a função dessa personagem (mulher) na história do Bom-Crioulo?

Leia o texto com atenção para responder ao que se pede.

"Renovou a proposta e repetiu os argumentos pró. O conselheiro possuía uns terrenos em São Caetano. Cousas de herança. Não lhe davam renda alguma. (...)

– É. Eu já pensei nisso. Mas sem capital o senhor compreende é impossível...

– *Per Bacco*, doutor! Mas *io* tenho o capital. O capital *sono io*. O doutor entra com o terreno, mais nada. E o lucro se divide no meio.

O capital acendeu um charuto. O conselheiro coçou os joelhos disfarçando a emoção. A negra de broche serviu o café." (*Brás, Bexiga e Barra Funda*)

Com base na leitura do fragmento e de seu conhecimento do *livro Brás, Bexiga e Barra Funda*, responda:

21. Qual o título do conto de onde se extraiu o trecho transcrito?
22. Qual é a proposta que o italiano faz ao conselheiro?
23. Que segunda intenção está por trás da proposta do italiano e que acaba se concretizando no final do relato?
24. Que figura de linguagem ocorre em "O capital levantou-se"?
25. Aponte uma característica individual do escritor Alcântara Machado presente no texto transcrito.

Leia o texto:

"Desde muito, as discussões vêm azedando nossa pequena roda e vejo que ela não tardará a dissolver-se, pois há forças de repulsão, mais que afinidades, entre estes inquietos companheiros. Enquanto Glicério e Silviano se inclinam para o fascismo, Redelvim e Jandira tendem para a esquerda. Só eu e o Florêncio ficamos calados, à margem." (*O amanuense Belmiro*, p.33)

26. Qual é o destino final de Redelvim e por que isso ocorre?
27. Jandira enfrenta problemas com a polícia por causa de sua ideologia?
28. Em que época ocorrem os principais acontecimentos dessa narrativa? Qual é o pano de fundo histórico?

Leia o texto para responder às questões 29 e 30.

"Em vão, tento uma sondagem em Vila Caraíbas, naquele ano extraordinário de 1910. Baldo esforço: como resistir a personagens e fatos que, a cada instante, incidem no plano de nossa consciência? Às vezes ainda me vem a necessidade angustiosa de rever antigas paisagens, evadir-me para uma região que realmente já não se acha no espaço, e sim no tempo. Mas, no comum dos dias, agora é o presente que me atrai." (p.71)

29. Qual era o plano inicial da obra, segundo o narrador Belmiro?
30. Por que ele modifica o seu projeto?

Leia o texto:

"O banheiro da casa de seu Ramalho é junto, separado do meu por uma parede estreita. (...) Seu Ramalho chega tossindo, escarra e bate a porta com força. Molha-se com três baldes de água e nunca se esfrega. Bate a porta de novo, pronto. Aquilo dura um minuto. D. Adélia vem docemente, lava-se docemente e canta baixinho: – 'Bendito, louvado seja...' Marina entra com um estouvamento ruidoso. Entrava. Agora está reservada e silenciosa, mas o ano passado surgia como um pé-de-vento e despia-se às arrancadas, falando alto. Se os botões não saíam logo das casas, dava um repelão na roupa e largava uma praga: – 'Com os diabos!' Lá se iam os botões, lá se rasgava o pano. Notavam-se todas as minudências do banho comprido. Gastava dez minutos escovando os dentes. Pancadas de água no cimento e o chiar da escova, interrompido por palavras soltas, que não tinham sentido. Em seguida mijava. Eu continha a respiração e aguçava o ouvido para aquela mijada longa que me tornava Marina Preciosa. Mesmo depois que ela brigou comigo, nunca deixei de esperar aquele momento e dedicar a ele uma atenção concentrada. Quando Marina se desnudou junto de mim, não experimentei prazer muito grande. Aquilo veio de supetão, atordoou-me. E a minha amiga opôs resistência desarrazoada: cerrava as coxas, curvava-se, cobria os peitos com as mãos, e não havia meio de estar quieta." (*Angústia,* p.138)

Com base no texto e na leitura do romance *Angústia*, responda ao que se pede.

31. Quem é o narrador que aí está se manifestando?
32. Qual o sentido mais desenvolvido por ele na percepção dos seus vizinhos?
33. Você encontra no texto os nomes de três personagens. Explique quais as relações que mantêm entre si e com o narrador.
34. O narrador comenta que Marina tinha um jeito mais estouvado no ano passado, mas ultimamente tem mudado. A que se pode atribuir essa mudança de comportamento da moça?
35. Esse romance aproxima-se do Naturalismo ou do Romantismo? Explique.

Leia o fragmento s seguir para responder ao que se pede:

"– 'Dito, eu fiz promessa, para Pai e Tio Terêz voltarem quando passar a chuva, e não brigarem, nunca mais...' '– Pai volta. Tio Terêz volta não.' '– Como é que você sabe, Dito?' '– Sei não. Eu sei.'" (*Manuelzão e Miguilim*, p.36)

36. Quem é a personagem que conversa com Dito, cujo nome não aparece no fragmento transcrito?
37. Qual o motivo do conflito entre Pai e Tio Terêz?
38. Qual expectativa se realiza, a do Dito ou do seu irmão?
39. Explique a resposta aparentemente ambígua do Dito, que afirma não saber para em seguida dizer o contrário.

Leia com atenção:

40. E responda: "Até as mulheres choravam. Leonísia suavemente, Joana Xaviel suave. Joana Xaviel de certo chorava. Essa estória ela não sabia, e nunca tinha escutado. Essa estória ela não contava. O Velho Camilo que amava. Estória!" (*Manuelzão e Miguilim,* p.255) Que aspecto característico da narrativa da festa de Manuelzão está presente nesse fragmento?

Leia o texto para responder às questões que se seguem.

"– Vossemecê não morre, não morre! – gritou Custódio. E abatia os ombros sobre o leito, chamava Quina, queria que ela lhe respondesse e o olhasse com a tímida e contida ternura que usava para com ele, e o confortasse ainda, porque ele estorcia de tristeza, maldizendo-a e desejando até feri-la, para que ela se reanimasse. Por fim, Quina conseguiu afastá-lo de si, pedindo-lhe, com voz exausta, que buscasse socorros. Ele lançou-se em correria pela casa fora, deixando atrás de si as portas abertas que, sacudidas pelo vento, entrechocavam os trinques.:" (*A Sibila*, p.215)

41. Quem é Custódio e como veio morar com Quina?
42. O seu amor por Quina é desinteressado? Em caso de resposta negativa, justifique.
43. Quem é a sibila que dá título à obra?
44. Quina morre em seguida à cena do texto transcrito?
45. Para quem deixa Quina em testamento as suas propriedades?

RESPOSTAS

1. Brás da Mata.
2. É o segundo pretendente, mas torna-se o primeiro marido.
3. Comporta-se como marido autoritário e tirano, não permitindo que a esposa sequer fique à janela ou cante dentro de casa.
4. A dureza econômica e a pavonice, isto é, ele se caracteriza por ser aquele tipo social que "come mortadela e arrota peru", como o povo costuma dizer.
5. O Escudeiro vai lutar contra os mouros e é morto por um pastor quando foge do campo de batalha.

6. Jaguarê, Ubirajara e Jurandir. Jaguarê, significa onça verdadeira, alguém digno de ser chamado como tal pela força e valentia. É o nome do herói no início da história, quando ainda é caçador e procura conquistar seu nome de guerreiro. Ubirajara quer dizer o "senhor da lança", nome de guerreiro do herói, conseguido quando vence o terrível Pojucã. Jurandir, o que veio trazido pela luz do céu, nome adotado pelo herói quando é recebido como hóspede na taba de Araci. Esse nome permite que ele permaneça anônimo, isto é, sem se identificar, sem dizer sua procedência.

7. Eliminar na seta aquilo que fere indica que ele não está querendo ferir, portanto é um sinal de paz de amizade.
8. Cranicã.
9. Ubirajara
10. Ubirajara respeita-o como inimigo e seu direito de ser o primeiro a lutar contra os tocantins, mas rejeita a proposta de amizade ou aliança, devolvendo a flecha.

11. Discurso indireto, já que a fala da personagem está sendo dita pelo narrador, que alerta o leitor com o emprego de um verbo de locução (propusera) e antecedida pela conjunção "que".
12. "Amélia mesmo propusera dizer às amigas:
– O senhor pároco às vezes vem assistir à prática piedosa que eu faço à Totó."
13. É a paralítica Totó, filha do sineiro, tio Esguelhas. É ela que serve de desculpas para os encontros de Amélia com o padre e é também ela que os denuncia ao cônego Dias.
14. É Amélia, que costuma carinhosamente chamar Amaro de "filho".
15. A crítica social pode ser vista aqui na maneira como denuncia o egoísmo do padre, valendo-se inclusive do discurso religioso, atribuindo à vontade de Deus o sofrimento da paralítica e usando essa vontade divina como desculpa à sua indiferença ao tormento alheio. Outra característica é a ironia, o humor, presente na última frase, pela associação e aproximação da grandiosa vontade divina ao ato vulgar de baixar as saias como conseqüência dessa mesma vontade.

16. Porque Herculano é apresentado de maneira objetiva, crua, sem qualquer tipo de idealização ou simpatia. Seu comportamento vergonhoso também é indigno de uma personagem do Romantismo.
17. Trata-se de masturbação, punida na marinha com a chibata.
18. Não, embora essa seja a proposta da estética realista e de sua vertente, o Naturalismo, pois o narrador refere-se ao provavelmente mais praticado dos atos sexuais com termos que demonstram claramente seu julgamento moralista: "feia", "deprimente", "torpe" e "vergonhoso".
19. "Depois mandaram:
– Tire a roupa do corpo!"
20. A) Discurso indireto livre, através do qual expressa-se o pensamento de d. Carolina. B) D. Carolina tem a função de separar Aleixo de Amaro, provocando o conflito que levará Amaro a matar o amante por ciúme.

21. "A Sociedade"
22. O italiano propõe ao paulista (conselheiro) que juntos construam, para vender, casas em um terreno que o conselheiro tem em São Caetano. O italiano entra com o dinheiro para as construções e o lucro será dividido no meio.
23. A segunda intenção do italiano é aproximar as duas famílias e possibilitar o casamento de seu filho com a filha do paulista, superando o preconceito que a tradicional e falida família paulista tem contra o novo rico imigrante.
24. Metonímia, figura de linguagem que consiste no emprego de um termo no lugar de outro por uma relação de contigüidade. O emprego de "capital" (coisa possuída) substitui o termo "homem" ou "italiano" (possuidor do capital).
25. A presença do imigrante italiano e a mistura de idiomas criando um "falar ítalo-brasileiro", que se torna, com a fragmentação e a metonímia, marca registrada desse escritor.

26. No final da narrativa *O amanuense Belmiro*, Redelvim recolhe-se ao campo, passando a viver numa fazenda, com sua mãe. Isso aconteceu, em parte, por causa da sua prisão por motivo político.
27. Não, Jandira não tinha qualquer envolvimento prático, qualquer ligação com partido, ficando seu envolvimento político limitado apenas ao debate com os amigos.
28. Na época do Governo Vargas (1930/1945), centrando-se a narrativa no ano de 1935, quando houve um tentativa de levante comunista, que foi sufocado. Alguns referem-se a esse movimento como "Intentona comunista".
29. O projeto inicial previa uma narrativa que se voltaria para o passado, recuperando pela memória o tempo perdido, o mundo rural com valores vistos como mais representativos e positivos.
30. Belmiro modifica seu projeto, porque percebe que o presente se infiltra fortemente a todo momento e também porque o mundo e os fatos passados são irrecuperáveis em sua pureza. Tudo acaba sendo contaminado pela fantasia, pela ficção do narrador.

31. O narrador e protagonista é Luís da Silva.
32. A audição, pois através do ouvido capta tudo que acontece na vizinhança. Em certo momento da narrativa, ele mesmo comenta que não sabe para quê tem olhos. No fragmento transcrito, observe que ele confessa não ter se emocionado muito quando viu Marina nua, mas vibra intensamente ouvindo sua mijada.
33. Ramalho é o pai de Marina, com quem vive brigando por causa de sua futilidade. D. Adélia é a mãe de Marina, para quem sempre acha uma desculpa ou justificativa. Marina é vizinha de Luís da Silva e de quem se torna namorada e, depois, noiva, mas que trai acintosamente.
34. Sua mudança deve-se à gravidez, fruto de seu relacionamento com o rico Julião Tavares, que a abandona em seguida.

35. Aproxima-se do Naturalismo porque não idealiza as personagens, pelo contrário, procura nelas o que há de mais sórdido e vergonhoso. No trecho transcrito, pode-se perceber um gosto naturalista pelos aspectos mais fisiológicos e vulgares do homem.

36. Trata-se de Miguilim, protagonista da história e irmão do Dito.
37. A infidelidade de Nhanina, que trai o marido Nhô Bero com seu próprio irmão Terêz.
38. Numa primeira instância, podemos dizer que Dito acerta, porque o pai volta, mas não o tio, que parte para lugar distante. No entanto, no final, após a morte de Nhô Bero, Tio Terêz volta e assume a liderança da família.
39. Dito afirma, na primeira parte de sua fala, que não sabe "como" ele tem conhecimento desse fato que ele enuncia, mas na segunda parte afirma que sabe que pai e tio nunca mais se falarão e que só o pai vai voltar para casa. É como se ele dissesse: "Não sei como eu sei, mas só sei que sei".
40. A presença de histórias intercaladas, narrativas encaixadas, com a do agregado Camilo e as lendas belamente contadas por Joana Xaviel.

41. Custódio é filho de uma prostituta com o ex-criado de Elisa Aida, que após a morte da patroa foi trabalhar para Quina. Quando a prostituta morreu, o criado chegou em casa arrasado e falou do filho para Quina, que resolveu adotá-lo e criá-lo, como realmente fez.
42. Não, mas sua situação é bastante complexa, pois apesar de todo interesse que sempre demonstrou e Quina nunca ignorou, ele não fez uso do dinheiro que lhe podiam render as duas propriedades que ela deixou de herança. O seu interesse era pela propriedade em que vivia. Segundo ele mesmo, jamais conseguiria viver fora da Casa da Vessada. Por isso, ele se mata no final.
43. É a protagonista Quina, mas o seu apego ao mundo material e o valor que dava à relação social provavelmente a impediram de aprofundar seus talentos místicos. Quem a chama de sibila no romance é a personagem Elisa Aida.
44. Quina não morre logo após a cena transcrita, mas padece muito tempo, recebendo várias visitas médicas e tendo de agüentar as súplicas de Custódio para que lhe deixe de herança todos os bens.
45. Quina deixa para a sobrinha Germa (Germana) a Casa da Vessada, por ser propriedade da família, mas concede a Custódio as duas propriedades que comprou depois da morte de sua mãe, Maria.